대한민국 건국은
혁명이었다

대한민국 건국은
혁명이었다

李仁浩 역사 수상록

이 책은 저자 이인호 박사의 대한민국 건국에 관한 고견을 소중히 여기는 재미(在美) 그레이스 조(Grace Cho)님의 도움에 힘입어 출간되었음을 밝혀둡니다. 또한 설립시부터 대한민국 건국정신 재정립과 이승만 대통령 명예회복이 법인의 사명에 부합한다고 보아 강연, 출판, 영상제작 등을 통해 관련 활동을 널리 펼쳐온 사단법인 법치와자유민주주의연대(NPK) 여러분들의 지원으로 제작되었습니다.

바야흐로 한국 사회에서 1948년 5월 자유 총선거, 7월 초대 국회의 개원과 헌법 제정, 그리고 정부 수립으로 완료된 1948년 8월 15일 대한민국 건국의 빛나는 역사를 부정하거나 폄훼하는 세력이 정치계 법조계 언론계 교육계 학계까지 전방위적 영향력을 행사하고 있습니다.

광복회까지 이같은 논란에 가세한 상황에서, 독자 여러분들은 언론이나 대중 강연 등 다양한 채널을 통해 성심과 열정을 다해 대한민국 건국에 대한 오도된 사견(邪見)들을 논박하고 설득하여 교정하는 저자의 건국론을 경청해 왔을 것으로 사료됩니다.

이 책은 저자가 고려대와 서울대 등에서 역사학 교수로서 봉직하고, 주 핀란드 대사 및 주 러시아 대사 등 공직을 수행하는 과정에서 쓴 논문, 신문 칼럼, 강연록, 인터넷 방송 등 미간행 발표문 가운데서 간행물로 널리 공개함으로써, 다음 세대가 읽고 바른 역사관을 갖는 데 도움이 될 만한 글들을 우선 골라 엮었습니다.

비교사적 관점에서 대한민국 건국을 '혁명'으로 조명하는 논문을 근간으로 하되, 오늘의 현실을 진단하는 에세이들을 연대별 역순으로, 이어 역사의 의미에 관한 글들을 글이 쓰인 연대순으로 수록했고, 마지막으로 건국 문제와 이승만 대통령에 관련하여 최근 진행된 VON뉴스 특별 대담을 정리하여 수록했습니다.

글에 따라서는 수십 년 전에 저술된 것부터 비교적 최근에 정리된 발언록까지, 본서에 수록된 글들은 저자의 전 인생과 사유를 관통하고 있습니다. 따라서 지금은 사용하지 않는 용어(국민학교 등)나, 글을 쓴 연도를 기점으로 계산된 연차(해방 60년 등) 등은 가능한 한 저술 당시의 표현을 변경 없이 원문 그대로 두었음을 일러둡니다.

서재에 묵혀두기에는 주옥같은 저자의 글들이 수상록의 옷을 입고 세상에 나오는 데 있어 출판을 허락하신 저자 이인호 박사님을 비롯하여, 도움 주신 모든 분들께 다시 한 번 깊은 감사를 드립니다.

편집실에서

저자 서문

우선 이 책을 손에 드시는 분들께 사과의 말씀부터 드리고 싶다. '수상록'이라는 제호 아래 모아 놓은 이 글들은 대개가 새로운 것도 아니고, 짜임새 있는 한 권의 책으로 출판할 것을 염두에 두고 쓴 것도 아니기 때문이다. 오래된 것들은 본인이 글로 직접 썼지만 어떤 것은 강연한 것을 녹취해서 편집한 것이다. 책의 주제인 "혁명으로 보는 대한민국 건국"이라는 제목의 글만 하더라도 본래 2008년 한국사회과학협의회의 웹진에 기고했던 논문 형식의 글을 일반 독자들이 읽기 편하게 편집한 것이다.

대한민국 건국의 역사적 의미가 무엇인가를 새롭게 음미해 보자는 이 수상록이 나오게 된 것은 거의 전적으로 VON뉴스 김미영 대표의 독려와 주선 덕분이다. 필자 자신은 1996년 학계를 떠난 후부터 게으른 탓에 책을 출간할 생각은 전혀 하지 못했다. 초등학교 시절부터 약소민족의 설움 소리를 지겹게 들으며 자라 해방과 남북분단, 그리고 대한민국 건국과 6·25전쟁을 겪은 후 역사학도로 첫 걸음을 내디뎠을 때 꿈은 세계사를 공부하여 그 지식을 배경으로 우리나라 역사를 제대로 한 번 써 보겠다는 것이었다. 하지만 어느덧 자기 자신이 역사의 격랑 속에 휘말리면서 역사학이라는 고지에서는 끌어내림을 당한 셈이다. 다만 역사와 역사인식에 대한 관심의 불꽃만은 완전히 꺼지지 않아서 때로는 강연이나 방송 요청도 받아들이고 신문에 기고도 하며 살았다.

하지만 세월이 많이 흘러 지나간 세대에 속하게 되고 더욱이 이른바 '촛불혁명' 이후로는 청산 당할 '적폐'로 분류가 되었는지, 꼭 하고 싶은 말이 있어도 주요 대중 매체들에서는 외면당하는 처지가 되었다. 그래도 어떤 때는 민주화라는 구실 아래 자유민주주의 기본 원칙이나 국가 체제의 토대가 파괴당하는 것을 보면서 참기 어려운 답답함과 분노를 느껴 혼자 몇 자씩 글을 써 몇몇 동지들과 나누어 보다 묻어두거나 운이 닿으면 외국의 매체를 통해 발표하기도 했다.

그렇게 모이기만 하고 빛을 보지 못한 글들이 제법 되는데 필자도 세상을 하직해야 할 날이 그리 멀지 않으니 출판까지는 아니더라도 전자 기록 형태로나마 한 시대를 증언하는 자료로서 정리해 놓는 것이 좋겠다는 생각이 들었다. 그것을 우연히 보게 된 김미영 대표가 그 중 다만 몇 꼭지만이라도 서둘러 출판을 해야 된다며 스스로의 판단으로 이 수상록에 담길 글들을 뽑아 책으로 엮어온 것이다.

벌써 몇십 년이 지나 시효가 지났을 글들을 어떻게 이제 출판하느냐는 나의 항의에 대한 주변 몇 분들의 대답은 아직도 우리나라에 이런 글들을 읽혀야 할 필요가 사라지지 않았다는 주장이었다. 나도 할 수 없이 다시 생각해 보았다.

사실 지난 몇 해 사이 우리나라에서 일고 있는 역사와 관련된 논란을 보면 그것은 '논쟁'이 아니라 '전쟁'이고, '학술회의'가 아니라 '정치선전'에 지나지 않는다. 그 직접적 원인이야 물론 구 공산주의 세력과 북한을 중심으로 한 대한민국의 적들의 집요한 선전선동 공세에 있었지만, 이런 식의 역사 전쟁이 계속될 수 있었던 것과, 대한민국이 서 있는 정신적 이념적 토대 자체가 무너지기 시작한 것은 국민 전반이 역사에 대해 무관심하고 무지하기 때문에 자기들이 몸 담고 있는 나라의 토대가 파괴되고 있음을 감지할 능력, 곧 역사의식조차 없기 때문이라는 결론을 내리지 않을 수 없다. 오죽하면 종북주사파 계열의 정치인들만이 아니라 대학교수나 주요 언론의 논설위원이라는 사람들까지도 대한민국이 수립된 것이 1948년이 아니라 1919년이며 일제 식민지 시대에도 우리나라 사람들의 국적은 한국이었다는 몰상식한 주장이 나오겠는가.

더 기가 막힌 것은 그런 허무맹랑한 주장을 하는 국회의원이라는 사람들이 그 당시는 일본법의 저촉을 받지 않고 살 길이 없었다는 사실을 지적하는 장관을 청문회 밖으로 쫓아내는, 마치 독재자 스탈린이라도 된 듯한 행동을 해도, 주요 신문의 논설위원이라는 사람들이 양심의 자유를 유린하는 반헌법적 폭거를 지탄하기는 고사하고 도리어 제대로 알고 있는 역사적 사실에 대한 소신을 굽히지 않는 장관에 '국민을 피로하게 만드는 고집불통'이라고 모욕하는 말세적 도덕적 지적 불감증을 드러내고 있을까.

이 책의 기본 주제는 우리 현대사에서 진정한 의미에서 '혁명'이라고 부를 수 있는 사건은 대한민국 건국이었고, 그 뒤에 따른 민주화 운동이나 '혁명들'은 제헌헌법에 담긴 건국정신을 제대로 옮기고자 했던 몸부림이었다는 것이다. 건국혁명이 성공할 수 있었던 것은 세계 어느 민족보다도 부지런하고 재능있는 우리 국민이 자유와 자주독립의 참뜻과 먹고 사는 문제의 중요성을 잘 알고 탁월한 정치력을 가졌던 이승만이라는 위대한 지도자를 만났기 때문이라는 것이다.

이 주제를 중심으로 대체로 앞부분에는 오늘의 현실에 관한 글들을 연대별 역순으로, 뒷부분에는 역사의 의미에 관한 글들을 글이 쓰인 연대순으로 실었다. 이 글들과 그 밖에도 훨씬 더 많은 자신의 신문 칼럼이나 잡지 기고문들을 함께 다시 읽어 보면서 내가 새삼 깨닫는 것은, 역사와 국가의 소중함에 대해 올바른 인식을 깨우쳐주려 오래 전부터 참으로 많이도 말했지만 들어주는 사람이 별로 없었구나 하는 사실이다. 그리고 그것이 또한 역설적이게도 우리 사회의 지적, 도덕적 흐름에 역행하는 것이 분명한 이 책을 내는 데 동의한 서글픈 이유이기도 하다.

세월이 많이 지나 낡은 것이 된 글들을 새로 보완할 시간도 없이 그대로 내보내야 하는 데 대해 다시 한 번 독자들께 양해를 구한다. 의식의 위기에 빠져 있는 대한민국을 구하는 데 조금이라도 도움이 되기를 바라는 마음뿐이다. 그리고 잘 팔리지 않을 것이 훤히 보이는 이런 책이 출판되도록 물심양면으로 온갖 힘을 다 써 주신 편집진, 그리고 독지가 여러분들께 말로 다하기 어려운 깊은 심정으로 감사드린다.

2024년 11월 1일

이인호

목차

저자 서문   006

서장: 우리는 어디로 가고 있나?   014

대한민국 건국은 혁명이었다

혁명으로 본 대한민국 건국
거시사적 비교를 통한 우리 현대사의 재인식   030

역사와 현실

왜 다시 이승만인가   068

한미군사동맹의 역사적 의미   099

새 세대를 위한 이야기
무지인가 반역인가   107

역사와 역사학

한국의 역사학 연구에서의 방법론의 문제   122

역사는 가르쳐야 하나   158

역사와 정치의 상관관계
우리 현대사 해석의 문제를 중심으로   171

지식인과 역사의식
동영상 〈백년전쟁〉의 폐해   194

인문학의 중추로서의 역사학과 오늘의 현실   201

대담: 역사를 통해 미래를 모색하다

1948년 건국한 대한민국은 개인 기본권 인정한 혁명국가   240

세계사적 대사건, 반공 자유민주주의 대한민국 건국   260

대한민국 건국 정통성 지키면서 좌우가 함께 가는 법   285

이승만 대통령 기념관 건립은 국가의 이념적 토대를 세우는 것   313

대한민국 건국은
혁명이었다

서장: 우리는 어디로 가고 있나?

러시아에서 혁명 열기가 절정으로 치닫고 있던 1909년, 급진적 인텔리겐치아 세계에서 일대 소동이 벌어졌다. 러시아 1898년에 사회민주노동당(마르크스주의 정당) 창당 선언문을 집필했던 스트루베(Pyotr Struve, 1876~1944)를 포함한 혁명 운동의 거두 7명이 『방향표지』라는 논문집을 발간하여 급진적 인텔리겐치아를 신랄하게 비판하고 나섰기 때문이었다.

후에 철학자로 세계적 명성을 누리게 된 베르쟈예프(Nikolai Berdyaev, 1874~1948)를 위시한 7인은 각기 다른 주제로 논문을 썼지만 공통된 지적이 있었다. 러시아의 혁명운동이 그때까지 걸어온 그 길로 계속 간다면 기존의 전제 체제가 무너진 다음, 권력은 이상주의적 혁명가들이 아니라 권력을 위해 수단과 방법을 가리지 않는 무서운 사람들 손에 들어가게 될 것이고, 인민을 위한다는 이타적 영웅심에서 출발한 혁명은 결국 인민을 더 큰 고통으로 내모는 자가당착에 빠지게 될 것이라는 경고였다.

베르쟈예프에 따르면 러시아에서 혁명운동에 투신한 사람들은 정의에만 목말라하지 진리에는 관심이 없고 따라서 진리와 허위, 진실과 위선을 가릴 줄 몰랐다. 외래의 신사조에만 휩쓸릴 뿐 스스로 냉정하게 비판적으로 사고하는 능력은 기르지 못했다. 「혁명적 허무주의」라는 제목의 논문을 쓴 프랑크에 따르면 인민대중을 위해 혁명이 필요하다고 결론낸 급진적 인텔리겐치아는 혁명지상주의에 휘말리면서 살인과 파괴를 미화하는 도덕적 자가당착에 빠지게 되었고 도덕적 감각을 완전히 상실했다. 키스챠코프는 악법과 투쟁을 하다 보니 법이 있어야 인권이 보호될 수 있다는 것까지 망각하게 되었다고 지적했고, 이즈고예프는 어른들이 정치문제를 해결하지 못하다 보니 어린 학생들이 민중의 대변인, 구세주를 자처하고 나서게 되었고, 결국 러시아 사회는 정신적 어린이들이 지배하는 세상이 되었다고 개탄했다.

성직자의 아들로 청년기에 마르크스주의자가 되었다가 「경제의 철학」이라는 논문을 쓰면서 사회학자와 정교(正敎) 신학자로 후에 이름을 날리게 된 불가코프는 사회제도와 인간의 정신적, 도덕적 자세 사이의 관계 문제를 강조했다. 사회구조나 제도를 혁신하는 것만으로 정의로운 세상이 되는 것은 아니며 인간 개개인의 도덕적, 인격적 품성이 중요한 변수였다. 편집 책임자였던 게르쉔존은 혁명적 파괴만 일삼아온 인텔리겐치아는 경찰같은 질서 수호 전문가들의 역할이 얼마나 어렵고 중요한가를 깨닫고 인정할 줄을 모른다면서 "혁명가가 되기 전에 먼저 인간이 되라"고 호소했다.

레닌의 입장에서 본다면 초년 동지들의 이러한 충정 어린 비판은 용서할 수 없는 '배반'이어서 가차없는 반격이 시작되었다. 사실 러시아 혁명운동의 혼탁한 물결은 이미 지식인 거두 몇 사람의 힘으로 거스르기에는 너무 거세었다. 혁명은 『방향표지』의 필자들이 예언했던 대로 권력을 위해 수단과 방법을 가리지 않고 권력을 추구하는 세력의 승리, 곧 레닌의 공산당 일당 독재 체제, 스탈린의 '개인숭배' 체제로 귀결되었고 러시아는 전체주의적 독재체제 아래서 70년의 역사적 시간을 상실하며 후진국으로 전락하는 혹독한 대가를 지불했다.

◆ ◆ ◆

박근혜 대통령 탄핵과 문재인 정권 출범 이후 우리 대한민국이 파괴되어 가는 모습을 보면 『방향표지』의 필자들의 우려가 결코 남의 나라 이야기만이 아니었음을 알 수 있다. 문재인 정권을 창출해낸 사람들은 자기 나름대로는 '혁명가'임을 자처하는 사람들이다. '촛불혁명'을 내세우지 않았는가? '적폐청산'을 말로만 부르짖는 것이 아니라 자기들의 정치적 표적은 법의 이름과 약자 보호라는 그럴듯한 명분으로 응징하는 데 있어 그들만한 신속함과 단호함을 보인 정권이 있었는가? 그런데 참으로 어이없는 일은 문재인이 등장한 2017년의 대한민국은 여러 가지 부족한 점을 안고 있기는 했지만 그보다 백 년 전의 러시아처럼 혁명으로밖에 해결할 수 없는 심각한 문제가 있는 나라는 결코 아니었다는 점이다.

'촛불혁명'의 주체들은 자신들이 목표로 하는 것이 통상적 의미의 혁명, 곧 주권의 주체와 국가의 이념을 전복시키는 행위임을 솔직하게 대한민국 국민에게 알리고 대중의 동의를 얻은 적이 없었다. 문재인 정권은 시발점부터 '제왕적 대통령 권력'의 불식과 '강자의 횡포 및 부패 척결', '남북간의 평화관계 수립' 등 아름다운 구호로 국민을 속임으로써, 다시 말하면 수단과 방법을 가리지 않고 권력을 장악한 것이지 대한민국의 주권자인 절대다수로부터 자기들이 의도하는 친북 또는 사이비 사회주의 '혁명'에 대한 명백한 동의를 얻고 지지기반을 구축한 것이 아니었다.

정치인들에게 도덕적으로 행동하기를 기대하는 것은 애당초부터 무리라고 생각하는 사람들이 많다. 하지만 민주주의 국가임을 자부하는 나라에서 문재인 정권처럼 당당한 자세로 삼권분립 체제를 무시하고 표리부동과 정치적 이중성을 드러내며 적반하장으로 상대방을 몰아세우는 정권을 보기는 쉽지 않다. 오직 자유언론이 사라지고 정권의 나팔수들만이 힘을 쓰며 '적폐청산'의 명분 아래 일종의 공포정치가 펼쳐지고 있는 나라에서나 그런 정권이 유지될 수 있다.

1917년 세계 최초의 공산주의 국가권력을 탄생시킨 러시아혁명은 전 세계를 진동시킨 역사적 사건이었다. 그 후 어느 나라도 그 영향에서 자유로울 수 없었다. 우리 한반도의 분단도 그 진동의 여파였으며 지금도 우리는 후유증을 앓고 있다.

혁명의 진원지였던 러시아는 세계 최초로 사유재산 제도를 부정하는 공산주의 권력 체제를 구축하여 전 세계 공산화라는 목적을 추구했지만, 그 목표를 달성하는 데 실패했다. 하지만 역설적이게도 반공 국가로 탄생하여 발전해 왔던 우리나라에서는 그 혁명을 낳았던 마르크스—레닌주의 이념에 대한 환상이 아직도 완전히 깨어지지 않은 듯하다. 오히려 독선적 레닌주의 의식 구조를 가진 사람들이 민주주의와 민족이라는 가치를 내세워 권력을 장악한 후 평화와 민족통일이라는 구실 아래 기존의 자유민주적 정치체제를 뒤엎기 시작한 듯하다. 이른바 촛불혁명이 그것이다.

러시아혁명은 왜 일어났으며, 레닌의 공산주의자들은 어떻게 권력을 잡게 되었고, 어떤 경로로 스탈린의 전체주의 독재 체제로 이어질 수밖에 없었는가? 그 역사적 경위를 다시 살펴 보면 현재 진행 중이라 볼 수 있는 이른바 촛불혁명의 역사적 의미가 무엇인가를 깨달을 수 있지 않을까 싶다.

러시아에서 혁명이 일어날 가능성이 농후하다는 것은 20세기 초부터 비밀이 아니었다. 하지만 차르의 전제 체제가 그렇게 단번에 무너지고 레닌이 이끄는 볼셰비키가 최종의 승자가 되리라고는 아무도 예측하지 못할 일이었다. 러시아는 아직도 거대한 농업국가였고 농민층 지지를 기반으로 하는 사회혁명당이 혁명세력 가운데서 지분이 가장 으뜸이었다. 러시아도 서구식 경로를 따라 자본주의가 고도로 발달한 다음에 절대다수가 된 무산층이 소수의 부르주아 자본가들을 타도함으로써 진정한 공산주의 사회가 될 수 있다는 것이 러시아의 마르크스주의 정당 내에서도 다수의 생각이었고, 대중의 혁명가적 자질에 대해 큰 기대를 걸지 않던 레닌의 볼셰비키는 그 이름이 내포하는 것과는 정반대로 극히 적은 소수였다.

하지만 레닌은 노동운동 초기부터 혁명은 노동자 대중이 의식화되어 자발적으로 일어나서 되는 일이 아니라고 생각했다. 직업적으로 혁명을 추진하는 소수의 전위부대가 혁명을 주도하며 대중을 책동해야 된다고 주장했다. 바로 그러한 생각과 전략이 단기적으로는 볼셰비키가 혁명의 주도권을 잡게 된 비결이었고, 장기적으로는 러시아혁명이 그 본래의 목적, 즉 한 차례의 세력 전복으로 사람이 사람답게 살 수 있는 좋은 세상을 만든다는 꿈을 이루는 데 실패하고 독재국가가 될 수 밖에 없었던 원인이었다.

혁명으로 권력을 장악한 후에 지지자들의 기대를 어떻게 충족시킬 수 있을까 하는 책임 문제를 생각하기보다는 권력을 장악하는 일에 수단과 방법을 가리지 않고 매진했다. 권력을 유지하기 위해서는 비판이나 경쟁세력에게는 양보와 타협이 아니라 무자비한 섬멸작전으로 대응했다. 대중을 향한 선동과 선전에 자원을 아끼지 않았고, 특히 역사를 왜곡하여 정치도구로 활용하는 방식을 통해서 지식인 집단의 도전 가능성도 미리 차단하는 효과를 노렸다. 적어도 레닌이 1924년 사망하기 전까지는 혁명동지를 박해하는 일까지는 일어나지 않았다. 그러나 스탈린이 후계자가 된 후에는 역사 뒤집기와 숙청재판으로 혁명 1세대 전원이 제거되고 인류 역사상 유례 없는 잔혹한 스탈린의 전체주의 독재체제가 완성되었다.

러시아의 공산주의 체제 탄생은 서방의 자본주의 국가들에게 민주적 개혁을 촉구하는 경종이 되었다. 또 세계 최초로 경제 5개년 계획을 추진하면서 군사대국이 된 소련은 세계제2차대전에서 히틀러에 대해 민주주의 세력이 승리를 거두는 데 결정적 기여를 했다. 세계제2차대전 직후 스탈린은 북한과 동유럽은 물론 중국의 모택동에게까지 호령할 수 있는 처지였다. 하지만 중공이 대륙을 통합하여 독립적 기반을 마련한 한편, 미국과의 냉전으로 기력을 소진한 소련은 자국민을 먹여 살리지도 못하는 처지가 되어 결국 공산주의 자체를 포기하는 데서 새로운 돌파구를 찾을 수 밖에 없었다.

어떻게 하필 볼셰비키가 혁명 권력의 주체가 되었고 혁명이 왜 전체주의 독재체제로 귀결될 수밖에 없었는가는 혁명 당시부터 지금까지 많은 논란을 낳았다. 하지만 사건의 전개 과정을 보면 문재인 정부가 말하는 촛불혁명 추진 과정과 큰 유사성을 보이는 것에 놀라지 않을 수 없다. 혁명이 성공할 수 있는 여건이 성숙되었다고 다른 세력들은 믿지 않았을 때 과감히 혁명권력을 자처하며 나섰고, 소수의 고도로 결속된 조직으로서 상황을 주도하면서도 그것이 마치 민주적인 요구의 수렴 결과인 듯 위장한다는 점, 그리고 모든 공직을 자기들 소수가 독점하며 역사까지 왜곡 날조하여 도구로 동원하면서 비판 세력이 끼어들 틈을 주지 않는다는 점에서도 볼셰비키와 유사점이 많다.

하지만 매우 크게 다른 점이 있다. 러시아는 혁명이 필요하다고 여길 만큼 국가가 어려운 상황이었지만, 대한민국은 혁명으로 해결되어야 할 문제를 안고 있는 나라가 아니었다. 국제관계상의 여건도 이미 전쟁에 휘말려 허덕이던 러시아의 상황과는 천양지차였다. 따라서 선동선전으로 대중을 오도, 기만하는 정도에서도 큰 차이가 날 수밖에 없다. 우리나라의 경우 촛불혁명 주도세력의 목표와 대중이 진정으로 바라는 것 사이에는 러시아혁명의 경우보다도 더 큰 간극이 있기 때문에 혁명권력의 독재화는 그만큼 더 빠르고 흉폭하게 진행될 수 있다는 점이다.

핵을 가진 북한과의 무조건적 평화와 통일은 민주주의와 경제발전 양면에서 모두 진전이 아니라 퇴행이 될 가능성이 높지만 그런 문제가 본격적으로 제기되고 검토될 겨를을 허용하지 않고 추진해야 하는 것이 촛불혁명이기 때문이다. 그 궁극적 귀결은 러시아가 1980년 말에 목도했던 것보다 훨씬 더 비참할 수도 있고 과정은 더 폭력적일 수도 있음을 우리는 각오해야 할 것이다.

1948년 건국 이래 지금까지 우리의 삶에서 가장 자주 사용되었던 정치적 용어는 '민주주의'가 아니었던가 싶다. 어느 누구도 거부할 수 없는 이상이었다. 그런데 이상하게도 민주주의를 가장 강력하게 내세웠던 촛불세력이 집권한 이후로는 그 용어가 슬그머니 사라졌다. 민주주의가 이미 완벽하게 달성되었기 때문인가? 불행히도 답은 그 정반대가 아닌가 싶다. 지금 대한민국에서는 민주주의가 급속하게 파괴되고 있는데 아무도 그 사실을 사실로 직면하려 하지 않고 있는 것이다.

지금 우리의 민주주의는 어떤 상황에 놓여 있으며 예측할 수 있는 미래는 어떤 것인가? 그런 질문에 대해 의미 있는 답을 하기 위해서는 우선 민주주의가 무엇이고 왜 그처럼 바람직한 것으로 여겨지는 것인가에 대해 공통된 이해가 있어야 하고, 우리나라에서 민주주의는 어떤 역사적 경로를 통해 발달되어 왔는가를 제대로 알아야 할 것이다.

민주주의는 역사적으로 볼 때 인류가 공동체적 삶을 효율적으로 운영하는 방법으로 고안해낸 여러 가지 정치체제 가운데 하나였다. 고대

아테네에서 실천에 옮겨진 기록이 있지만 서구 사회에서 민주주의가 본격적으로 시행에 옮겨지기 시작한 것은 16세기 이후, 특히 프랑스혁명 이후부터였다. 19세기부터 서구 사회에서는 민주주의가 꾸준히 확산되고 꾸준히 발전해 왔지만 민주주의 제도 가운데는 직접민주주의, 대의민주주의, 자유민주주의, 인민민주주의, 사회민주주의 등 여러 가지가 있고 발전과정에서도 부침이 심했다.

민주주의를 이상으로 내세우는 체제의 공통점은 공동체 구성원 절대다수가 공동체의 주인으로서 주요 사안에 대한 결정권을 행사할 수 있어야 하며, 개인이나 특수 집단의 자의가 아니라 합의로 마련된 법이 사회를 지배하고, 구성원들의 기본 인권이 평등하게 존중되어야 한다는 것을 이상으로 하고 있다는 점이다. 그러한 이상이 현실화되는 과정이나 방법 또는 시기는 국가마다 또는 문화권마다 서로 다르게 나타났고, 혁명이나 전쟁 등 급진적 변혁을 통해 이상이 실천에 옮겨지기도 하고 점진적 제도 개선을 통해 민주주의가 성숙되기도 한다. 형태는 입헌군주국이면서도 민주주의가 지향하는 가치들은 공화국 체제 아래서보다 훨씬 더 현실적으로 확실하게 구현되는 국가들도 종종 볼 수 있다.

우리나라의 경우 민주주의라는 용어가 널리 확산되기 시작한 것은 1948년 대한민국이 민주공화국으로 탄생한 후부터였다. 하지만 정치적 이상이나 부분적인 제도적 장치로서의 민주주의는 매우 오랜 역사를 지니고 있다고 할 수 있다. 민본주의는 고조선이나 삼국시대 등 왕정 체제 아래서도 통치의 기저에 깔려 있는 기본 전제였으며 제도적 측면에서도 신라 귀족사회에서 시행되던 화백제도나 씨족회의의 운영과정에서 민주적 참여의 논의 절차가 시행되고 있었다고 볼 수 있다. 전수결(만장일치) 원칙이란 논의를 통해 합의를 도출해 내는 일이 중요시되었음을 뜻한다.

다시 말하면 공동체 구성원들의 동의를 얻어서 일을 하는 것이 옳고 효율적이라는 인식은 동서고금 어떤 사회에서나 있었던 것이라 생각할 수 있다. 다만 차이는 그 공동체 구성원의 자격이 어떻게 규정되는가에 있었고 여기에서 사회 신분·재산 상태·성·종족·종교·나이 등에 따른 구분과 차별의 잣대가 되곤 했다. 현대 민주주의와 고대 민주주의간의 핵심적 차이는 나이 이외에는 다른 어떤 차별이나 차등도 인정하지 않는다는 점이며 그런 각도에서 본다면 우리나라에서 민주주의가 실현되기 시작한 것은 1948년부터라고 보아야 한다.

◆ ◆ ◆

현대 민주주의의 요람인 영국에서 민주주의가 발달하는 과정은 매우 길었고, 두 차례의 혁명까지 포함하는 험난하고 긴 투쟁 과정을 통해서였다. 그에 비해 우리 대한민국 국민은 1948년 대한민국 수립과 함께 민주주의 헌법체제를 갑작스럽게 선물로 받은 것이나 다름없었다. 그 전까지 우리 한민족은 중국의 눈치를 살펴가며 힘겹게 민족문화의 독자적 맥을 유지해온 왕조의 백성으로 살다가 1910년 일본에게 주권을 찬탈당한 후로는 일본 황제의 2등 신민으로 전락했던 경험밖에 없었다.

국민으로서는 자치권을 행사해 본 경험조차 없던 터였다.

일제에 항거하며 독립운동을 하던 몇몇 선각자들이 광복은 구 왕조의 부활이 아니라 일반 국민이 주인이 되는 민주국가로의 독립이 되어야 한다는 의식으로 건국 준비를 했다. 하지만 현실적으로 우리의 운명이 대한민국이라는 민주공화국의 수립으로 1차적 결말이 난 것은, 민주국가로 독립할 것을 촉구한 이승만같은 탁월한 지도자들을 위시한 우리 민족 전체 염원과 노력에 대해 일본을 패망시킨 연합군 세력이 인정하고 도와주었기 때문이었지 우리 민족 스스로 독립전쟁을 수행함으로써 쟁취한 것은 아니었다.

우리는 국토의 절반이 38선을 기준으로 국제공산권에 편입되어 별도의 국가체제로 분단되는 것을 막을 수 없었고, 신생 독립국가 대한민국이 수립 2년이 채 안 되어 공산세력의 침략을 받았을 때는 우리 힘만으로 나라를 수호할 능력이 없었다. 여기에 우리의 현대 민주주의가 안고 갈 수밖에 없는 근본적 한계가 있었다. 주인이면서도 스스로의 힘만으로 독립국가로 우뚝 설 능력이 없었고, 남북 간의 이념적 정치적 분단으로 말미암아 안과 밖으로 다 적대세력을 마주하며 살아야 하는 상황은 또 하나의 한계였다.

해방 당시 우리나라가 지니고 있던 고급 두뇌가 총동원되어 만들어진 제헌헌법은 남녀 평등하게 참정권을 보장하며 자유민주주의에서 사회민주주의로 진화할 수 있는 가능성을 내포한 거의 완벽한 민주주의 헌법이었다. 그러나 절대적 가난에서 벗어나지도 못한 채로 남북이 분단된 상황에서 폭력 대치, 요인 암살, 폭동 등이 일상화되어 있고 국민의 80% 이상이 문맹이며 대다수 국민들이 봉건적 의식구조에 젖어 있었던 상황에 비춰 본다면 그 헌법은 몸에 비해 지나치게 크고 어울리지 않게 고급스런 사치품이었다고도 할 수 있다. 헌법 조항을 실천으로 옮기기에 필요한 인적, 물적 자원, 정치적 환경이 전혀 구비되어 있지 못했던 상황이었다는 말이다. 6·25전쟁이라는 동족상잔의 국제전과 그 후 더욱 격화된 남북간의 대치 상황 속에서 우리는 민주시민으로서의 경험을 쌓으며 책임감을 길러야 했고 그것은 많은 시행착오가 거듭되는, 매우 큰 인내심을 요구하는 험난한 과정이었다.

대한민국이 독립국가로 유엔의 인정을 받고 민주공화국으로서의 헌법적 토대를 마련하는 역사적 사명을 수행한 건국대통령 이승만 정부는 부정부패와 부정선거에 항거하는 4·19의거로 종말을 맞았고, 내각책임제로 대통령책임제를 대체하는 개헌을 통해 새로 출범한 장면 정부는 1961년 박정희 장군의 군사 쿠데타로 그 짧은 역사를 마감했다. 프랑스의 선례를 의식해서인지 지식인들은 장면 정부에 '제2공화국'이라는 그리 상서롭지 못한 이름을 붙였고, 우리 역사는 마치 프랑스의 제2공화국이 루이 나폴레옹의 제2제국의 반동으로 이어지는 전철을 밟는 듯했다.

박정희 장군은 루이 나폴레옹처럼 반민주적 방식으로 권력을 장악했지만 민주주의적 이상 실현에 전제조건이 되는 국가안보와 경제발전 양면에서는 프랑스의 제2제국과 비슷한 양상으로 큰 성과를 거두어 농업국가 한국을 절대빈곤에서 탈출시켜 수출주도형 산업국가로 변화시키는 데 성공했다. 이른바 산업화 세력과 민주화 세력의 팽팽한 대립의 이중주라는 긴 터널을 거쳐 대한민국은 드디어 산업화와 민주화 양면에서 다 성공한 나라라는 자타의 인정을 받기 시작한 것이 때마침 세계 공산권이 종주국 러시아에서부터 무너져 내리기 시작한 1980년대 말, 1990년대 초였다.

민주주의는 과연 한국에서 성공한 것인가? 어느 면에서 성공했고 어느 면에서 부족했으며 심지어는 역작용까지 일게 된 것인가? 우리는 21세기 대한민국에서 이 새삼스러운 질문을 던질 수밖에 없는 상황에 이르렀다.

대한민국 건국은
혁명이었다

혁명으로 본 대한민국 건국
거시사적 비교를 통한 우리 현대사의 재인식*

1. 대한민국 건국에 관한 인식의 혼란

　우리 근현대사에서 가장 획기적인 전환점을 찾는다면 100년 전 일본에게 국권을 빼앗겼던 일 외 더 큰 일을 생각할 수 있을까? 이에 대해서는 우리 민족이라면, 그리고 역사가 무엇인지 인식이 있는 사람이라면 이론의 여지가 없을 것이다. 그러나 현재 우리 지식인 사회에서 한국 현대사의 전환점에 관한 합의는 이 정도에서 끝나는 듯하다.
　1910년 다음의 전환점으로는 1945년 8월 15일을 생각하는 것이 상식이다. 연합군에 대한 일본의 항복으로 우리 민족은 일본의 지배로부터 풀려났고, 우리의 환희와 기대는 하늘을 찌르는 듯했다. 천지개벽과 같은 변화가 일어난 것은 분명하지만 일제로부터의 해방이 광복의 동

---

* 2008년 사회과학협의회 웹진에 발표된 글

의어는 아님이 곧 드러났다. 해방은 독립된 민족국가의 회복이 아니라 38선을 경계로 하는 민족과 국토의 분단, 이념이나 국제적 유대를 달리하는 두 개의 대치적 정치체제의 수립, 그리고 국제전으로 확대된 동족상잔의 6·25전쟁으로 이어졌기 때문에 그 의미는 많이 퇴색되지 않을 수 없었다. 분단과 전쟁이 얼마나 큰 비극이었던가는 아무리 강조해도 지나침이 없는 일이고 오늘날까지도 남북한의 겨레 모두가 아직도 그 후유증 속에서 살고 있다.

그러나 누구도 부정할 수 없는 사실이 있다. 1945년 8월 15일까지 같은 민족이고 같은 나라였으며 비슷한 자연적, 국제환경적 여건에 놓여있던 남과 북은 삶의 질로 볼 때 비교가 안 될 정도로 차이나는 나라로 변화했다는 점이다. 무엇으로 남북 양쪽 간의 그 엄청난 차이를 설명할 수 있을까? 1948년 8월 15일 이후 더욱 분명해진 이념과 정치체제의 차이 때문이 아닌가? 그렇다면 1948년 8월 15일에 선포된 대한민국의 건국이 우리에게 주는 역사적 의미는 무엇인가?

정치적 입장에 따라 건국에 대한 입장도 다른 세태

여기에서부터 우리 학계, 정계 내의 의견 대립은 팽팽하다. 자기 나라의 건국일이 언제인가에 대해 합의조차 없다는 사실을 알고는 한국에 대해 호의적 관심을 가진 외국의 학자들이 오히려 놀란다. 대한민국 헌법의 제정과 정부 수립 선포를 우리 민족의 역사상 처음으로 민주공화국을 탄생시킨 사건으로 크게 기릴 것이냐, 아니면 분단을 고착시킨 사건으로 부정적 평가를 내릴 것인가 하는 두 상반된 정치적 입장이 맞서고 있는 것이다.

미시사적(微視史的) 연구에서는 많은 진척이 이루어졌으나 거시사적(巨視史的) 해석의 문제에 이르러서는 평행선을 그으며 달리는 좌우의 열차가 접점을 찾을 기미는 별로 보이지 않는다. 결국 누구의 관점에서 역사를 보는가 하는 데에서 빚어지는 차이이기 때문에 사실이 밝혀진다고 해서 해소될 수 있는 차이가 아니기 때문이다.

한일 강제 병합이 우리에게는 '침략'인 반면 일본에게는 '진출'이었던 것과 비슷한 맥락에서 대한민국의 관점에서 보면 대한민국의 건국은 우리 역사의 방향과 우리의 역사적 운명을 좌우한 핵심적 사건으로 크게 기려야 할 일이지만 소련이나 북한의 주도 세력의 관점에서 본다면 재앙이었을 것이 당연하다. 대한민국 국민만이 아니라 우리 민족 전체를 주역으로 놓고 역사를 보자는 이른바 '통일사학'이라는 입장이 있다. 하지만 이것은 국토와 민족이 분단되었다는 사실은 인정하면서도 두 개의 반목하는 정권이 역사적 실재로서 60년 이상을 작동해 왔다는 사실보다는 민족통일을 향한 염원이 낳은 가상의 통일국가에 초점을 맞춘 사고의 틀이기 때문에 역사적 사실에 의한 검증이나 엄정한 학술적 잣대에 의한 평가의 대상이 될 수는 없고 하나의 정치적 현상으로 볼 수 있을 뿐이다.

분단 극복이라는 목적에 절대적 가치를 두다 보면 과거의 진상을 알아내려는 학자적 동기보다는 미래에 대한 자신의 비전을 현실화시키려는 정치적 욕망이 앞서기 때문이다. 분단 극복의 역사학이라는 것은 우리 민족의 현대사에는 남한의 역사와 북한의 역사, 그리고 그 두 나라 간의 관계의 역사가 모두 포함되어야 한다는 이야기와는 다른 차원의 것이다. 사실에 기초한 역사 쓰기라면 크게 대조되는 오늘의 남북한의 현실을 조명하고 그러한 차이의 원인을 찾아낼 수 있어야 할 것이지만 대한민국을 단순히 극복해야 할 대상으로 보려는 시각에서는 그것이 불가능하다.

주권 행사 못하는 임시정부 수립이 건국일 수 없어

최근 몇 년 사이 1948년 8월 15일 대한민국 정부 수립 선포를 민주공화국의 탄생으로 크게 기려야 한다는 입장에 반대하는 입장 중에 통일지상주의를 내세워 '대한민국을 태어나지 말았어야 할 체제'로 규정하려는 사람들과는 뉘앙스를 약간 달리하는 사람들도 있다. 광복회, 일부 야당 국회의원, 한시준 단국대 교수 등으로 대표되는 그들은 '1948년 대한민국 정부수립 선포를 건국으로 보는 것은 임시정부와 독립운동 세력을 무시하는 이른바 식민지 근대화론자들의 친일적 책동이라는 것이며, 1910년에서 1947년까지 한반도에 주인이 없었다는 것을 인정하는 것이고, 주인이 없는 영토에 대한민국을 건국했다는 말과 같다'는 것이다. 그것은 대한민국이라는 나라의 '명칭'과 대한민국이라는 '정치적 실체'를 구분하지 못하고 '임시정부'와 주권을 행사하는 '정부'의 차이를 무시할 뿐 아니라 국제사회에서 인정받는 주권에 대한 개념이 없고 '나라 없는 백성'에서 '국민'으로 태어나는 것의 차이가 무엇인가에 대한 현실적 이해가 전혀 없는 주장으로서 하나의 불행한 정치현상으로는 볼 수 있을 뿐 학문적 대응의 대상은 아닌 것으로 생각된다.

국치일 이래 지난 100년간의 우리 역사의 4분의 3을 실제로 살아왔고, 세계사, 그 중에서도 러시아사를 전공한 필자가 볼 때 우리 현대사에서 1910년 이후 진정한 전환점이 있다면, 그것은 1945년 해방에서 1948년 헌법 제정과 정부 수립 선포로 이어진 전 과정을 포함하는 대한민국 건국이었다. 그것은 시민혁명의 전형으로 일컬어지는 영국의 명예혁명, 미국의 독립혁명, 프랑스혁명이나 사회주의 혁명으로 주창되었던 러시아혁명 등에 비견될 만한 우리 역사상 유일한 혁명이요, 가장 중요한 분기점이며, 대한민국 건국의 역사적 의미를 제대로 파악하지 않고는 오늘의 현실에 대한 설명이 불가능하다는 것이 우리 현대사에 대한 필자의 해석이다.

대한민국 건국은 구한말부터 있었던 여러 가지 노력과 투쟁의 법적, 제도적 결실이었고 그 뒤에 따른 모든 사건들과 변화는 그 혁명의 이상과 이념을 내실화하려는 노력과 투쟁의 일환이었을 뿐, 그 혁명의 이념을 뒤엎자는 또 다른 혁명은 아니었으며 1948년 전이나 후나 학술적으로 보편성을 지니는 용어로서 '혁명'이라는 이름을 붙일 만한 사건은 없었다.

대한민국 건국의 의의를 축소하고 건국 공로자들의 역할을 폄훼하려는 여러 시도는 결국 냉전시대의 유산으로서 대한민국이라는 국가의 정통성에 대해 의문을 제기하고 국가안보 의식을 훼손하려는 숨은 의도와 맥을 같이 한다는 것이 이 글을 쓰게 된 필자의 동기이다.

2. 혁명의 의미

세계사에서 '혁명'이라는 말은 자주 등장한다. 영국의 명예혁명, 미국의 독립혁명, 프랑스혁명, 산업혁명, 러시아혁명 등 우리 귀에 익숙한 것들 말고도 유럽의 전(前) 식민지 나라들에서 일어난 독립혁명이 있고, 중국의 문화혁명, 멕시코 혁명, 이란 혁명 등도 두드러진 사례들로 꼽힌다. 우리나라의 비판적 지식인들 사이에서는 '혁명'이라면 무조건 긍정적인 현상으로 받아들이는 경향이 있었으며 세계 공산권이 무너지기 직전까지는 새로운 혁명의 가능성에 대한 희구가 만만치 않았다. 우리 역사에서 의의를 긍정적으로 평가하고자 하는 큰 사건들에는 서로 다투어가며 무조건 '혁명'이라는 이름을 붙이려 했다. 동학혁명, 4·19혁명, 5·16혁명, 광주 민주화혁명 등 수많은 사건들이 '혁명'이라는 꼬리표를 달기도 하며, 그 중에서도 '4·19혁명'은 이미 교과서적 어휘가 되었다.

'혁명'이란 무엇인가? 1934년에 초판이 나온 후 고전이 된 크레인 브린턴(Crane Brinton)의 혁명 비교 연구서인 『혁명의 해부』덕분에 혁명에 관한 연구는 마르크스주의뿐 아니라 비마르크스주의 계열 학자들 사이에서도 활발하게 이루어져서 이제 4세대 연구자들이 나올 정도로 결실이 크지만, 이 글에서 혁명에 대한 학술적 정의를 시도할 여유는 없다. 다만 상식선에서 혁명으로 이해되는 것이 무엇인가를 살펴보는 것으로 대신하려 한다.

우선 혁명은 급격한 변화가 이루어짐을 뜻하며 보다 나은 방향으로의 획기적 진전을 목적으로 한다. 산업혁명은 농업사회에서 공업사회로의 변환이 가져온 괄목할 만한 변화 때문에 붙여진 이름이지만, 산업화의 과정은 일회성의 변혁으로 끝나는 것이 아니라 지속적으로 가속화되며 변화를 낳는 것을 깨닫게 된 후부터는 경제에 관해서는 혁명이라는 말을 잘 쓰지 않기도 한다.

정치적 현상으로서의 혁명은 권력 주체와 권력 구조의 급격한 교체를 핵심으로 한다. 현실에 대한 불만이 힘으로 분출되면서 새로운 권력 주체의 등장 가능성이 열리고 구질서가 무너진 후 대체 권력의 형성과정에서 치열한 투쟁이 전개되지만 대체로 혁명의 발발 훨씬 전부터 혁명을 위한 준비를 해온 세력이 권력 장악에 유리함은 당연하다. 현실로서의 생산 구조와 기존의 권력 구조 간에 벌어지는 심각한 괴리가 현실을 타파하려는 욕구 분출의 깊은 원인이 된다.

하버드대학의 브린턴은 혁명을 질병에 비유하며 '병세가 잠복해 있다가 발발하면 일단 악화되었다가 위기를 거친 후 안정을 되찾게 되면 결과적으로 사회 전체의 체질이 강화될 수 있는 것'이라고 보았다. 그의 연구는 초기의 시민혁명에 주로 초점이 맞추어져 있기 때문에 혁명이 자연적인 전개 과정처럼 묘사되지만 러시아혁명 이후의 후진국 혁명에 초점을 맞춘 후기 연구들에서는 혁명의 기획적 측면이 더욱 크게 부각되기도 한다.

경제 발전의 경우에서나 마찬가지로 정치 혁명에서도 후진국들은 일종의 후진 학습 '프리미엄' 같은 것을 누리게 되면서 혁명이 계획되고 의도적으로 준비되는 측면이 더욱 강화될 수 있다는 이야기다. 동시에 대중 참여의 폭이 넓어진다. 정치 발전 과정에서도 경제 발전 과정에서와 마찬가지로 '압축 성장' 또는 '비약'이 가능하다는 이야기이고, 이는 이미 레닌이나 트로츠키에 의해서도 주목되었던 바이다.

현실에 대한 거부를 의미하는 혁명에는 의식적이든 무의식적이든 긴 준비 과정이 있다. 자체 수정 능력이 없는 정치체제 하에서 경제를 움직이는 생산 세력과 권력 구조 사이의 간극이 심화되면 대체 이데올로기가 탄생한다. 그것이 이론으로 정립되고 대중화되는 긴 과정이 있고, 의식화된 대중이 움직이기 시작하면 폭력적 대치가 불가피하게 된다. 전근대 사회에서도 권력 주체의 폭력적 교체는 빈번했고 밑으로부터의 반란은 도처에서 항시 일어나고 있었지만 그런 현상들에 모두 혁명이라는 이름이 붙지 않는 것은 기득권 집단과 도전 세력간에 힘의 불균형이 상존하던 곳에서는 그러한 반란의 시도가 비교적 빠른 시일 내에 진압당하고, 설사 권력 주체의 인적 구성에 변화가 생긴다 해도 지배구조의 성격에는 현격한 변화가 없었기 때문이다. 혁명이란 말이 의미를 갖게 되는 것은 대체로 근대 시민사회의 형성과 밀접하게 연관되는 현상이고 민주주의의 탄생과 불가분의 관계를 가진다.

그런 면에서 영국의 명예혁명은 혁명으로서는 과도기적 현상이고 예외였다고 볼 수 있다. 시민의 기본 인권을 보장하는 인신보호령과 권리장전의 바탕 위에서 양당 정치로 운영되는 의회가 주권체(主權體)임이 확립되는 과정은 무혈의 '명예' 혁명으로 마무리되었지만, 초기에는 찰스 1세의 처형 같은 유혈극이나 크롬웰의 독재같은 현상도 일어났다. 다만 영국의 경우에는 평등을 요구하는 일반 서민층이 아니라 1215년 이래 줄곧 납세자의 정치 참여권 보장을 요구해 온 토지귀족이 혁명의 주도권을 잡았다가 참정권의 점진적 확대를 통해 민주주의 제도가 수립되었기 때문에 혁명에서 대중의 참여는 제한되었고, 대중 폭력의 동원과 그에 수반되는 유혈이 최소화되었던 것이다. 그래서 일부 학자들은 17세기 영국의 정치적 변화과정을 혁명이라 부르기를 거부하기도 한다. 특히 우리나라에서는 혁명이라고 하면 대중봉기를 우선 조건으로 생각하는 경향이 강하지만, 영국의 정치적 변혁 과정을 보면 최대다수의 최대 행복 쟁취가 혁명의 공통된 목표라고 상정할 때 밑으로부터의 참여나 대중폭력이 혁명의 목표달성에 필수조건은 아닐 수 있음이 드러난다.

혁명은 급격한 권력 교체를 목적으로 하기 때문에 대내외적으로 강한 저항에 부딪히게 마련이다. 그 때문에 혁명의 진척 과정에는 폭력의 사용이 불가피하게 되고 혁명 수호 세력도 반혁명세력 못지않은, 오히려 더 혹독한 독재로 치닫게 되며 공포정치까지도 동원된다. 크롬웰의 독재나 로베스피에르의 독재를 빼고 영국이나 프랑스의 혁명을 생각할 수 없고, 프롤레타리아 독재를 공공연하게 혁명 이데올로기의 골간으로 내세웠던 러시아에서는 공산당 독재와 그 압축판인 스탈린의 독재가 훨씬 더 긴 기간 계속되면서 개인숭배로까지 격화되었다.

영국·미국·프랑스혁명에 비견되는 대한민국 건국

혁명의 성격 규정에서 가장 핵심적인 것은 더 말할 것 없이 그 혁명의 궁극적인 결과가 어떠했고, 그것을 뒷받침해줄 수 있는 힘의 원천이 어디에 있었는가 하는 것이다. 영국 혁명, 미국 독립혁명, 프랑스혁명이 성공한 혁명의 고전적 사례로 평가받는 것은 혁명이 내세웠던 이상과 이념이 현실화되는 데 있어 혁명적 조치들이 없어서는 안 될 결정적 기여를 했으며 혁명기가 지난 후에도 혁명의 이상은 포기되지 않았다는 점 때문이다.

영국의 권리청원과 권리장전, 미국의 헌법, 프랑스의 인권선언은 수차례의 보완과 개정이 있었을망정 오늘날까지도 그 나라들의 헌법체제의 기초를 이루고 있으며 전 세계로 그 영향을 확대시켜 왔다. 그러나 어떤 경우에도 혁명 이데올로기가 표방하는 이상이 곧바로 현실로 정착한 예는 없었다. 혁명의 이상이 구현되는 데는 오랜 시일이 걸리고 지속적 투쟁과 거듭되는 후퇴와 전진을 통해 현실이 혁명의 이념과 이상에 접근하도록 만들어야 했다.

프랑스는 1789년에 봉건제도의 폐지와 '인간과 시민의 권리선언'으로 역사에 큰 획을 그었고 3년 후 공화국을 선포했지만 그 후로도 공화정은 공안위원회와 로베스피에르의 테러정치 국면을 거쳐 겨우 안정 국면에 접어들었다. 프랑스혁명의 기세는 국외로까지 뻗어나갔으나 결과적으로 나폴레옹이 프랑스 황제로 등극하게 되는 역작용을 낳기도 했다. 그 후로도 프랑스에는 나폴레옹을 패망시킨 연합군의 보호 아래 왕정이 복구되었다가 1830년과 1848년 두 차례에 걸친 대중혁명, 단명의 제2공화국, 루이 나폴레옹의 제2제정 체제를 경험하고 독일에게 패배당하는 충격을 받은 후에야 비로소 제3공화국으로서 민주공화국의 기틀을 확실히 잡을 수가 있었다.

혁명의 이상이 제도적으로 정착하는 데 한 세기 가까이 걸렸지만 대혁명으로 태어난 프랑스 국민의 실체와 인권선언에 담긴 이상(理想), 곧 주권재민 사상, 개개인의 자유와 평등, 생명권의 연장으로 본 재산권의 보호를 골간으로 하는 이데올로기가 정면으로 부정된 적은 없었고, 그것이 바로 정치와 경제 발전의 동력이 되었다는 점에서 프랑스혁명은 성공으로 평가받는 것이다. 그와 대조적으로 세계를 뒤흔든 혁명으로 러시아뿐 아니라 전 세계적으로 인간의 자유와 평등이 신장되게 하는 데 (물론 세계제2차대전 후 동유럽에서처럼 그 반대의 경우도 있었지만) 촉진제로 작용했다고 볼 수 있는 러시아혁명의 경우는 아이러니컬하게도 그 혁명의 본산지인 러시아와 그 혁명으로 태어났던 소비에트 정권의 영향아래 놓였던 동유럽의 옛 공산권 국가에서는 모두 이데올로기 자체가 포기당하는 수모를 겪었다.

혁명을 성공으로 이끈 동력으로 이데올로기와 쌍벽을 이루는 요소는 그 이데올로기로부터 힘을 받으며 그것을 수호하는 데 힘을 아끼지 않는 세력의 존재이다. 미국의 경우는 영국으로부터 독립함으로써 종교의 자유를 누리고자 했던 청교도와 경제적 이권의 기반을 지키며 확대할 수 있었던 와스프(WASP, 영국계 백인 개신교도)계의 자산층이 있었다.

프랑스에는 능력으로 사회 신분상승을 성취했던 법복 귀족으로 대표되는 신흥 대부르주아지 이외에도 봉건주의 철폐로 소농 계급이 형성되면서, 소부르주아층이 두터워졌다는 것이 지적된다. 러시아의 경우는 반대로 전제 체제를 무너뜨리는데 결정적 역할을 할 수 있을 만한 힘을 가진 중산층의 형성도 되어 있지 못하고 정치적 참여의 경험이 없음은 물론 기본 인권에 관한 의식조차 형성되지 못한 상황에서 프롤레타리아 독재를 표방하는 국가가 탄생했던 것이다. 형식적으로는 도시와 농촌의 프롤레타리아를 혁명 주체로 부각시켰으나 경제적으로나 정치적으로나 그들의 요구를 충족시킬 수 있는 여건은 되어 있지 못했다. 프롤레타리아 독재는 결국 프롤레타리아에 대한 공산당 독재와 노동 착취로 전락하면서 그 혁명을 수호해 줄 대중적 기반을 새로 형성시키는데 실패했고 결국 혁명의 후계자들 스스로가 혁명의 이념적 타당성을 고집하기가 어려워졌던 것이다.

표방하는 이데올로기와 그 이데올로기를 통해 확대 재생산되는 혁명 주체, 그리고 객관적인 경제 사회적 여건 사이에 괴리가 지나치게 컸기 때문에 결국 실패로 끝났다고 볼 수 있는 급진 혁명뿐 아니라 일반적으로 성공한 혁명으로 간주되는 프랑스혁명의 경우에서도 그 혁명의 200주기를 기념하기 위해 발표된 연구들 중에 그 혁명의 불가피성 또는 타당성에 대해 의구심을 표명하는 학자들도 없지 않았다. 곧 대혁명과 같은 급격한 유형의 변혁을 거치지 않고도 프랑스 역사는 결국 같은 방향으로, 어쩌면 더 평화적이고 실속있게 발전해 나갈 수 있지 않았는가 하는 질문이다.

그러나 그런 의문은 대한민국 수립의 정통성을 묻는 질문이나 마찬가지로 가상에 기초한 정치적 관심이나 입장의 표출일 뿐 사회과학이나 역사학의 논의 범주는 벗어나는 것이라고 볼 수 있다. 대한민국 건국이 타당성이 있는 일이었는가 하는, 현재 일부 우리 지식인 사회에서 일고 있는 질문은 프랑스혁명의 불가피성에 대한 의구심보다 훨씬 더 강한 정치적 색채를 띤 것으로서 학술 논쟁을 위장한 정치 공세에 불과한 것이며 대한민국 국민으로서는 정서적으로 받아들이기가 어려운 것이다. 개인에 비유한다면 그것은 마치 자기 자신이 태어난 것이 옳은 일이었는가 그른 일이었는가를 묻는 일과도 같은 이야기이기 때문이다. 역사학이나 사회과학이 할 수 있는 일은 이미 기정사실로서의 대한민국 건국이 어떠한 경로와 과정을 통해 이루어졌던가를 사실적으로 확실하게 밝히고 그 사건의 역사적 의미를 세계사의 큰 흐름 속에서 짚어 보려고 노력하는 일이 아닌가 한다.

'유일 합법 정부 대한민국' 가르쳐야

역사교과서 교육과정 최종 개정안에서 대한민국이 한반도 유일 합법 정부로 태어났다는 내용이 삭제됐다는 소식에 생각 깊은 많은 국민이 충격을 받고 있다.

대한민국의 현재와 미래를 걱정하는 우리가 알고 싶은 것은, 이 모든 무리와 혼란이 무지에서 나오는가, 아니면 반역적 의도의 소산인가 하는 점이다. 일제로부터의 해방은 불행히도 남북한 분단으로 이어졌지만 통일된 독립국가 수립의 길이 원천 봉쇄된 것은 아니었다.

미·소간 회담이 결렬되자 유엔총회는 남북한 인구 비례 동시 선거를 통해 통일된 독립국가를 세울 수 있게 결의했지만, 그것에 완강하게 반대한 것이 소련의 전체주의 독재자 스탈린이었다. 동유럽과 북한을 소련에 복속시킨 후 전 세계 공산화를 추진하고 있던 소련에는 남한과 발칸 반도가 다음 목표였으며, 공산당의 지령에 따라 움직이던 남북한의 공산주의자들은 당연히 그에 동조했다. 이는 당대인들은 직접 체험했고, 이제는 옛 공산권에서 나온 역사적 기록으로 각인된 사실들이다. 대한민국은 남한만이라도 빨리 독립해 공산화를 막고 국제사회에서 우리 목소리를 내야겠다는 애국 우익 진영의 호소를 유엔 소총회가 받아들임으로써 탄생한 태생적 반공 자유민주주의 국가다. 따라서 12월 유엔결의문의 내용은 오해의 여지가 없다. 유엔 감시 아래서 치른 공정한 선거를 통해 합법적으로 정부가 수립됨으로써 대한민국이 태어났고 그 권능은 선거를 치른 지역에만 미치지만, 그렇게 합법적으로 수립된 정부는 한반도에서 대한민국이 유일하다는 선언이다. 그 내용은 북한을 우리가 수복해야 할 영토로 보는 우리 헌법의 내용과 일치한다. 대한민국이 한반도에서 유엔이 인정하는 유일한 합법적 국가였기 때문에 북한이 우리를 기습 공략했을 때 유엔군이 신속히 우리의 방어를 위해 개입할 수 있었다.

대한민국을 '혁명'을 통한 흡수 통일 대상으로 보며, 핵으로 무장한 김정은이 북한의 전통적 우방인 중국이나 러시아는 물론 미국에도 체제 보장을 요구하는 마당에 우리가 우리의 적통성(嫡統性)과 자유민주적 가치의 소중함을 새 세대 국민에게 가르치지 않고, 마치 대한민국은 '태어나지 말았어야 할' 나라이고 '평화 통일'을 위해 스스로 무장 해제해야 하는 듯 국민을 세뇌시킨다면 그것이 반역 아니고 무엇인가? 평화도 자유나 평등 못지않게 스스로 지킬 줄 아는 사람들만이 누릴 수 있는 특전임을 우리는 잊지 말아야 할 것이다. 나라 없는 슬픔, 자유를 위한 투쟁의 고통을 기억하지 못하는 국민은 그 아픔을 되풀이해서 겪을 수밖에 없다.

— 2018년 7월 25일 문화일보 칼럼 발췌

3. 대한민국 건국의 혁명적 성격

대한민국의 건국을 혁명으로 볼 수 있는 이유는 그 사건이 앞서 열거한 혁명의 여러 가지 특징들을 고루 갖추고 있기 때문이다. 우선 급격한 변화라는 잣대로 일제시대의 우리 사회와 대한민국 건국 이후의 우리나라를 비교해 보면 건국은 권력 주체와 권력 구조의 근본적 변화를 가져오고, 그 후 생산 관계의 현격한 변화를 예고하는 사건이었음이 분명하게 드러난다. 물론 이때 말하는 '건국'은 1945년 8월 15일 해방에서 시작되어 1948년 8월 15일 대한민국 선포로 일단락된 독립국가 수립의 전 과정을 말하는 것으로 8·15가 광복절이냐, 건국절이냐 하는 논의는 학문적으로는 무의미한 것이다.

대한민국의 건국이 가지는 혁명적 의미는 적어도 3중적인 것이었다. 첫 번째는, 우리가 일제와 미군정에서 벗어나 독립국가로 재생하여 국제사회의 인정을 받는 주권 국가가 되었다는 사실이었다. 독립을 향한 온 겨레의 소원이 이루어진 것이었다.

두 번째는, 우리가 왕조시대의 백성이나 일제하의 차별받는 식민지 '신민(臣民)', 미군정 치하 '패배한 적국의 전 식민지 시민(市民)'의 처지에서 나라의 주인인 '국민(國民)'으로 승격했으며 바로 그 국민을 자유롭고 평등한 주인으로 인정하는 민주공화국을 수립했다는 사실이다.

세 번째는, 그러한 공화국이 채택한 국가 이상과 이념이 공산주의나 군국주의식 집산주의가 아니라 개인의 자유와 존엄성을 최고 가치로 하고 재산권을 존중하는 자유민주주의였다는 점이었다.

이 세 가지가 다 바로 그 직전까지 있어 왔던 정치, 사회, 문화적 현실을 완전히 뛰어넘는 획기적인 변혁이었으며 여러 가지 우여곡절이 있었지만 그 이전으로 회귀하기는 결코 불가능한 명확한 혁명적 구분선이 그어진 것이었다.

다른 나라들의 혁명과 마찬가지로 우리의 건국혁명도 오랜 시일의 준비과정을 거쳐서 이룩된 것이었다. 독립은 나라를 빼앗기는 순간부터 우리 민족 전체를 하나로 묶어주는 갈구요, 투쟁의 목표였다. 국내외에서 공개적으로 또는 비밀리에 진행되어 온 독립운동 세력은 물론 그와 직접 연관이 없던 평범한 사람도 독립을 희구하며, 일제에 대한 저항의식을 갖지 않았던 조선사람은 없었다. 그런 의미에서 구체제 곧 일본의 식민지 지배체제에 대한 거부는 혁명의 제일 조건이고 힘의 원천이었다.

우리나라에서 민주공화국의 이상과 이념이 배태된 것은 우리가 일제에게 국권을 빼앗기기 훨씬 전의 일이었다. 민본주의는 전통사회에서도 생소하지 않은 개념이었고, 동학농민운동이나 의병운동 등에서 행동으로 표출되기도 했지만 구한말 독립협회의 활동이나 갑오경장의 일환으로 반포된 홍범14조(洪範十四條)에서는 보다 분명히 표현되었다. '백성'의 개념을 넘어서 서구의 '시민'이라는 개념에 가까운 '인민(人民)'이라는 표현이 나온 것이 그때였다. 이것은 프랑스혁명의 이념적 토대가 된 인권선언이 오랜 시일에 걸친 계몽사상의 전파와 영국이나 미국의 혁명에서 받은 영향과 무관하지 않다는 사실과도 일맥상통하는 이야기다.

우리에게도 중국의 신해혁명, 러시아혁명, 세계제1차대전 후 윌슨 미국 대통령이 선포한 민족자결주의 원칙 등이 모두 큰 자극제가 되었다. 1899년에 선포된 대한제국의 국제는 전제정치였으나 1919년 4월에 상해 임시정부가 선포한 「대한민국 임시헌장」은 제1조에 "대한민국은 민주공화제로 함"이라고 규정했고 "인민은 남녀 귀천 빈부의 차별이 없이 평등하고 신앙 언론 이전 신체 및 소유의 자유를 향유하며 선거권과 피선거권이 있다"고 명시했다. 국권회복 운동에서 우리가 지향해야 할 정치체제는 개인의 기본권을 존중하는 민주공화국이라는 데에는 이미 폭넓은 합의가 형성되어 있었다.

문제는 그러한 염원과 이상을 현실화할 수 있는 힘이 어디에서 나오는가 하는 것이었다. 통상적으로 혁명의 주된 동력은 다수 대중의 오래 쌓여왔던 분노가 폭발하는 데서 나오는 것으로 본다. 그러나 변화를 향한 갈구가 행동으로 폭발할 수 있는 것도 대안적 체제의 성립 가능성이 다소나마 있어 보이고 기득권 세력의 억압 구조에 틈이 있을 경우에 한정되는 것이다. 절대 빈곤과 철저한 억압이 자행되는 경우는 다수의 불만도 정치적 힘으로 분출되기는 어렵다는 것이 여러 연구자들에 의해 지적되어 왔다. 프랑스혁명의 경우 혁명의 물꼬가 터진 것은 국고의 파탄 상태를 걱정한 루이 16세가 귀족회의와 신분대표회의를 소집하기로 결정함으로써 절대왕정 체제에 틈을 보인 데서였다. 러시아의 경우는 전쟁으로 기진맥진한 전제 정권이 빵을 사기 위해 줄을 섰던 여성들의 시위를 진압할 수 있을 정도의 경찰이나 병사들의 지지도 받지 못하는 상태에 이르렀기 때문이었다.

미군정까지 극복해야 건국

대한민국의 건국이 혁명으로 인식되지 못하는 가장 중요한 두 가지 이유 중 하나가 억압 체제를 무너뜨린 1차적인 물리적 힘이 권력 주체로 등장하는 우리 민족 자체에서 나온 것이 아니라 일본을 패배시킨 미국을 비롯한 연합군에게서 나왔다는 점이 아닌가 한다. 일제 패망이라는 목표가 미국과 우리 사이에 같았고, 우리의 독립운동 세력도 일정 정도는 직접적 기여를 하면서 민족 전체의 의지를 담아냈으나 일본의 식민지 지배 체제를 무너뜨리는 데 결정적 공헌을 하기에는 역부족이었다. 바로 그 때문에 억압 체제의 붕괴가 곧바로 우리를 권력 주체로 부상시키는 광복으로 이어지지 못하고 영토가 다시 미군과 소련군에 의해 분할 점령당하는 시련을 겪어야 했다. 남북한을 합친 국민국가를 복원하려는 민족의 염원은 소련과 미국 사이에 본격화되기 시작한 냉전으로 실현이 요원한 일이 되고 말았던 것이다.

그런 국제적 환경에서 남한만이라도 영토와 국민을 가진 주권국가로 독립한다는 것은 일종의 신탁통치였던 미군정 체제까지도 극복하며 우리 운명에 대한 주도권을 다시 찾는다는 혁명적 의미를 가지는 일이었다. 뿐만 아니라 세계 평화와 질서의 적극적 지킴이 역할을 하도록 국제사회가 세계제2차대전 후 새로 출범시킨 국제기구 유엔의 결정대로 남북한 함께 인구비례에 따른 선거를 치를 수만 있었다면 통일된 독립국가를 건립할 수 있는 가능성은 열려 있었다. 문제는 우리 민족 다수의 자유의지에 따른 통일국가 수립 방법에 반대하는 소련의 영향력을 배제시킬 힘이나 방법이 우리에게 없었다는 점이었다.

다른 나라들의 경우 보통선거권을 쟁취하기 위해서는 선거제도가 도입된 후로도 수십, 수백 년을 투쟁해야 했다. 우리는 다수의 국민 사이에서는 아직 유권자 의식이 제대로 생기기도 전에 역사상 최초로 치러지는 보통선거가 유엔의 감시 하에서 제주 지역을 제외하고는 남한 전역에서 순조롭게 치러질 수 있었다는 사실은 역사적 행운이었다. 그것을 가능케 해준 모든 사람들, 특히 이승만 대통령 등 건국유공자들에게 감사할 일이지 순수한 대중 투쟁의 결실이 아니었다고 해서 그 의미를 평가절하할 일은 결코 아니다. 사실 선거권의 쟁취를 위해 투쟁할 정도의 정치의식도 아직 일반화되지 못한 상황에서 남녀 모두 선거권, 피선거권을 향유하게 되었다는 사실은 대한민국 건국의 혁명적 성격을 오히려 더욱 더 부각시켜 주는 사실이다.

1919년 건국설은 애국선열에 대한 보답보다 모독이다

우리나라에서 독립유공자들의 이름을 기리고 그들의 후손에게 특별 배려를 해주자는 데 대해 찬성하지 않을 국민은 없다. 그래서 '보훈처'가 있고 '독립기념관'이 세워졌으며 주요행사 때 마다 '애국가' 다음에 '순국선열에 대한 묵념' 순서가 들어간다. 우리가 일제의 지배하에 있을 때에는 독립운동가들이나 그분들 때문에 희생당한 가족들을 돌볼 엄두조차 못 냈다. 예를 들어 안중근 의사의 아들은 결국 일본인들의 도움을 받아 구차스럽게 연명해야 하는 지경까지 이르렀으니 말이다. 특히 해외에서 투쟁했던 분들과 그 후손들의 경우 그 어떤 사후 보상으로도 치유하기 어려운 상처를 입었으며 그분들에 대한 회심에 찬 보답만이 우리 민족의 수치를 씻어내는 길인 것을 우리는 안다.

그러나 1919년 임시정부 수립이 건국이었다는 주장은 과연 독립운동에 헌신했던 분들의 명예를 기리고 공로를 인정하는 말인가 아니면 그분들을 오히려 욕되게 하는 행위인가? 심각하게 따져보지 않으면 안 될 일이다.

1919년에 이미 대한민국이 건국되어 나라다운 나라가 있었다면 왜 우리는 일본의 지배체제 아래서 말과 이름까지 빼앗기고 살았으며 일본군의 학도병이나 종군위안부로 끌려갔던 것일까? 왜 독립 투사는 고사하고 독립에 대한 의지만 가진 사람이면 모두 숨죽이며 살고 때로는 죽는 것보다 더 한 고초를 겪어야 했던 것일까? 어떤 유명한 논객이 오래 전부터 비꼬아 지적했듯이 나라가 이미 건국 되었는데 독립운동을 했다면 논리적으로 볼 때 그것은 애국이 아니라 역모가 되는 것 아닌가? 독립운동은 1919년 이후로도 계속되었고 김구 선생도 1941년에 건국 강령을 만들고 있었으니 1919년에 건국된 나라는 어찌되었고 우리는 1945년 무엇으로부터 해방이 된 것인가?

1948년 8월 15일에 대한민국이 수립되었음을 강조하면 3·1 운동과 임시정부, 따라서 독립운동의 중요성을 부정하는 것이 된다는 어이없는 주장도 있다. 이승만 건국대통령이 임시정부의 초대 대통령이었고 우리가 3·1운동과 임시정부의 독립정신의 계승자임을 대한민국 헌법이 명시하고 있음을 모르는 모양이다.

독립운동가들을 기린다는 명분으로 1919년 건국설을 주장하는 사람들의 혼미한 인식은 본격적인 독립운동의 시발점이었던 3·1운동과 임시정부 선포를 그 종착점, 곧 완전독립을 성취한 시점으로 착각하는 데서 오는 것이다. 프랑스나 미국의 경우에는 인권선언과 독립선언 이전에 이미 실질적인 통치권을 행사하는 정부를 혁명세력이 갖고 있었기 때문에 선언문 발표가 곧 목표달성 시점으로 간주될 수 있었지만 일제의 직접적 지배하에 놓여 있던 우리의 사정은 전혀 달랐다. 우리의 임시정부는 주권행사가 가능한 독립정부가 아니었기 때문에 임시정부라 부른 것이며, 국제사회로부터 임시정부를 정식 정부로 인정받기 위한 노력은 독립운동의 핵심 부분이었다. 독립유공자들이 목숨 걸고 지향했던 종착점은 말할 것도 없이 조국의 완전독립을 의미하는 광복, 곧 건국이었다. 독립투사들을 선두로 우리민족이 긴 외세의 압박을 견뎌내면서도 독립정신을 잃지 않았기 때문에 1945년 8월 15일에는 연합군에 대한 일본의 항복과 동시에 우리 민족이 일제로부터 해방되면서 독립으로 가는 길이 열렸고, 스탈린의 손아귀에 잡혀있던 북한은 빠졌더라도 1948년 8월 15일에는 38선 이남에서나마 민족사상 최초의 국민 선거를 통해 국제사회의 공인을 받는 독립국가 대한민국이 수립되어 독립운동가들의 꿈이 부분적으로 나마 달성된 것이었다.

일제 시대에 살아본 사람들에게는 1945년 8월 15일 해방과 1948년 8월 15일 신생 대한민국의 탄생은 감격으로 넘쳤던 체험적 진실이지 논란의 대상이 아니다. 대한민국이라는 이름이 전 세계 지도상에 오른 것이 그 때부터이고 우리는 그 때부터 "새 나라의 어린이" 노래를 부르며 자랐다.

지금 대한민국은 자기 나라가 탄생한 날을 모르거나 일부러 부정하는 이상한 나라가 되어가고 있다. 진정 독립운동가의 후손이라면 1948년에 대한민국이 태어나지 않았더라면 어찌 독립유공자들에 대한 보훈이 가능했을까를 먼저 생각해 볼 필요가 있다. 자랑스런 선조들의 뜻을 기리는 일이 제대로 이루어지고 있는가를 깊이 생각해 보며 목소리를 내주기 기대한다.

— 2017년 미발표 칼럼 발췌

4. 분단국가를 한계로 보는 시각

대한민국의 탄생을 독립혁명으로 보지 않고 축하의 대상에서 제외하려는 사람들이 내세우는 가장 큰 이유는 물론 새로 탄생한 국가가 북한을 배제한 남한만의 국가로서 미완의 국가 또는 분단국가였다는 사실이다. 건국은 반쪽만의 성공이었으며 많은 어려움을 배태하고 있었던 것이 사실이다. 그래서 아쉬움이 기쁨만큼 컸다. 그러나 남쪽에만 국한된 성공이었다고 해서 대한민국의 건국이 갖는 혁명적 의미 자체가 달라지는 것인가? 그 혁명의 성과가 북녘에까지 미치게 하자는 것이 오늘날까지 통일을 염원하는 우리가 버리지 않고 있는 꿈이 아닌가? 비록 그 효과가 남쪽에만 국한된 것이었다 해도 우리가 일제하, 그리고 그 전에 있었던 우리 사회와 정치체제의 성격과 대한민국 수립 후의 체제 사이의 엄청난 성격 차이를 부정할 수 있는가?

사실 일제로부터 해방되어 독립을 되찾는 과정을 '혁명'으로 규정하려 했던 것은 공산주의 진영이었다. 이른바 계급 해방과 민족 해방을 동시에 달성하기 위해 민족 부르주아지와 손을 잡고 그들을 우선 앞세우자는 것이 코민테른을 통해 내려오는 소련 공산당의 지시에 따르는 각국 공산당들의 전략이었고 중국에서부터 동유럽 국가들에 까지 공통으로 적용되던 혁명 공식이었다.

궁극적인 목적은 물론 세계 공산당 조직을 통한 전 세계의 공산화에 있었다. 공산당의 집권으로 가기 전에 거쳐야 할 단계가 이미 국민국가가 완성되어 있었던 나라들에서는 '부르주아 민주주의 혁명'이었지만 조선 같은 피지배 민족들의 경우는 민족해방과 계급 해방을 동시에 추구하는 범국민정부의 창출이었다. 그러한 잣대로 볼 때 해방 후 대한민국 건국에 이르기까지 진행된 과정은 혁명으로 보기에 적절했다. 다만 남한에서는 주도권이 반공 우익, 특히 강력한 반일 반공주의자인 이승만에게 넘어갔고, 추구하는 궁극적인 목적이 공산주의가 아니라 자유민주주의였다는 점에서 공산주의자들로서는 대한민국 건국을 결코 혁명으로 인정할 수가 없었을 뿐이었다.

공산주의 운동에서 수정주의의 위협은 19세기 독일에서부터 항상 따라다녔던 것이지만 일본 패망 후 한반도의 분할은 공산주의자들로서도 예기치 못했던 상황이었다. 남한에 독립된 자유민주주의 체제가 들어선다는 것은 그들의 입장에서 본다면 혁명의 결실이 아직 무르익기 전에, 다시 말하면 공산당이 접수할 수 있는 준비가 덜 된 상태에서 도난당하는 것이나 다름없는 것으로 여겨졌을 것이다. 소련은 처음부터 이승만 같은 우익 민족주의자들은 미·소의 공동 결정 사항인 신탁통치안에 반대했다는 구실로 자기들이 허용하는 국민대표 모임에서 배제시켜야 할 세력으로 낙인찍었고, 미소공동위원회가 작동하던 시기에는 미군정도 그에 동조하는 입장이었다.

대한민국 정부는 엄연히 이승만, 이시영, 이범석 등 항일 독립운동 세력을 중심으로 하여 구성되었음에도 불구하고 친일파 척결이 철저하지 못했다는 것을 구실로 그 정부를 친일 반동 정권으로 규정한 것도 같은 맥락의 이야기였다. 항일정신이나 투쟁의 경력에서 누구도 따라갈 수 없었던 이승만 대통령이 친일파 청산에 미온적이었던 가장 큰 이유가 공산주의의 위협으로부터 새 나라를 보호해야 할 필요성 때문이라는 것을 소련은 너무도 잘 알고 있었다.

분단이 대한민국 건국의 혁명적 의미 깎지 못해

대한민국의 탄생을 역사의 중심에 놓고 본다면 분단은 국토와 민족의 일부가 외세(소련)의 압력 때문에 자유민주주의 국가를 건설하는 혁명적 과업에서 제외되는 운명에 처한 것이었고 북한은 언젠가는 같은 체제 안으로 재통합되어야 할 부분이었다. 이것은 10월 혁명 직후 러시아의 볼셰비키가 전쟁의 부담에서 해방되어 혁명정권을 수호하는 일에 전력을 투구하기 위해 독일과 단독 강화를 하고 브레스트—리토프스크(Brest—Litovsk) 조약을 통해 국토의 4분의 1, 국민의 3분의 1에 해당하는 지역을 독일에 넘겨주었던 사건과 비견될 수 있는 일이었다. 레닌과 트로츠키도 혁명정권 수호를 국토통합보다 우선시했던 것이다. 우리나라에서 분단 점령이 우리의 뜻과는 전혀 상관없이 이미 기정사실이 되어 있던 현실에 비추어보면 혁명 직후 러시아의 대독일 단독 강화(講和) 결정은 자발적이었고, 우리의 독립정부 수립 결정의 경우보다는 훨씬 더 선택의 여지가 컸던 상황 속에서 이루어진 결과였다.

이런 견지에서 본다면 해방 후 남한에서 좌우익 간에 벌어졌던 쟁투는 프랑스혁명과 러시아혁명 과정에서 다 같이 벌어졌던 체제 선택 투쟁과 다를 바가 없거나 오히려 더 단순한 것이었다. 구체제, 우리의 경우 일제 강점 통치를 종식시키는 데에는 모두가 합세했지만 어떤 대안

체제를 수립해야 할 것인가에 관해서는 치열한 쟁의가 있는 것이 당연했다. 프랑스의 경우에도 입헌군주제를 주창하던 사람들은 일찌감치 공화주의자들 앞에 굴복했지만 그것으로 혁명세력이 단결되고 평화가 온 것은 아니었다. 같은 공화주의 급진 계열 안에서도 자코뱅과 지롱드 간에 치열한 경합이 일어났고, 마라는 암살당했으며, 혁명독재와 테러의 화신이었던 로베스피에르가 처형을 당한 뒤에야 혁명은 진정기로 접어들 수가 있었다. 러시아의 경우 입헌의회의 선출을 지향하던 3월 혁명에서 11월 볼셰비키의 권력 장악으로 치닫는 과정에는 여러 갈래의 사회주의 세력들 간에서도 심각한 충돌이 일어났으며 우익 민족주의 세력은 물론 독일 측의 전략적 배후 후원까지 작용했다.

남한에서 건국을 준비하던 여러 세력들 간에 경쟁과 충돌이 치열했고 결국 좌우익의 첨예한 대결에서 공산주의에 반해 자유민주주의 세력이 우위를 장악함으로써 대한민국이 탄생한 과정은 다른 나라의 혁명 과정과 크게 다를 바가 없는 일이었다. 프랑스혁명의 와중에서도 방데(Vendée) 지방을 중심으로 한 큰 반혁명 저항과 폭동이 일었고, 러시아가 볼셰비키의 권력 장악 후로도 3년여 간의 내란을 겪어야 했던 것이나 마찬가지로 반체제 세력을 내부에 품은 채로 태어났던 대한민국 역시 내란에 버금가는 시련을 계속 겪어야 했다.

공산주의 혁명이 내거는 프롤레타리아 독재에 상응하는 것이 반공독재였으며 결국 폭력은 혁명의 동반자라는 사실에서 대한민국도 예외가 아니었을 뿐 건국혁명의 주역이었던 이승만이 신조나 기질에서 독재자였기 때문에 예외적으로 자유가 억압되었던 것이라고 해석할 근거는 없는 일이다.

혁명이 진행되는 과정에 외세가 개입하는 것도 프랑스, 러시아, 대한민국 건국혁명에서 공통으로 나타난 현상이었다. 프랑스에서는 부르봉 왕실을 지원할 조짐을 보이는 오스트리아와 프러시아 등 외세의 움직임이 그 반작용으로 혁명군을 탄생시키고 국민개병제 실시를 통해 평등한 국민으로 새로 탄생한 프랑스인들을 혁명적 애국주의자로 결속시킴으로써 혁명의 기운이 유럽의 다른 지역으로까지 전파되는 계기가 되었다. 러시아의 내전에는 연합군 세력이 섣부른 개입 조짐을 보임으로써 볼세비키에게 조국 수호의 구호 아래 지지세력을 결집시키고 폭력을 정당화할 수 있는 구실을 마련해 주기도 했다.

특히 일제의 탄압에서 바로 벗어나서 대한민국 건국을 추진하던 세력에게는 소련의 세계 공산화 이념과 전략은 외세에 의한 새로운 형태의 지배나 종속 가능성을 내포하는 것으로서 일제시대의 악몽을 되살리기에 충분한 일이었으며 신생 대한민국 내부에 침투해 있는 공산주의자들에 대한 폭력적 제압을 정당화시키는 구실이 되었다. 공산당에 가입한다는 것은 박헌영처럼 소련공산당에 직접 가입을 하지 않았다 하더라도 결국은 세계 공산주의의 본산인 모스크바로부터 내려오는 당 지령에 따라야 한다는 것을 의미했다. 항일 독립운동에 열중하는 듯했던 좌익이 하루아침에 반탁에서 찬탁으로 입장을 바꾸는 데서 이미 그러한 종속 관계의 성격이 여실히 나타나고 있었다.

반공 자유민주주의 공화국 헌법의 혁명성

그런 의미에서 독립국가로 대한민국을 즉각 수립하려는 반탁 투쟁 당시부터 반공은 사회주의 이념에 대항하여 자유주의 이념을 수호하려는 투쟁이었을 뿐만 아니라 스탈린 치하의 소련이라는, 이제는 그 사악했던 실체가 그 치하에서 살았던 사람들의 증언을 통해 여지없이 노출된 가공할 만한 외세의 영향력을 차단하기 위한 민족 생존의 투쟁이기도 했다. 스탈린 치하 소련의 공산주의 영향을 배격하는 데는 미국인들보다 더 앞서 나갔던 국제정치학 박사 이승만 건국대통령의 경우 혁명적 공산주의가 아니라 민주적 사회주의 체제로의 점진적 발전은 오히려 바람직한 대안이라고 생각했다. 그 증거는 교육권이나 노동권에 관련된 건국 헌법의 내용이나 사회민주당 당수였던 조소앙(趙素昻), 농지개혁을 추진한 조봉암(曺奉岩)같은 인물들과도 공조를 시도했다는 사실에서 드러난다.

대한민국의 건국 헌법은 앞서 지적했던 바와 같이, 상해 임시정부를 비롯한 독립운동 세력이 일찍부터 주창해왔던 이상과 이념을 수용한 것이었다. 주권재민의 원칙은 물론 개인의 자유와 평등, 재산권에 대한 보호, 권력 분립 등 자유민주주의 공화국체제가 갖추어야 할 중요한 조건을 다 망라하고 있을 뿐만 아니라 교육과 노동에 대한 권리까지 언급함으로써 사회민주주의적 복지국가 체제로 이행할 수 있는 여지까지 포함하고 있었다. 민주주의 발전에서 선진국으로 알려진 나라들에서는 100년, 200년에 걸친 긴 투쟁의 과정을 거쳐 얻어낼 수 있었던 보통

선거 제도를 대한민국 국민은 헌법을 통해 부여받은 것이었다. 특히 아직도 '남녀칠세부동석'을 가르치고 있던 나라에서 여성이 선거권과 피선거권을 함께 획득했다는 것은 혁명적인 조치라고 하지 않을 수 없다. 정치 참여권 확대라는 면에서 우리를 스위스와 같은 유럽국가보다 앞세우는 조항이었다.

'인간과 시민의 권리 선언'이 곧 혁명의 완성이 아니었듯이 혁명적 내용을 담은 헌법 체제의 선포가 곧바로 그것에 담긴 이상이나 이념의 현실화를 의미하는 것은 아니었다. 앞서 보았듯이 프랑스에서 대혁명의 공화주의 이상이 국가 권력의 형태로 완전히 정착하는데 거의 90년이 흘렀다. 러시아의 경우는 70년의 노력을 투입한 후 결론이 났다. 대한민국의 경우 주권재민의 이상이 대통령 직선제라는 형식으로 정착하는 데는 40년이 걸렸지만 정치참여를 제외한 인간의 기본권 존중과 법 앞의 평등을 대원칙으로 법제화하는 일은 헌법 제정과 함께 즉각 이루어졌다. 어떤 이상이나 제도도 그 본래의 뜻을 살려내기 위해서는 원칙의 부정이나 후퇴를 막기 위한 끊임없는 감시와 투쟁이 필요하고 모든 제도적 시행 절차의 정교화를 위한 부단한 노력이 있어야 한다.

그런 면에서 아직도 우리의 민주주의 제도는 결함을 안고 있으나 국민 개개인이 능력껏 자기 역량을 자유롭게 펴나갈 수 있도록 허용한다는 면에서는 처음부터 문제가 없었다. 곧 적극적인 면에서 국가가 나서서 삶의 조건의 평등을 즉각 보장하는 데에는 미흡했다 하더라도 소극적인 면에서 자유의 보장은 해주었다. 그러한 보장의 큰 조건 중 하나가 외부, 특히 민족의 일부가 떨어져 나가 구성해 놓은 별개의 정치체제인 북한과 그 배후 세력인 소련이 내포하는 위협에 대한 방어와 내부로 침투한 천공(親共) 세력에 대한 방어였고, 이는 한 때 반공이 마치 국시처럼 여겨졌던 이유이기도 했다.

대한민국 건국은 성공한 혁명

이렇게 볼 때 여러 가지 의미에서 대한민국의 건국은 혁명이었고 프랑스혁명이나 미국의 혁명과 마찬가지로 성공한 혁명이었다. 그리고 그후 민주주의의 진척과 정착에 기여했던 다른 사건들은 모두 대한민국 건국혁명의 이념과 그 혁명으로 만들어진 제도적 장치의 보호 속에서 그 효력을 발생할 수 있었던 것이지, 대한민국의 건국 이념이나 제도에 대한 전면적 부정에서 출발하거나 그 쪽으로 이어진 것은 아니었다. 대한민국 건국과 헌법에 대한 존중 없이는 4·19도 이승만 대통령의 하야도 6·10 항쟁도 생각할 수 없었다.

4·19가 혁명이요, 민주주의의 시발점이라고 보는 것은 민주주의가 고귀한 생명의 희생을 대가로 하여 발전한 것이라는 점을 강조하고 희생자들을 기리는 뜻에서는 사용할 수 있는 말이지만 역사적으로 정확한 표현은 아니다. 부패와 부정선거를 퇴치함으로써 1948년의 건국혁명으로 태어난 자유민주공화국의 이념과 위상을 바로잡자는 것이 4·19 주체 세력의 주장이었지 대한민국 헌법 체제 자체에 대한 도전이 아니었고, 그로 인해 범국민적 호응을 얻을 수 있었던 것이다. 대한민국 전복이 시위를 이끈 사람들의 목표는 아니었다.

4·19의거의 결과는 부정부패 책임자들의 처벌과 이승만 대통령의 하야를 가져왔지만 또한 그 결과로 세워진 제2공화국은 단명으로 끝났고 결국은 이승만 정권보다 폭압적인 군사독재의 장기화로 귀결되었다는 점에서 그것은 러시아혁명 전설의 초석이 된 1814년 12월 14일 사건처럼 고매한 희생자들을 낳았지만 성공한 혁명이라고 볼 수는 없다.

경술국치 이전 우리 역사에는 정치 현실을 부정하고 개혁하려는 시도나 불의에 대해 항거하는 대중적 움직임은 있었으나, 그것이 대안 이데올로기를 가진 혁명으로까지 본격화되지는 못했다. 일제 치하의 독립운동에서는 독립을 향한 의지의 결집과 광복 후의 정치체제의 성격에 대한 대강의 이념적 합의는 있었지만 그것을 실질적인 독립과 민주공화국 수립으로 연결시킬 만한 힘이 없었다. 대한민국 건국 이후에는 국가 건설에 필요한 능력이 부족한 정부의 무능이나 부정부패에 항거하고 그 체제의 약점을 보완하려는 움직임(4·19, 6·10)이나 좁은 의미의 지배권력과 지배구조의 교체를 목적으로 하는 군사 쿠데타(5·16)는 있었으나 체제 부정의 혁명적 시도가 지하 공작의 수준을 넘어 표면으로 분출된 적은 없었다. 인간 개개인의 도덕적 결함이나 지도자로서의 능력의 결핍을 대한민국 체제의 성격적 결함과 구분해 볼 줄 아는 지혜를 일부 학자들은 결여하고 있어도 국민 전반은 가지고 있을 만큼 사회가 성숙해진 결과라고 볼 수 있다.

광복절은 대한민국 수립을 기념하는 날이다

1945년 8월 15일은 우리 민족에게 믿기 어려운 감격의 날이었다. 36년간의 일제 식민지배로부터 우리가 해방되는 날이었다. 그러나 불행히도 해방은 우리가 그날까지 고대했던 광복, 곧 독립의 회복이 아니었고 미군과 소련군에 의한 남북한 분할 주둔이었다. 더구나 38선 이북을 점령한 소련은 전 세계의 노동계급이 모스크바의 소련공산당 지휘 아래 단결하여 세계 공산화 혁명에 매진할 것을 독려하는 국가였다. 남북한 공동으로 선거를 치러 독립하게 하자는 유엔총회의 결의안이 집행되지 못하고 남북한이 적대적 국가체제로 고착된 것은 희대의 독재자 스탈린의 개입 때문이었다.

엄격한 의미에서 광복은 아직도 통일이 돼야 달성될 이상으로 남아 있다. 하지만 5·10 선거로 이룩된 대한민국 건국은 광복이라는 목표가 적어도 남한에서는 달성되었음을 의미했다. 그래서 1948년 8월 15일에 대한민국이 다시 독립한 것을 기념하는 독립기념일을 '광복절'이라고 부르자는 안이 채택되었다. 그 이전까지 일본의 항복을 지칭했던 표현은 '해방'이지 '광복'이 아니었고 3·1운동과 임시정부의 정신을 이어받는 나라를 세우는 것, 곧 건국은 모든 애국세력을 결집시키는 시급한 과제였다. '건국강령' '건국준비위원회' 등의 표현이나 대한민국 초대 내각의 인적 구성이 그러한 정황을 잘 대변한다. 1949년 8월 15일은 독립1주기였고, 1953년 8월 15일은 광복 5주년이지 8주년이 아니었다. 1998년까지도 우리 정부는 건국 50주년 기념우표를 발행했다.

언제부터인가 '광복절'의 기년을 1948년 대신 1945년에 맞춤으로써 광복이라는 말이 가지는 참뜻이 상실되고 역사적 기억에 혼란이 빚어지고 있다. 광복을 위해 희생했던 독립투사들의 공을 무시해서가 아니라 오히려 그분들의 참뜻을 기리자는 것이 건국절 주장자들의 목적이다. 자주독립을 위해 투쟁했던 그분들 덕분에 우리 민족은 38선 이남에서나마 민주주의 국가를 건설해 독립을 회복했고 비로소 우리나라 여권으로 세계 무대에 진출할 수 있게 된 것이었다.

소련과 유럽에서 공산주의 체제가 종말을 고하자 통일에 대한 우리의 기대가 부쩍 높아졌고 그것은 매우 고무적인 일이었다. 하지만 결코 간과해서는 안 될 것은 민족통일에 대한 국민의 갈망을 이용해 대한민국의 국가적 정통성을 부정하고자 하는 세력이 활개칠 수 있는 여지도 넓어졌다는 사실이다. 특히 2000년 남북정상회담 이후 평화통일에 대한 열망이 국적 없는 통일지상주의의 유혹을 몰고 왔다. 우리가 이념적·정치적 주도권을 상실하는 순간 통일은 민족 전체의 해방과 복리의 증진을 의미하는 '대박' 대신 노예의 길로 빠질 수 있는 길목이 될지 모른다. 그럼에도 이를 망각하고 마치 대한민국이 없어져야 통일이 된다는 망상에 젖어드는 현상마저 일어난 게 사실이다.

아니라면 어떻게 '조선인민민주의 공화국 건설'이라는 표현은 교과서에서 쓰면서 '대한민국 건국'이라는 표현은 '정부 수립'으로 고치라는 지시를 교육부 장관이 내릴 수 있었겠는가? 이를 놓고 대한민국이 건국된 것이 1919년이지 1948년이 아니라는 학설도 있기 때문이라는 엉뚱한 변명까지 내놓는 일이 벌어졌겠는가? 한편에선 국회의원 일부와 독립운동가 후손들임을 자랑하는 광복회가 앞장서서 대한민국은 1948년이 아니라 1919년에 건국되었다고 목청을 높이고 있다. 그렇다면 왜 우리는 '나라 없는' 백성이 되어 일본군 위안부로 유린당하는 고초를 겪어야 했고 광복군은 무엇을 위해 싸웠다는 말인가.

대한민국 국민은 어쩌다 자기 나라가 언제, 어떻게 태어났는지도 모르는 국민이 되었는가. 역사를 왜곡한다고 일본이나 중국을 지탄하기 전에 우리가 먼저 시급하게 해야 할 일은 자기 나라가 언제, 어떻게 자랑스러운 민주공화국으로 태어났는가를 스스로 상기하며 만국 앞에 기리는 일이다. 유구한 역사를 지닌 프랑스인들이 7월 14일을 최대 국경일로 경축하는 것은 프랑스 민족이 1789년에 태어난 것이 아니라 인권선언에 기초한 민주주의 국가로서 발족했음을 가장 중요하게 여기기 때문이다. 미국이 7월 4일을 기리는 것은 그날이 영국의 지배로부터 벗어나 미합중국으로 독립했음을 상징하는 날이기 때문이다. 그 나라 국민이 가장 소중하게 여기는 헌법적 가치가 국경일에 반영되는 것이다. 광복이 자주독립을 의미한다는 것을 생각한다면 적어도 오는 8월 15일은 '해방'과 '건국'을 기념하는 8·15 광복절임을 알고 기려야 할 것이다

— 2015년 8월 13일 중앙일보 칼럼 발췌

5. 맺는 말

대한민국의 건국을 혁명으로 볼 수 있는가 아닌가는 민주주의의 의미를 어떻게 해석하느냐, 다시 말해 민주주의가 좋고 민주주의가 필요

한 이유가 무엇인가 하는 질문과도 관련이 있는 이야기다. 민주주의에 대한 정의는 여러 가지로 내릴 수 있고 공산주의 국가치고 '민주', '공화국'이라는 말을 국호에 쓰지 않은 나라가 많지 않을 정도로 민주주의라는 말은 큰 혼동을 낳을 수도 있다. 우리 학계에도 민주주의와 민주화를 구분하여 써야 한다는 주장이 있는가 하면 우리는 민주화에 성공했다는 말을 당연한 듯 받아들이기도 한다. 또한 '민주화세력'과 '산업화세력'이 따로 있다, 또는 있었다는 가정을 쉽게 받아들인다.

산업화세력이란 누구를 지칭하는 말인가? 민주화세력이란 민주주의를 외치며 거리에 나섰던 사람들에게만 해당되는 말인가? 경제 성장 없이도 지금 정도의 민주화가 이루어질 수가 있었을까? 거리에 나서서 시위를 하는 대신 자기 자리에서 묵묵히 일에 열중했던 사람들은 민주화를 원치 않았고 민주화에 기여한 바도 없었다는 것인가? 임금 노동자로 혹사를 당하며 이 나라 경제 발전에 주춧돌을 놓았던 사람들은 '민주화 세력'에 포함되는 것인가, '산업화 세력'에 포함되는 것인가? 마르크스주의에 관심을 갖지 않은 사람이라도 상식적으로 던져볼 만한 질문들이다. 민주주의의 실패와 성공의 척도는 무엇인가? 대통령 직선제의 실시와 정권교체가 곧 민주화의 성공이라고 자부할 수 있는 것인가? 다른 어떤 것들을 갖추어야 하는가? 형식적으로는 왕국 체제를 고수하고 있는 영국, 덴마크, 스웨덴 등이 세계에서 인권이 가장 잘 보장되는 나라인 이유는 무엇이고, 또한 살기 좋은 나라로 손꼽히는 핀란드의 우르호 케꼬넨(Urho KeKKonen, 1900~1986) 대통령은 이승만이나, 박정희 대통령보다 훨씬 길게 25년간이나 집권했으면서도 여전히 훌륭했던 지도자로 추앙받는 것은 무슨 일인가?

　정치체제의 형식보다 훨씬 더 중요한 것은 인간의 기본권인 인신의 자유와 법 앞의 평등, 노동의 대가로 얻는 재산에 대한 소유권, 언론과 신앙의 자유 등이며 그것을 인정하는 사회적 합의다. 그런 기본권에 대한 존중과 보장 없이는 참정권도 무의미하며, 역으로 참정권의 보장 없이 인간의 기본권이 평등하게 보장되고 신장되기는 쉽지 않다. 또한 사회 전체의 경제적, 문화적 역량의 성장 없이는 참정권도 큰 의미를 갖지 못한 고무신 한 켤레에 유권자의 소중한 한 표가 팔려 나가던 일이 불행히도 과거 이야기만이 아니다. 민주주의라는 고매한 정치적 이상도 그것을 뒷받침해 줄만한 경제적 토대와 의식의 성숙, 곧 시민적 책임감이 없이는 실천에 옮겨질 수 없고 민주주의의 궁극 목표라고 볼 수 있는 복지사회로의 이행, 다시 말하면 '국민의, 국민에 의한, 국민을 위한 정치'라는 이상이 실천으로 옮겨지고 국민 모두가 자부심을 느끼며 행복하게 사는 사회의 건설을 기대하기 어렵다.

　세계사적 흐름이라는 맥락에서 볼 때 대한민국은 서구의 선진국들보다는 백여 년 늦게, 대신 국가로 독립을 이루지 못했거나 공산주의의 유혹이나 사슬에 걸려들었던 나라들보다는 훨씬 앞서서 건국혁명을 통해 기본적 인권과 정치 참여 권리를 보장할 수 있는 민주주의의 법적 기틀을 마련했다. 다만 문제는 사회 전체가 가지고 있는 도덕적, 지적, 경제적, 문화적 역량이 민주주의 제도의 장점들을 살려내고 약점들을 최소화시키는 방향으로 그 제도가 운영될 수 있게 뒷받침해 주는 데에는 턱없이 부족했다는 사실에 있었다. 그런 관점에서 본다면 현재 우리 학계나 정계 양쪽에서 다 같이 일고 있는 엄청난 혼란과 갈등, 반목의 원인 가운데 하나는 정치체제나 제도의 문제와 운영 주체의 도덕적, 지적 자질과 능력의 문제를 구분하지 못하고, 사회 전체가 극단적인 배금주의와 권력만능주의적 사고에 빠져있다는 사실이 아닌가 하는 생각이 든다.

앞에서 살펴본 바와 같이 대한민국의 건국을 혁명으로 규정하고 그 역사의 전개과정을 보면 다른 나라들의 그것과 크게 다를 바가 없었다. 특히 19세기 프랑스가 나폴레옹 전쟁과 왕정 복고, 1830년, 1848년 두 차례 혁명과 단명의 제2공화국, 박정희 대통령 시절에 비견될 만한 특징을 많이 드러냈던 루이 나폴레옹의 권위주의적 산업화 체제를 거쳐 제3공화국을 수립하는 과정을 보면 이상하리만큼 우리와 유사한 경로를 밟아왔다는 것을 볼 수 있다. 하지만 프랑스 사람 누구도 자신들의 역사가 특별히 비리와 부패가 승리했던 역사라고 매도하지 않는다. 우리의 경우 도덕적 잣대로 역사를 재단하려는 태도가 학계에까지 만연하게 된 이유는 1차적으로 분단의 현실에 뿌리를 둔 반체제적 시각에서 그 뿌리를 찾을 수 있지만 다른 한편으로는 비약적 경제발전과 사회 변화를 따라잡지 못한 지식인 세계의 의식의 낙후성에서도 찾을 수 있지 않은가 생각해 볼 필요가 있다.

오랫동안 우리의 지식 세계, 특히 인문사회 분야는 경제발전에서 그 늘진 지대로 남아 있었고 사회 전체적으로 몸체가 비대해진 것에 비해 의식의 성숙은 빠르게 이루어지지 못하는 심한 불균형이 발생한 것이었다. 곧 현실과 의식 사이의 괴리가 커지다 보니 경제는 세계 선진국 수준으로 치닫고 있어도 정치는 후진국 수준을 벗어나지 못했고 그러한 수준의 정치가 결국 경제의 발목을 잡아버리는 현상이 일어나기 시작한 것이다. 그간의 성공은 사회적 역동성에서 나왔으며 그러한 역동성의 배양과 발휘를 가능하게 해 준 것이 바로 대한민국의 건국혁명이었다는 것은 북한의 현실과 대비해 보면 특히 잘 알 수 있다. 그러한 사실을 인지하지 못하고 부정 일변도의 시각으로 우리 역사를 해석해 온 우리 학계 일부의 자세는 이제 나라의 정상적 발전에 도움이 되기보다는 오히려 큰 걸림돌이 되고 있는 것이 아닌지 반성해 볼 일이다.

민족 통일을 지상과제로 여기는 세력의 오랜 기간에 걸친 집요한 공세로 인하여 지금 우리 국민 상당수의 뇌리에는 불행히도 역사에 대한 부정적 시각뿐 아니라 국가 정통성에 대한 의문까지 일고 있는 듯하다. 과연 대한민국의 건국은 우리 민족에게 재앙이었는가 축복이었는가? 건국이 잘못된 일이고 이 나라를 만든 사람들이 모두 친일, 친미 반동 세력이었다면 오늘날 우리의 현실은 어떻게 보아야 하고, 대한민국의 경제발전과 정치 민주화에서 거둔 성공은 어떻게 설명할 수 있을 것인가? 불행히도 아직도 그에 대한 설득력 있는 대답은 제시하지 못하고 있는 것이 우리 역사학과 사회과학의 현실이 아닌가 싶다.

어느 각도에서 보더라도 대한민국의 건국은 우리가 자랑스럽게 기리고 자축해야 할 기념일이며 학문적으로 조명되어야 할 주제이다. 그럼에도 불구하고, 아니 그렇기 때문에 가장 등한시되어 오거나 의도적으로 반대한민국 세력에 의해 외면되어온 주제이기도 하다. 분단과 동족상잔, 전쟁의 후유증이 통일에 대한 비현실적 염원과 환상을 강화시킴으로써 역사적 현실을 직면하는 이성의 힘과 도덕적 용기를 압도해 버렸기 때문에 일어난 현상이 아닌가 깊이, 그리고 시급히 반성해 볼 일이다.

학술적 연구의 결과가 정치에 불을 밝혀야 정치적 염원이나 이기적 타산이 학문적 진리 추구의 의욕과 용기를 압살해 버리는 듯한 의식의 역류 현상을 우리 학계나 국민이 더 이상 방치해서는 안 될 것으로 믿는다.

역사와 현실

왜 다시 이승만인가*

역사에서 추방된 대통령

어느 날 택시를 탔더니 스스로 386 세대라고 자신을 소개한 택시 기사는 문재인 정권을 조목조목 매섭게 비판하며 박정희 대통령의 업적을 치켜세우기 시작했다. 약간은 의외라서 내가 물었다.
"말씀하시는 것 들으니 역사 공부를 많이 하신 분 같은데 이승만 대통령에 관해서는 어떻게 생각하시지요?"
돌아온 대답이 내 뒤통수를 쳤다.
"그건 전혀 다른 이야기지요. 그 사람은 독재자라는 것밖에 알지 못하지만 그 이상 알 필요도 없어요."
대체로 박정희 대통령을 긍정적으로 평가할 줄 아는 사람은 이승만 대통령에 대해서도 그러리라고 믿었는데 그게 아니었다. 사실 4·19 이

---
* 한국안보문제연구소(KINSA)에서 발간한 「KINSA Report」 제10호(2020년 4월)

후 지난 60년 동안 이승만은 우리 역사에서 추방된 인물이었다. 아니 추방되었다기보다는 차라리 능지처참을 당했다고 하는 말이 더 진실에 가까울 것이다. 1960년 상대 후보 조병옥의 급사로 이승만은 3월 15일 선거에서 승부 없이, 네 번 연속으로 대통령에 당선되었다. 그러나 부통령 선거 때문에 자유당이 대대적으로 저질렀던 부정선거와 사회에 만연했던 부정부패에 항거하여 일어난 학생, 지식인 의거로 그는 4월 27일 대통령직에서 물러났다.

그에 앞서 이승만은 4·19 때 부상당한 학생들을 위문하기 위해 서울대병원으로 찾아가 불의와 부정을 보고 항거한 젊은이들의 기개를 칭찬하기도 했다. 이미 85세의 노인이었던 이승만은 한 달여 뒤에 휴양차 하와이로 떠났다. 그러나 후속의 민주당 정권을 대치한 박정희 군사정권의 방해로 고국 땅을 다시 밟지 못하고 1965년 하와이에서 90세로 눈을 감았다.

1910년 우리가 일본에 국권을 찬탈당한 후부터 평생을 해외에서 독립운동에 바쳤던 그는 70세가 넘어서야 미군정 치하에 놓여 있던 고국 땅을 다시 밟을 수 있었다. 한반도 전체를 공산화시켜 세계 공산권에 편입하려는 스탈린의 집요한 공작에 맞서 3년간 악전고투를 벌인 끝에 그는 드디어 38선 이남에 사는 우리 민족이나마 명실상부한 독립국가의 국민으로 다시 탄생시키는 데 성공했다. 김일성이 스탈린과 모택동의 지원을 이끌어낸 후 자행한 1950년 6·25의 남침에 맞서, 자유와 민주주의를 이상으로 하는 대한민국을 지켜내고 부흥시키는 데 어느 누구도 부정할 수 없는 공을 세웠다. 하지만 이승만은 85세의 나이에 바로 자기가 세운 나라를 자발적으로 떠난 후 돌아올 권리를 박탈당한 것이었다.

그 후, 특히 서거 이후 이승만이 당한 역사적 냉대와 모멸, 그리고 추모 세력에 당한 박해에 비하면 물리적 추방은 대단한 것이 아니었다. 이승만은 자기 정권을 비판하며 봉기하다가 부상당한 대학생들의 민주적 시민의식과 기개를 칭찬했지만 대통령 하야 요구가 새로운 구호로 등장하자 학생들이 더 이상 희생이 되어서는 안 된다는 생각에서 불과 한 달여 전에 재당선된 대통령직을 바로 사임하고 사저로 돌아온 지도자였다. 뿐만 아니라 그가 하야를 결정하자 문제의 초점이었던 이기붕 부통령 당선자 가족 전체가 이승만이 아들로 입양했던 그 집 큰 아들 이강석이 쏜 총으로 경무대 안에서 자살하는 비극을 지켜보는 혹독한 개인적 대가도 치렀다. 그럼에도 불구하고 4·19의거로 탄생한 제2공화국의 민주당 정부나, 민주당 정권 아래서 벌어진 사회 혼란과 국가 위기를 그대로 방치할 수 없다는 명분으로 군사쿠데타를 일으켜 5·16혁명으로 권력을 장악한 박정희 정권은 양자 다 자기정당화를 위해서 이승만을 짓밟고 넘어가야 할 장애물로 인식하는 데 입장을 같이 했다.

4·19봉기는 원래 이승만이 주동하여 만들었던 대한민국의 헌법 질서를 바로잡자고 하는 동기에서 촉발된 충정 어린 의거였지, 대한민국을 뒤엎자는 혁명이 결코 아니었다. 하지만 그 후속 정권들은 대한민국 헌법의 토대 위에서 이승만 정부가 미처 다하지 못한 민주국가 건설과 수호, 발전의 과업을 계승한다는 애국 정신을 발휘하기보다는 이승만과 자유당 정부를 정치적으로 매도하는 것만이 마치 자기들의 존재가치를

돋보이게 하는 일인 듯 착각했다. 그런 얄팍한 정치적 계산에 함몰되어 대한민국의 국가적 초석을 마련한 반공 정치지도자로서의 이승만뿐 아니라 독립운동가로서의 이승만의 역사적 업적까지, 기리기는 고사하고 등한시하거나 폄훼하기 시작했다.

절체절명의 위기에서 다시 생각나는 사람

이런 상황에서 이득을 볼 사람은 이승만 덕분에 백성에서 독립국가의 국민으로 거듭날 수 있었던 대한민국 국민이 아니라 그의 정적들이었다. 그 가운데서도 이승만과 함께 신생 자유민주공화국의 독립을 위해 항일운동뿐 아니라 반공투쟁에 참여했던 세대는 적어도 독립운동가로서의 그의 업적까지 부정하지는 못했다. 이승만이 이화장으로 떠나는 모습을 보며 대다수의 국민은 눈시울이 젖었고 그의 장례에는 조문을 위해 자발적으로 모여든 국민이 인산인해를 이루었다.

하지만 한반도 전체를 공산화하기 위해 대한민국의 독립을 극구 반대하며 집요하게 방해했던 세력, 곧 북한의 김일성과 그 배후의 공산주의 소련의 입장에서 본다면 4·19의거에 의한 이승만 축출은 기적에 가까운 역사의 선물이었다. 대한민국 건국 과정에서 좌익은 이승만을 '미국의 주구(走狗)'로 매도했다. 하지만, 때로는 미국과 맞서가며 대한민국을 독립시키는 데 성공한 그를 자기 국민으로부터도 외면당한, 천하의 독재자로 매도할 수 있는 구실이 4·19로 인해 생긴 것이었다. 이승만을 독재자, 친일 세력의 옹호자, 부도덕한 인간이라 몰아붙이는 데에는 좌익만 아니라 오래 집권한 덕분에 양산될 수 밖에 없었던 우익의 정적들도 그에 가세했다.

이승만의 위상이 추락하면 할수록 그를 건국대통령, 2대, 3대 대통령으로 추대했던 친대한민국 세력은 자연스레 그 도덕적 정당성과 정치적 정통성을 잃고 몰락의 길로 가게 되었다. 4·19의거로 이승만이 하야하는 것을 보고 누구보다도 놀란 사람이 김일성이며, 그 사건 이후로 그의 대남 전략뿐만 아니라 북한의 경제정책 구상까지 수정이 되었다는 증언도 나온다. 대가가 만만치 않은 빨치산 투쟁보다는 민주화 운동 속으로 간첩을 침투시키는 쪽으로 대남 공산화 전략의 방향을 수정하면 대한민국의 몰락은 예상보다 가까울 것으로 보였기 때문이다.

이후 해방과 6·25 전후에 쓰이던 북한의 '세뇌공작'이라는 직설적 표현 대신 '의식화'라는 말이 쓰이게 되었다. 그러면서 무엇이 독재나 비리에 맞서는 데 필요한 의미의 정치민주화와 사회정화를 통해 대한민국 체제 강화의 효과를 내는 의식화인지, 자유민주주의 체제를 사회주의—공산주의 체제로 대치시키려는 반대한민국적 의식화 교육인지 구분하기가 어렵게 되었다. 모두가 반독재, 민주화의 이름으로 성역화되고, 특히 1980년 광주의 유혈사태 발생 이후로는 반미와 본래적 의미의 공산주의 이념과는 상치되는 '우리민족끼리'의 개념과 배합되었다. 그러는 동안 민주화 운동이 이른바 NL과 PD 계열로 갈라지면서 진정한 친대한민국적 민주화 운동이 설 자리는 없어졌다.

역설적이게도 '이승만 죽이기'가 더욱 극성을 부리기 시작한 것은 소련과 동유럽의 공산주의 체제가 붕괴되고 우리는 민주화에 일정 정도 성공을 거두면서부터이다. 공산주의 이념이 수세에 몰리자 좌파는 대안으로 반일민족주의를 부추기기 시작했고, 그 가운데서 이승만은 '독재자'일 뿐 아니라 김구 선생에 대비되는 '반민족 친일파'로 왜곡 서술되기 시작하였다. 박정희 대통령의 업적은 긍정적으로 평가할 줄 아는 사람도 이승만 대통령은 역사적으로 완전히 치지도외해야 할 인물로 착각한다는 사실은, 이승만에 대한 역사적 매도가 얼마나 철저했고 대한민국의 적들의 역사 투쟁 전략이 얼마나 효율적으로 그 목적으로 달성하고 있는가를 잘 보여주는 사례이다.

대한민국에서는 지금 이승만이 누구인지 이름조차 전혀 모르는 어린이들이 대다수이고, 알고 있다 하면 '아주 나쁜 사람', '독재자'로 인식할 뿐이다. 대학을 졸업한 사람들 사이에서도 이승만 대통령에 관해 아는 것이 별로 없는 것은 흉이 아니며 오히려 이승만에 대해 관심을 보인다는 자체가 '독재 미화'로 매도당하는 것이 우리 대한민국의 언론계, 문화계의 한심한 실정이다.

경제가 급속도로 발전하면서 수많은 역사적 인물을 위한 기념관이 세워지고 아직 살아있는 사람의 이름을 딴 기념관들까지도 만들어지고 있다. 하지만 대한민국에는 이승만 기념관도 없고, 그가 많은 저술과 족적을 남겼는데도 전집 하나 발간된 적이 없으며 만들어졌던 동상들조차도 철거되거나 땅에 묻히는 수난을 당하고 있다. 김일성을 연구하는 사람이 이승만 연구자들보다 훨씬 많고 자료집 간행도 마찬가지 수준이다.

이승만의 정치적 매장과 역사적 부관참시는 어찌 보면 역설적이게도 그가 '민족독립'이라는 자기의 필생의 소망을 성취하고 대통령을 하게 된 데 따르는 자연스런 결과였다고도 볼 수 있다. 또 다른 한편으로는 그 소망을 일부밖에는 성취할 수 없었다는, 곧 통일한국을 세우지 못하고 남한, 혹은 분단국가로 폄훼될 수 있는 나라밖에 세우지 못한 데 따르는 필연적인 결과라고도 볼 수 있다.

　그가 대통령이 되지 못했더라면 정적이 그처럼 많을 수 없었을 것이다. 또 우리 대한민국이 38선 이남에서만 그 헌법적 위력을 발동할 수 있는 분단국가가 아니라 하나로 통합된 민주국가였다면, 그래서 우리 사회가 지니고 있는 민주국민으로서의 역량이 실제보다 훨씬 크고 건전하게 성장할 수 있었더라면, 세계의 흠모 대상이 될 정도로 잘 나가는 나라의 건국대통령이 자기 나라에서 추방당하고 역사적으로 부관참시당하는 일은 없었을 것이다. 그가 저지른 죄과는 한 마디로, 대한민국이라는 반공 국가를 독립시켜 수호하고 자유민주주의 국가로 발전할 수 있는 헌법적 토대를 마련했지만 그것을 모두 현실화하는 과정에서 표면에 드러나는 여러 가지 어려움이 있었다는 것이다. 특히 경제 발전에서는 혁혁한 성과를 거두었지만 발전을 가능하게 했던 자유와 민주의 정신을 내면화하는 데는 시간이 부족했고, 그의 후계자들은 북한의 공산주의 체제와의 선동·선전전에서 패배한 것이다.

　건국대통령을 역사적으로 부관참시하는 나라가 제대로 발전하지 못하고 깨지는 것은 당연한 일이 아닐까 하는 생각이, 친북 좌파 독재로 나라가 전대미문의 위기에 처하게 되자 국민들의 의식 속에 싹트기 시작한 느낌이다.

이른바 '촛불혁명'으로 박근혜 대통령이 탄핵당하고 문재인 정권의 권력 사유화가 급격히 진행된 지난 2~3년 사이 이승만에 대한 우리 사회의 관심이 다행히도 상당히 높아진 것으로 보인다. 이것은 역사가 흔히 드러내는 아이러니 중에서도 아이러니라고 볼 수도 있다. 좀 더 극적으로 표현한다면 역사적 정의의 발동, 또는 역사의 보복이 시작된 것이라고 할 수도 있다. 나라의 분열이 해방 직후, 또는 6·25전쟁 전후를 상기시킬 만큼 심각해지고 대한민국이 존망의 위기에 직면해 있다는 의식이 사회 일각에서 싹트면서 우리 국민은 이제 비로소 대한민국이 어떻게 태어난 나라였는가에 대해 새롭게 관심을 가지기 시작한 것이다.

세계제2차대전 직후의 상황에서 한반도 전체가 공산화되지 않고 대한민국이 자유민주주의 국가로 독립을 할 수 있었다는 것은 어찌 보면 기적에 가까운 일이었으며 이승만이라는 천재적 독립운동가, 지도자가 없었더라면 불가능한 일이었다. 그 때 이승만이 어떻게 그 일을 해냈는가를 파악하고 그의 공로를 제대로 인정할 줄 알게 되면 바로 거기에서 지금 우리가 빠져 있는 혼돈과 절망의 늪에서 벗어날 수 있는 비결을 발견할 수 있지 않을까 하는 생각을 어리석은 후손들이 뒤늦게나마 하게 된 것은 불행 중 다행이라 하지 않을 수 없다.

이승만은 누구인가

　이승만에 관해 많은 험악한 논란이 일고 있지만 사실 이승만만큼 많은 사료를 남기고 떠난 역사적 인물도 드물다. 본인이 직접 작성한 각종의 공문서와 사문서 등의 기록물은 물론, 수많은 내외국인 인사들과 교신한 편지들, 제3자들의 증언, 남들의 평전이나 연구서 속에 들어 있는 그에 관한 증언과 평가 등 누구든 열려 있는 마음의 자세만 가지면 이승만과 관계된 사실들을 고증해내기는 어려운 일은 아니다.

　역사학자 유영익 박사는 우리 현대사를 개항기부터 연구해 내려오는 과정에서 이승만을 만나 지난 30여 년 가까이를 이승만 연구에 몰두함으로써 세계적인 이승만 권위자가 되었다. 또 이승만과 김구 관계 연구에 40년을 쏟은 연구가 손세일도 있다. 이승만에 관한 많은 논란은 학술적인 것이라기보다는 앞서 지적했듯이 정치적, 이념적 동기에서 비롯된 것이기 때문에 역사적 사실 규명과는 거의 관계가 없이 돌아간다. 반대한민국 세력의 아성인 민족문제연구소가 작심하고 조작한 〈백년전쟁〉 같은 영상물의 경우에 이르면 그것은 역사 논쟁을 위장한 정치투쟁의 독이 묻은 무기이다. 따라서 이는 의도된 범죄이지, 합리적 토론이나 비판의 영역을 벗어난 이야기이다. 법적 제재가 불가능한 경우에는 거짓을 설파하는 세력에 대한 역사의 궁극적 보복을 믿을 수밖에 다른 대응 방법이 없다.

　이승만은 1875년 몰락한 양반가에 태어나 과거를 통해 입신을 하려고 한학 고전 교육을 철저히 받은 사람이었다. 그가 양녕대군의 후예였다는 사실 때문에 그를 왕족 출신이라 부르며 왕족 의식이 평생 그를 따라다녔다고 해석하는 사람들도 있다. 하지만 그것은 전주 이씨 성을 가진 수많은 사람을 모두 다 왕족으로 보는 오류에 불과하다. 이승만은 신분제 사회의 폐단에 대해 시대를 앞지르는 강한 비판 의식을 가진 당대의 반항아였다. 그에게 엘리트 의식이 있었다면 그것은 나라가 잘못되어가는 데 대해 전주 이씨 가문 출신으로서 특별히 느낄 수도 있었을 강한 죄책감과 책임감 정도였다고 볼 수 있다.

이승만의 90년 생애에서 큰 갈림길이 된 역사적 우연은 갑오경장(1894)으로 과거제도가 폐지된 일이었다. 최남선의 〈해에게서 소년에게〉에 앞서 우리 말 최초의 현대시 〈고목가(古木歌)〉를 지었고 80이 넘어서도 한시를 즐겨 쓸 정도로 한학에 조예가 깊었다. 그러나 과거에 급제하지 못했던 그는 구국을 위한 다른 길로 들어설 수밖에 없었다.

일찍이 미국에서 의사가 되어 귀국한 서재필과 독립협회 일을 보게 되면서 이승만은 미국 선교사들과 만나 영어를 공부하기 시작했고 배재학당에 입학하여 영어로 졸업식사를 한 최초의 한국 학생이 되었다. 청년지도자로서 이미 이름을 날리던 그는 왕정제 폐지 음모에 연루되었다는 의혹을 받아 5년 7개월의 옥고를 치르며 혹독한 고문까지 받았다. 하지만 그의 뛰어난 재능을 높이 샀던 고종의 측근 민영환과 한규설 덕분에 특별 사면을 받아 고종의 밀사로 테오도어 루스벨트 대통령에게 파견되기도 하였다.

투옥되어 종신형을 받으면서 이승만은 기독교 신앙을 굳혀 옥중에서 전도도 하고 한영사전을 집필하기도 했으며 선교사들이 들여보내는 많은 양서를 읽었다. 특히 그가 아직 20대였던 옥중 시절에 집필하여 후에 『독립정신』으로 발간된 논설문들을 보면 그는 이미 그때부터 놀라울 만큼 성숙한 인생관과 국제관계에 대한 해박한 지식을 바탕으로 민족이 살아나갈 길을 구상하며 고민했던, 마음이 열려있는 인재였다는 사실이 감동적으로 선명하게 드러난다. 그가 테오도어 루스벨트 대통령을 만난 것은 미국과 일본 사이에 필리핀과 한반도에 대한 이권을 상호 인정하는 태프트―가쓰라 조약이 이미 체결된 직후라 당연히 성과가 있을 수 없었다. 을사늑약으로 우리가 외교권을 잃은 후 105인 사건으로 다시 쫓기는 몸이 된 이승만은 미국 선교사들의 도움으로 미국에 가서 조지워싱턴, 하버드, 프린스턴대학에서 학사, 석사, 박사학위를 받았다.

5년이라는 이례적으로 짧은 기간에 학사, 석사, 박사 학위를 그것도 미국의 최고 명문 대학교에서 받을 수 있던 비결은 그가 학위 과정에 입문하기 전에 이미 동서양의 학문을 모두 관통해야만 가능했을 인간과 사회에 대한 넓고 깊은 종합적 통찰력과 국제정치적 감각을 갖추고 있었던 데 있다. 교회에 다니며 연설하는 일로 생계비와 학비를 조달해야 했던 그에게 학창생활을 즐길 낭만적 여유 같은 것은 없었다. 하지만 고학을 하는 동안 구축한 인맥은 그가 독립운동에 성공할 수 있었던 지지 기반이 되었다. 「미국의 영향을 받은 중립론」(Neutrality as Influenced by the united State)이라는 제목의 그의 법학박사 학위 논문은, 전시에 중립국 선박을 어떻게 다루어야 하는가에 관한 전문 저서로서 프린스턴대학 출판사에서 책으로 발간되어 미국의 대학들에서 오랫동안 교재로 쓰였다.

프린스턴대학 총장으로서 이승만과 개인적으로도 친숙했던 우드로 윌슨은 이승만이 1910년 박사학위를 받은 후 얼마 안 되어 미국 대통령이 되었다. 하지만 이승만은 그 당시 미국에서도 드문 명문대 학위와 인맥이 보장해주는 모든 사회적 특전을 물리치고 일본에게 주권을 빼앗긴 고국으로 곧바로 돌아와 기독교청년회(YMCA)에서 총무직을 맡았다. 그러나 일제의 감시망이 좁혀오자 이승만은 한성감옥 동지였던 박용만의 제안을 받아들여 하와이로 건너갔다. 그곳에서 우리 청년 세대 이민자들을 위한 교육 운동을 시작으로 본격적인 독립운동에 투신한 것이다.

그런 이승만을 반민족주의자이며, '하와이 깡패'라 부르며 불륜으로 미국 감옥에 투옥된 적이 있다고 사진까지 조작해서 보여주는 것이 〈백년전쟁〉이라는 악의적 동영상(다큐멘터리)이다. 그런데 얼마 전 김명수 대법원은 그것이 방송이라는 공공매체를 통해 유포되어도 무난하고 방영하는 것이 잘못이 아니라고 판정을 내렸다. 역사의식과 국민의식을 혼미케 하는 이 정신적 독극물은 이미 2012년 대선 때 만들어져 벌써 수백만의 대한민국 국민, 특히 어린이들까지 관람했다. 그 독성으로 이미 온 사회를 병들게 해놓은 상태이다.

이승만의 독립 구상은, 아직 국권을 완전히 빼앗기기 전 옥중에서 집필한 『독립정신』에서도 이미 골간이 드러나 있으며 투쟁을 전개하는 과정에서 점점 더 상세하고 분명해졌다. 이승만은 나라가 망하는 것은 우리의 힘이 부족하기 때문이니 나라를 구하는 길은 누구를 탓하기보다도 바로 우리의 힘을 기르는 데 있다는 것이다고 보았다. 또 명실상부한 독립국가가 되려면 온 겨레를 하나로 뭉치게 하는 정신적 토대가 필요한데 그것을 그는 민주주의와 기독교 신앙에서 발견했다. 다른 나라와의 관계에서는 배타적 태도보다는 우의와 협력이 중요하다고 보았고, 특히 서양의 강대국들의 우호적 지원과 협조가 없이는 우리가 독립을 유지하거나 다시 찾는 것이 어려울 것이라고 보았다.

따라서 일본이 우리의 적임을 우리 민족끼리는 한 시라도 잊을 수 없지만 독립을 위해 국제사회의 도움을 이끌어내는 방법은 달라야 했다. 국제사회에서 이미 좋은 평판을 받고 있는 일본을 비방하기보다는, 일본이나 다른 나라들이 누리는 것과 똑같은 권리, 곧 민족자결권을 우리가 요구하는 것임을, 결코 일본이나 다른 나라를 악마화하고 그 권리를 침해하는 것이 아님을, 우리도 문명인임을 국제사회에 인식시키는 것이 우리에게 절대 필요하다고 보았다.

구국운동으로 6년 가까이 감옥살이를 한 뒤 프린스턴대학에서 법학박사 학위까지 받은 후 하와이에서 기독교 교육을 핵심으로 하는 독립운동을 시작한 이승만의 명성은 당연히 국내와 국외에 널리 퍼지지 않을 수 없었다. 3·1운동으로 고양된 독립정신의 여파로 임시정부가 여기저기서 선포되는 가운데 이승만은 한성임시정부의 집정관총재로 추대되었고 이어서 통합 임시정부의 대통령으로 초빙받았다.

하지만 이승만은 그때도 계속 미국에 거주하며 미주 지역 동포들의 지지와 후원을 기반으로 서양의 열강을 대상으로 하는 독립운동을 계속한다는 조건으로 임시정부 대통령직을 수락했다. 그의 그러한 친미

국제주의적 노선은 그가 임시정부 대통령으로서 탄핵을 당하는 데 하나의 구실이 되었다. 또한 그는 친미 기독교적 투쟁 전략과 더불어, 실력이 충분치 않은 상황에서 무장투쟁을 고집하면 무모한 희생을 낳는 동시에 자칫 테러로 오인되어 국제사회에서 동정과 지지보다 반감을 유발할 염려가 있다는 생각을 가지고 있었다. 이런 그의 생각은 격앙된 민족주의의 감정적 분위기 속에서 선뜻 이해받기 어려운 면이 있었다.

게다가 그는, 러시아혁명으로 새로 태어난 소련의 공산주의 체제에 대한 희망적 기대가 굴지의 유럽 지식인들 사이에서 팽배해 있던 1923년, 〈공산당의 당부당(當不當)〉이라는 제목의 논설을 하와이에서 발간하는 격월간지 「태평양잡지」에 발표하여 공산주의 체제를 원론적으로 비판했다. 그 때문에 우리 독립운동을 세계 공산화 전략에 이용하려고 경제적 지원도 아끼지 않던 국제 공산주의 진영의 표적이 되지 않을 수 없었다.

만인의 기대 속에서 임시정부 대통령으로 추대되었던 이승만은, 한성감옥 동지로서 하와이에서 독립운동을 함께 하던 박용만 세력이나 그를 상하이로 초빙했던 안창호 세력과도 불화를 겪게 되었다. 발족 직후부터 분란이 끊이지 않았으며 공산주의 세력의 영향을 크게 받고 있던 임시정부는, 일본 정부가 30만 달러의 현상금을 걸고 수배하던 이승만을 1925년 임시정부 대통령직에서 탄핵하기에 이르렀다.

임시정부는 그를 탄핵했으나 이승만은 국제사회로부터 우리 임시정부를 인정받으려는 노력을 포기하지 않았다. 탄핵 이후로도 구미위원장 자격으로 국제 무대에서 활약했다. 1933년에는 소련에까지 입국했다가 일본과 만주 철도권 문제로 협상 중이던 소련 외교부로부터 즉각 추방당하기도 했다. 또 윤봉길 의사의 홍구공원 거사로 다시 활기를 찾아 임시정부를 수습하여 이끌고 있던 김구 주석을 적극적으로 도왔다. 같은 세대에 같은 황해도에서 태어났지만 이승만과 김구는 출신 배경, 교육, 국제적 유대, 투쟁 방식 모든 면에서 서로 크게 달랐다. 하지만 철저한 반일과 반공의식, 그리고 임시정부의 중요성을 아는 데에는 서로 일치했고 서로의 공헌을 높이 평가할 줄 알았다. 그 때문에 두 사람은 1947년 12월 초 장덕수 암살 사건으로 양자간 개인적 오해가 발생하기 전까지는 우리 독립운동 우익 진영의 두 기둥으로서 서로를 도왔다.

만주 침략과 중일전쟁 개시 등으로 일본이 야욕을 노골적으로 드러내고, 서방세계가 적으로 보는 나치 독일과 파시스트 이탈리아와 한 편이 되는 조짐이 분명해지자 이승만은 샌프란시스코, 필라델피아, 워싱턴 등지로 활동 무대를 넓혀가며 노골적으로 '일본 때리기'를 시작했다. 그는 1941년 봄 『일본내막기』(Japan Inside Out)라는 책을 출간하여 일본이 결국 미국과도 전쟁을 할 것이라고 경고했다. 12월 7일 일본이 하와이 진주만을 습격하자 그 책은 베스트셀러가 되었고 이승만은 예언자적 식견을 갖춘, 탁월한 한국의 독립운동가로 널리 인정받게 되었다.

태평양전쟁 초기 일본이 남태평양 지역에까지 진출하면서 우리 민족의 사기가 극도로 떨어졌을 때 이승만은 미국의소리(VOA) 방송을 통해 독립의 날이 가까웠다고 민족을 격려했다. 한편 프랭클린 루스벨트 대통령의 보좌관 홉슨을 움직여 카이로선언에 조선 독립에 관한 약속이 들어가게 하는 데 결정적 기여를 했다. 전쟁이 일본의 항복으로 끝날 것이 예측 가능해졌을 때는 미국의 특수작전부와 협동하여 대일(對日) 전투에 가담할 우리 병력을 준비하여 전후 협상에 유리한 조건을 만들려 했으며 소련의 대일 참전을 막아달라고 트루먼 대통령과 맥아더 원수에게 간청하기도 했다. 소련 참전 시 일본 항복 후 한반도에서 벌어질 수 있는 상황을 미국인들보다 앞질러 알아차린 것이었다.

반공반소 투쟁을 통한 대한민국 건국

완전 독립 쟁취를 위한 이승만과 김구 등 애국 투사들의 필생의 노력에도 불구하고 일제 항복 후 한반도의 운명에 대한 전승 열강의 관심에는 뚜렷하게 합의된 것이 없었다. 우리 민족의 독립운동 세력도 분열될 대로 분열되어 있었다. 일제시대부터 소련 공산당원이었던 박헌영 같은 친소 좌익이 있었는가 하면 대다수의 지식인 출신은 여운형, 김규식 등 중도좌파 성향의 지도자들에 기대를 걸고 있었다. 북한을 점령한 소련은 그들을 다 무시하고 국내 기반이 전혀 없고 중국의 항일연군으로 빨치산 활동을 하다가 1941년 소련군에 편입된 후로는 소련 극동지역에 머물러 있었던 33세의 장교 김성주를 발탁했다. 그를 '김일성'이라는 새 이름으로 소련의 지시를 충실히 따를 북한의 공산당 지도자로 내세웠고, 조만식 같은 애국 세력은 감시와 박해 대상이 되었다.

남쪽의 우익 진영도 임시정부를 중심으로 한 망명 독립운동 세력과 국내에서 일제의 식민지 지배 체제를 견뎌내면서 독립을 꿈꾸어 왔던 집단들, 서로 출신 지역과 세대 차이가 나는 잡다한 세력 사이에서 공통분모를 찾기란 쉽지 않았다. 처음에는 박헌영까지도 독립운동가로서의 이승만의 명망을 이용하여 사태를 장악하려는 목적으로 이승만이 귀국하기도 전 그의 양해도 없이 9월 15일 이승만을 주석으로 하는 조선인민공화국 정부를 발표했다. 그러나 남한에 진주한 미국 사령부는 상하이 임시정부는 물론 다른 어느 누구도 해방된 조선의 지도세력으로 인정하기를 거부했고 소련과 협의해서 한반도 문제를 적당히 마무리 짓고 한반도를 떠나려는 기미를 보였다.

이승만도 1945년 10월 귀국 초기에는, 항일을 위해 소련 공산당과 손을 잡았더라도 해방 후 스탈린과 결별하고 독립국가 건립에 몰입할 의지만 있는 사람이라면 함께 힘을 합쳐야 한다고 생각했다. 그래서 박헌영과도 세 차례나 만나 협상을 했다. 하지만 전 세계 공산화라는 거대 목표 아래 미군을 축출하고 남한까지 장악하려는 소련의 정책에 추종하는 세력과는 타협은 불가능함을 곧 깨달았다. 1945년 12월 모스크바 3상회의에서 한반도에 대한 신탁통치안이 채택되자 그에 대한 찬반으로 독립운동 세력은 좌우로 선명하게 갈라졌다. 이승만과 김구, 그리고 국내에서 활동했던 김성수가 이끄는 한민당 세력 등 우익 반공 세력은 공산주의자들은 물론 여운형, 김규식 등으로 대표되는 중도 좌파와도 확연히 갈라서게 되었다. 미군정 측과 달리 미소공동위원회를 통한 한반도 문제 해결이 불가능할 것을 알아차린 이승만은 여전히 소련과의 대화가 가능하다고 믿고 있던 미국 측의 경계 대상이 되기도 했다.

그러나 이승만은 미국만 바라보고 가만히 있다가 독립의 기회를 놓치는 일은 결코 용납하지 않겠다는 의지를 그 유명한 정읍발언(1946)을 통해 분명히 밝혔다. 북한에서는 이미 1945년 2월부터 소련공산당의 지시에 따라 움직이는 김일성의 임시인민위원회 정부가 발족하여 토지개혁, 인민군 창설 등 공산국가 건설 작업이 순조롭게 진행되고 있었다. 그러니 남한도 임시정부 같은 것이라도 만들어 국제사회에서 스스로의 목소리를 낼 수 있어야 신속한 독립이 가능할 것이라는 것이 이승만의 주장이었다. 공산당이나 그 밖에도 남북한 분단이 고착될 것을 염려한 사람들은 그 연설이 이승만의 개인적 야욕의 발로라고 반발했지만, 북한이 이미 공산주의 소련의 손에 장악된 마당에서 진정한 의미의 독립을 위해서는 다른 대안이 없었다. 김구도 1947년 12월 초 이승만과의 사이가 벌어지기 전까지는 이에 적극 동조했다.

소련과 영미 간에 냉전이 본격화되면서 미국도 소련과의 타협으로 한반도 문제를 해결하기는 불가능함을 깨닫고 한반도 문제를 유엔에 이관하기로 했다. 유엔총회는 남북한이 유엔의 감시 아래서 인구 비례로 총선거를 동시에 실시하여 단일정부를 구성케 하자는 결의안을 채택하였다. 이로써 우리나라가 통일된 독립국가로 탄생할 기회를 제공했다. 하지만 한반도 전체를 세계 공산권으로 흡수할 계획을 추진하고 있던 소련은 이미 서울에 도착한 유엔 선거감시단이 38선을 넘는 것을 저지했다.

이승만의 결단과 투지로 우리 민족의 운명이 갈린 것은 바로 그때였다. 김일성이 소련의 허수아비가 아니라 자기 의지로 움직일 수 있는 힘을 가진 지도자인 듯 착각했던 김구와는 달리 이승만은 유엔총회의 한반도 결의안이 무산되면 남북한 전체가 동유럽처럼 공산주의 소련에 장악되는 것이 불가피하고 진정한 의미의 독립은 불가능할 것임을 알았다. 그는 선거가 가능한 지역에서만이라도 선거를 통해 정부를 수립할 수 있도록 유엔이 새로운 결의안을 채택해 줄 것을 강력하게 촉구하며 사력을 다해 유엔 한국위원단을 설득시켰다. 그 결과로 우리는 역사상 처음으로 백성이 민주국가의 주권자로 태어난 5·10선거를 실시하여 자유민주공화국 대한민국을 탄생시킬 수 있었고 이승만의 권위는 그 누구도 도전하기 어려운 것이 되었다.

건국대통령 이승만

대한민국은 이처럼 내외로 적대세력을 품고 태어난 신생 독립국이었다. 이승만처럼 독립을 향한 열정은 물론 정치적 수완과 국제적 인맥, 그리고 민족의 미래를 위한 원대하면서도 현실적인 국가 구상을 갖추고 있는 지도자가 없었더라면 태어날 수도, 지킬 수도, 발전할 수도 없었던 나라였다. 이승만이 국회의원과 국회의장으로 당선되어 헌법을 만드는 데 결정적 역할을 하고 다시 건국대통령으로 당선된 것은 독립을 향한 그의 끈질긴 노력으로 볼 때 어찌 보면 당연한 일이었다.

하지만 중국의 눈치를 보던 유약한 군주국의 가난한 백성이었다가 외국 황제의 천대받는 2등 신민으로 전락해 살면서 자치의 경험조차 전혀 없었고, 국민 80%가 비문해자인 사회를 국내외의 공산주의 세력의 집요한 방해와 공략에 맞서며 명실상부한 민주공화국으로 다시 세워 자리잡게 하는 일은 몇몇 지도자만의 힘으로 짧은 시일 내에 이룰 수 있는 일이 아니었다. 프랑스가 제3공화국을 선포하여 공화국으로 완전히 자리잡은 것도 1789년 '인간과 시민의 권리선언'이 혁명세력에 의해 발표된 지 80년이 더 지난 후였다.

건국대통령이 우선적으로 해야 할 일은 독립된 자유민주공화국으로서의 헌법적 토대를 마련하고 그 신생국이 내외의 적들로부터 공격을 받아 허물어지지 않도록 지켜내는 일이었다. 그 일에서 이승만은 역사에서 결코 지워질 수 없는 혁혁한 성과를 거두었다. 바로 이것이 대한민국의 적들의 입장에서 본다면 이승만이 역사에서 결코 용서받을 수 없는 죄과였던 것이다.

1948년 8월 15일 대한민국 정부 선포는 1945년 해방 후부터, 아니 1910년 망국 이후부터 애국 세력이 독립을 위해 전개해온 여러 형태의 투쟁이 드디어 결실을 맺었음을 뜻했다. 대한민국의 헌법은, 비록 그 권한이 실질적으로 38선 이북에까지 미치지는 못하지만 북한도 언젠가는 우리가 회복해야 할 실지(失地)로 규정했고, 우리 민족의 절반이라 볼 수 있는 북한 주민도 우리 대한민국의 국민임을 명시했다. 대한민국의 건국은 통일지상주의자들이 생각하듯이 단순히 하나의 분단국가 체제가 탄생한 것이 아니었다. 그것은 나라의 이상과 이념, 그리고 주권자가 우리 민족이 원하는 바대로 바뀐 혁명이었고 우리 현대사에서 유일하게 성공한 혁명이었다. 그 근거는 다음에서 찾을 수 있다.

첫째, 민주공화국으로의 독립은 3·1운동 이래 우리 민족이 줄기차게 주창해온 목표였다.

공산주의에 경도된 사람들은 공산주의가 진정한 민주주의라고 그 때나 지금이나 억지를 부리지만 개인의 자유가 존중되지 않는 민주주의 체제가 민주주의일 수는 없다. 공산주의자들은 국가나 민족이 아니라 계급으로 결속해야 함을 주장하며, 북한의 사이비 공산주의자들은 김 씨 왕조의 유지를 민족이 지켜야 할 절대가치로 받든다.

해방 당시 공산주의자가 된다는 것은 적어도 스탈린이 사망하기까지는 실질적으로 소련 공산당의 지령에 따라야 한다는 것을 뜻했고, 민족의 독립이나 개인의 자유는 일시적으로 인정할 수 있는 방편에 불과했다. 당의 지령에 순종하는 것이 모든 다른 정치적 고려에 앞서야 한다는 것은 비밀이 아니었다. 다만 누가 공산주의자인가 하는 것만이 비밀일 수 있었다는 것은 역사가 증명하는 사실이다. 민주국가로 독립하기 위해서는 소련이 점령한 북한 지역을 제외한 남쪽에서만이라도 반공 정책을 추진하여 명실상부한 독립국가를 세우는 것밖에 다른 대안이 없었다.

둘째, 대한민국이 이상으로 하는 자유민주주의는 개인의 자유뿐 아니라 법 앞의 평등을 자유와 함께 최고 가치로 삼는다.

모든 신분적 차별을 철폐함은 물론 남녀가 동등하게 참정권을 부여받았다는 점에서도 1948년의 건국은 혁명이었다. 여전히 유교의 뿌리가 깊었던 우리 사회 풍속에는 남녀의 구분뿐만 아니라 차별이 엄연히 살아 있었고 상전과 하인, 연장자와 연하 사이의 차별도 미덕으로 여기고 있었다. 서양의 선진국 중에도 1970년대까지 여성에게는 참정권 주지 않은 나라들도 있었다.

여러 가지 여건을 고려할 때, 특히 공산주의자들의 방해 공작이 끊이지 않는 가운데서 만인의 자유와 평등을 골간으로 하는 민주주의를 전면 실시하는 것은 시기상조라는 여론이 만만치 않음을 이승만도 알고 있었다. 하지만 그는 진정한 민주주의의 힘이 어떤 것인가를 알고 또 믿었기 때문에 위험을 감수하면서라도 민주주의를 즉각 시행에 옮겨야 한다고 고집을 세웠다. 미국의 민주주의를 이상으로 삼고 있었던 그는 미국보다도 한 걸음 더 나아간 대통령 직선제를 선호했지만 제헌의회에서는 간선제가 채택되었다.

혁명이라면 으레 밑으로부터의 대중봉기를 생각한다. 하지만 우리의 경우는 일본에 대한 연합군의 승리가 바로 우리가 원했던 일본의 패망을 가져오는 데 결정적인 역할을 했기 때문에 우리의 독립이 '혁명'적 성격을 가진 사건이었음을 간과하기 쉽다. 하지만 혁명에서의 핵심은 내용이지 형식이 아니다. 우리 힘만으로 독립혁명을 성사시키지 못했기 때문에 연합군의 일원이었던 소련의 손에 들어간 38선 이북의 우리 땅과 동포들이 그 혁명의 혜택에서 제외되었고 6·25라는 동족상잔은 물론 지금까지 동족 간에 이념적으로 반목하는 비극을 겪고 있는 것이다.

셋째, 1948년 건국을 성공한 혁명으로 볼 수 있는 또 하나의 이유는 그 때 만들어진 자유민주주의 헌법의 토대 위에서 대한민국이 이룩한 발전은 '한강의 기적'이라 일컬어질 정도로 획기적이었기 때문이다.

삼권분립으로 보장된 대의민주주의, 법치와 국민의 기본권 보장, 의무교육 규정 모두가, 나라의 주인인 모든 국민이 가지고 있는 역량이 최대치로 개발되어 가동될 수 있는 토대요 유도장치였다. 자기가 노력하면 그 결실이 자기 것이 된다는 기회평등의 보장이 있었기 때문이다.

반면에 마치 자본가들만 제거하면 완벽한 '평등사회'를 건설하는 것이 가능하고, 모든 것을 공산당의 지령에 따르기만 하면 된다던 북한에서는 역 계급차별의 대상이 된 주민이 주격(主格)이 아니라 대격(對格)으로 전락하였다. 결국에는 강대 외국인 소련의 국가 이익에 따라 삶이 좌지우지되다가 스탈린 사망 이후 소련에도 개혁 바람이 불자 드디어는 주체사상 함양이라는 명분 아래 김 씨 왕조의 노예로 전락한 것이 북한의 현실이다.

이러한 반공 건국혁명을 이끈 주역이 바로 이승만이었다. 반공은 이승만 개인이 아니라 대한민국이 모든 국민 개개인의 자유와 기회의 평등을 최고 가치로 하는 독립국가로 살아남기 위해서는 불가피한 선택이었다. 그러나 반공의 불가피성 때문에 오히려 대한민국 헌법에 보장된 언론의 자유, 집회의 자유 등이 다소 제한을 받는 부작용도 일었다.

넷째, 이승만은 전통적으로 유교 사회였고 불교의 영향도 컸던 한국 사회를 기독교 국가로 세우고자 노력했다.

그는 자신이 문화적으로는 교회보다 절에서 더 편안함을 느낀다고

토로했을 정도로 전통문화에 대한 애착이 강한 인물이었다. 하지만 민주주의의 기본인 인간의 존엄성과 자유에 대한 존중은 유교나 불교보다 기독교에서 그 뿌리를 찾고 실천 가능성이 높다고 믿었다. 그렇다고 양심의 자유나 종교의 자유를 부정하는 것은 결코 아니었다. 기독교 국가로 전환시키려는 노력은 건국대통령 이승만의 여러 가지 노력 가운데서도 끈질긴 저항에 부딪혔지만 그의 영향으로 기독교의 교세가 크게 확장된 것은 부인할 수 없다.

다섯째, 이승만은 자유의 문제 다음으로 민생과 교육 문제에 관심을 쏟았다.

경제와 복지가 발달하기 위해서는 교육을 통해 우리 힘을 기르고 외국과 활발하게 교역하는 것이 절대로 중요함을 강조했다. "아는 것이 힘, 배워야 산다"라는 구호는 일제시대부터 우리가 항상 외치던 구호였다. 하지만 부모의 능력에 상관없이 국가가 최소 초등교육까지는 책임을 진다는 의무교육 개념은 비문해자가 80%에 달했던 나라에서 혁명적 변화를 가져왔다. 평등 이상의 실천 방안으로 그보다 더 중요한 것이 없으며 당시로 보아서는 거의 사회주의적 발상이라고 볼 수도 있었다. 사실 이승만은 혁명적 공산주의에 대항하는 가장 좋은 방법은 그들보다 앞질러 국민이 가장 원하는 바를 차례로 충족시키는 것임을 잘 알고 있었다. 그런 면에서 그는 조소앙의 삼균주의(三均主義)같은 사회민주주의적 노선에도 호의적 관심을 보였다.

그와 같은 맥락에서 볼 때 이승만이 건국대통령으로 이룩한 가장 큰 혁명적 변화는 토지개혁이었다. 그는 정부 수립 2년 차에 공산주의자였던 조봉암을 농림부 장관으로 기용하여 토지개혁을 실시했다. 공산주의자들과 싸우며 대한민국을 탄생시키는 데 지주세력을 주축으로 하는 한민당의 지지가 결정적이었던 점을 생각하면 이것은, 나라 살릴 길은 그 길밖에 없다는 이승만의 혜안과 그가 지도자로서 인정받고 있던 신뢰와 권위, 그리고 정치적 설득력 없이는 상상하기 어려운 일이었다. 지주에 대해 일정 정도의 보상을 하는 조건으로 토지를 경작자에게 나누어주는 온건주의적 방식이었지만 그것이 지주층의 몰락을 가져올 것은 예상된 일이었다. 하지만 그 개혁이 6·25 사변이 발발하기 바로 전에 이루어졌기 때문에 남한을 기습 침략하면서 토지개혁을 통해 농민층의 지지와 환영을 이끌어낼 수 있을 것이라고 기대했던 북한의 계산은 무산될 수밖에 없었다.

이승만의 공과 과

우리는 이른바 촛불혁명으로 그간 쌓아온 모든 것이 무너지기 시작하기 전까지는 스스로를 경제 발전과 민주화 양면에서 다 성공한 나라라고 자화자찬했다. 이제는 그것이 과연 올바른 자기 평가였던가 한 번 진지하게 생각해 볼 때가 되었다. 경제발전의 성과야 좁은 의미로 정의한다면 수치로 증명될 뿐 아니라 체험으로 알 수 있는 것이다.
그러나 우리가 의미한 '민주화'는 무엇이었는가? '독재 타도'라는 구호 아래 대통령 직선제가 실시되고 여야가 평화적으로 정권을 교체하는 것이 가능해졌다는 것 정도가 아니었던가? 그러한 '민주화'의 성과를 거두는 과정에서 우리가 민주주의라는 관점에서 볼 때 얻은 것 말고 잃은 것은 없었던가? 더 나아가 민주주의를 해야 되는 근본적 이유인 삶의 질의 총체적 개선이라는, 형식적이기보다 훨씬 더 본질적인 면에서 볼 때, 나아진 것이 무엇이고 잃은 것이 무엇인가? 그런 근본적인 질문을 던지지 않고서는 민주화 운동의 후계자라는 청와대가 절대 다수의 국민과 정면으로 대치하고, 국민의 삶의 질은 전방위적으로 급격하게 하락하는 현상을 이해할 수 없고 그것에서 벗어나는 방법을 찾을 수도 없을 것이다.

암암리에 우리는 '독재 타도'라는 편리한 구호 아래서 민주화를 야권으로의 정권 교체와 동일시했고 무엇을 위한 정권 교체인가에 대해서는 큰 관심을 갖지 않았던 것 같다. 정치적 관심은 누가 대통령이 되는가에만 쏠렸지 대통령이 된 사람이 어떤 일을 어떻게 했는가에 대한 진지한 사실 규명의 노력은 별로 없었다. '계파 정치'가 당연한 것으로 받아들여지는 가운데서, 모든 공직이 '해 먹을' 자리인 듯 인식되는 분위기에서 어느 누가 어떻게 권력을 잡고 얼마나 오래 그 자리에 있었던가에만 관심의 초점을 두었지 어떤 여건에서 무슨 일을 어떻게 성취했는가에 대해서는 정치인만 아니라 지식인—전문가 집단까지도 큰 관심을 두지 않았다.

이승만에 대한 평가에서도 항상 거론되는 것은 그가 불법 개헌으로 네 번이나 대통령에 당선되면서 13년간 장기 집권, 독재를 했고 4·19

데모로 불명예 퇴진했다는 것뿐이다. 그에 더해 6·25전쟁이 발발했을 때는 서울을 사수한다 방송을 하고 도피했다는 죄목이 추가된다. 그가 아니었으면 국민의 자유와 기본권이 보장되는 자유민주공화국 대한민국이 탄생할 수조차 없었으며 그가 공산주의 세력의 기습 남침 때 신속하게 미군과 유엔군의 참전을 이끌어내 풍전등화였던 나라를 지켜냈고, 중공군의 개입만 아니었다면 대한민국의 깃발 아래 남북한이 통일될 수 있는 길을 열었다는 사실은 전혀 언급되지 않는다.

이승만은 38선은 이미 북한의 남침으로 국제규약의 효과를 잃었으니 우리가 다시 6·25 같은 참화를 당하지 않기 위해서는 승세를 탄 김에 통일이 될 때까지 정전을 하지 말아야 한다고 주장했다. 그러나 그의 주장을 무시하고 휴전이 성사되려 하자 이승만은 유엔군과 상의 없이 북송되기를 원치 않는, 상당 부분은 원래 우리 국민이었던, 반공포로를 전격적으로 석방함으로써 미국을 놀라게 해 한미상호방위조약을 이끌어내는 데 성공했다. 그 덕분에 우리는 남침의 재발을 크게 걱정하지 않고 살 수 있게 되었고, 외국도 안심하고 이 땅에 투자를 할 수 있었다. 그 덕분에 박정희 시대와 그 이후의 눈부신 경제 발전이 가능하게 된 것이었다.

또한 미국과의 관계에서 이승만이 그동안 쌓아 놓은 신뢰와 인맥, 그리고 아이젠하워도 혀를 내두르게 한 그의 탁월한 정치적 수완이 아니었다면 전후 우리가 미국과 유엔에서 각종의 그 많은 지원을 얻어내기는 쉽지 않았을 것이다. 뿐만 아니라 긴급 구호용으로 들어오는 원조마저도 이승만은 원조 제공자의 뜻에 맞서면서까지 모두 다 현재를 위해 쓰지 않고 미래의 자가 발전을 위한 토대를 놓는 일, 예를 들어 충주비료공장이나 원자력발전연구소 건립, 유학생 학비 지원 등에 할애할 것을 고집했다. 그가 1952년 정치파동을 일으키지 않고 아직 전쟁 중이었을 때 대통령직에서 물러났더라면 우리 민주주의가 더욱 순조롭게 자라고 꽃을 필 수 있었을까? 대한민국 자체가 존속할 수 있었을까? 우리 자신에게 솔직하게 물어보는 것이 필요하다.

사실 1952년 정치파동의 배후에는 '북진통일'에 대한 이승만의 집착에서 세계제3차대전 발발의 위험을 느끼고 그를 제거하려 했던 미국의 영향도 없지 않았다. 대통령 간선제에는 미국이든, 공산주의 소련이든 어떤 외부 세력이 소수의 국회의원을 움직이는 방법으로 내정에 간섭할 수 있는 길을 열어놓는 위험이 따르기 때문에 이승만은 처음부터 양원제와 대통령 직선제를 고집했다. 야당으로부터 독재자라는 악명을 얻으며 이른바 '발췌개헌'으로 대통령 직선제를 도입한 후 치른 선거에서 이승만은 87%의 득표율로 최초의 직선제 대통령으로 당선되었다.

악명 높은 사사오입 개헌도 내용을 잘 살펴보며 이야기하는 경우가 드물다. 개헌에 필요한 정족수는 203명의 3분의 2로 136명이라는 것이 정설인데 예상했던 찬성표 중 한 표가 무효화되어 정족수에서 한 표 모자라자 자유당 측은 203의 3분의2는 수치로 볼 때 135.333이니 사사오입하면 135가 된다는 주장으로 꼼수를 부린 것이었다. 하지만 그렇게 한 표차로 부결되었을 뻔한 개헌은 초대 대통령 중임제 철폐뿐 아니라 국가사회주의적 성격을 상당히 내포하고 있던 제헌헌법의 경제 조항을 전면 개편하는 내용을 포함하고 있었다. 새로운 조항에서는 국유화, 공영화 국가 관리 체제를 폐지하고 불가피한 사유로 국가가 사유재산을 침해할 때는 적정한 보상을 할 의무가 있음을 규정했다. 한 표 차이로 부결될 뻔했던 개헌의 내용이 무엇인가는 전혀 밝히지 않고 이미 80세 노인이었던 이승만이 권력욕 때문에 끔찍한 횡포를 저지른 듯 묘사되는 것이 우리 역사 교육의 현실이다.

평생을 나라를 위한 투쟁에 헌신했던 노(老) 대통령이 사적으로 가장 절실히 갈구했던 것은 아마도 권력이 아니라 휴식이었을 것이다. 또 당시 의식 있는 국민이 모두 걱정했던 것은 이승만 대통령의 장기 집권이 아니라 적절한 후계자가 눈에 띄지 않는다는 사실이었을 것이다. 그러나 지금의 역사 교육은 이런 점들을 완전히 간과하는 악의적이고 반교육적인 역사 읽기라고 하지 않을 수 없다.

이승만이 초대, 2대 대통령만 하고 정계를 떠났더라면 그는 전설적 독립운동가요 건국대통령으로 역사에 남게 되었을 가능성이 없지 않다. 그러나 대한민국의 정치적 경제적 토대와 안보 체제가 자리 잡히기 전에 그가 정계를 떠났다면 나라가 온전했을까는 큰 의문으로 남는다. 그의 카리스마적 지도력이 아니었다면 해방 당시 세계 정세에 대한 정보에는 대단히 어두운 반면, 독립운동 세력 내에서도 좌우익의 대립은 첨예했고, 공산당 조직을 통해서 때로는 당사자들도 모르는 사이 소련이 행사하는 영향력은 막강했던 상황에서 우리가 명실상부한 독립국가가 된다는 것은 불가능한 일이었다. 독립국가로서의 역사적 뿌리가 우리보다도 훨씬 더 깊었던 동유럽 국가들이 당한 70년 간의 수난을 보면 우리의 독립이 얼마나 기적적이었던가를 짐작할 수 있다.

이승만 대통령은 독선적이었고 권위주의적 정치를 했다고 볼 수 있다. 그러나 그것은 경륜, 권위, 학력과 견문, 판단력, 추진력 모두에서 그가 주변의 다른 인물들이 따라가기 어려울 정도로 뛰어났기 때문에 일어난 일이다. 다만 오랜 외국 체류 때문에 국내 사정에 대해 어두운 면이 없지 않았다. 그래서 그에게는 절대적 추종자도 많았지만, 대통령이 되는 순간부터 정적이 많아졌다. 함께 항일뿐만 아니라 반공투쟁을 하며 건국에 공조했던 많은 동지나 후배로부터 배척을 당하는 운명도 겪어야 했다. 이승만이 믿을 수 있었던 것은 오로지 자기의 판단력과 국민 절대 다수의 신뢰와 지지뿐이었다. 그에게는 사생활이 따로 없었으며 사조직이라고 할 만한 것을 만들지 않았다. 후사도 양자 이강석이 가족과 함께 자살한 후에는 없어졌고 하와이 병상에서 비로소 양녕대군 후손인 이인수 씨를 다시 입양했을 뿐이다. 그러므로 사적 동기에서 그의 업적을 내세우고 기릴 만한 세력도 없다.

그에 대한 국제적 평판도 갈렸다. 미국인으로 우월감이 짙었던 하지 중장 같은 사람에게 그는 고집불통의 골치 아픈 노인이었고, 마치 아프리카의 이디 아민 정도쯤 보듯 '스트롱맨'(strongman)이라는 비하 조의 칭호를 쓰는 사람도 있었다. 반면에 "이승만은 한국보다 더 큰 인물"이라는 표현을 쓴 사람도 있었다. 이승만은 6·25전쟁에서 미국의 도움으로 나라가 살아난 뒤에도, 미국 의회 양원 합동 연설에서 미국을 신랄하게 비판하면서도 30여 차례 기립박수를 받았고 뉴욕 시가지를 행진하면서 시민들의 박수 갈채를 받은 유일한 외국의 정치지도자였다. 트루먼이나 맥아더 같은 거물들은 처음부터 이승만을 자기들과 격이 같은 '거물'임을 알아보고 도왔으며 6·25전쟁 당시 2년을 그와 함께 전선을 누볐던 밴 플리트 장군은 미국 상원 증언에서 이승만을 "자기 몸무게만한 크기의 다이아몬드 가치가 있는 한국의 애국자"라고 묘사했다.

한국 국민에게 이승만은 누구인가? 마키아벨리안, 권위주의자, 민주주의를 파괴한 독재자, 하와이 깡패, 부도덕의 대명사, 심지어 친일파이다. 이승만(1875~1965)은, 튀르키예의 국부로서 세계사적 인물로 추앙받는 케말 아타투르크(1881~1938)나 스탈린(1879~1953), 모택동(1893~1976), 리콴유(1923~2015), 김일성(1912~1994)보다 앞선 세대이고 처칠(1874~1965), 아데나워(1876~1967), 김구(1876~1949)와 동세대 인물이다. 그들 모두가 영웅으로 끝없는 추모와 연구의 대상이 되고 있는데 이승만에게는 동상 하나, 기념관 하나 제대로 허용되지 않는다. 저들은 모두 결점 하나 없는 완벽한 인간이고 지도자들이었기 때문인가, 아니면 세계 여러 민족이나 국민 가운데서도 대한민국 사람들이 워낙 잘났고 민주주의 정신에 투철하기 때문인가?

이승만은 우리 민족을 무척 사랑하고 아꼈으며 그래서 독립된 민주국가 국민이 되게 하기 위해 90 평생을 바쳤다. 우리 국민이 자기를 알아보지 못하고 은혜를 원수로 갚는다 해도 결코 우리 민족을 버리거나 자유와 독립과 민주주의의 이상을 포기할 인물이 아니다. 저 세상에서라도 이 어리석고 배은망덕한 국민이 다시 정신이 들도록 너무 늦기 전에 다시 한 번 깨우쳐 주시기를 빌 뿐이다.

한미군사동맹의 역사적 의미*

우리 민족의 대참극이었던 6·25전쟁의 정전과 한미군사동맹 70주년을 기념하는 이 자리에 제가 연사로 초청받은 것은 큰 영광인 동시에 아픔입니다. 아픔의 이유는 제가 그 전쟁을 직접 경험한 매우 늙은 세대에 속한다는 사실을 상기해야 되기 때문이고, 영광인 이유는 그 전쟁에서 살아남은 자로서 증언을 할 기회를 부여받았기 때문입니다. 전쟁이 발발하고 사흘만에 서울이 공산군에 점령 당했을 때 저는 중학교 2학년생이었습니다.

오늘 제 강연은 1950년 7월 17일, 임시수도였던 대전에서 이승만 대통령이 트루먼 대통령에게 보낸 편지를 인용하는 것으로 시작하겠습니다. 트루먼 대통령의 신속한 지원 결정에 감사를 표하면서 우리 대통령은 이렇게 말씀하셨습니다.

---

* 2023년 10월 27일 한반도선진화재단 강연

본인은 이곳 전선에서 미군 사상자가 늘어난다는 보고를 받을 때마다 가슴이 아픕니다. 그리도 많은 사람이 자기 고국에서 머나먼 이 땅에서 자유를 위하여 목숨을 바쳐야 되었다는 사실은 비극입니다. 우리 군의 사상자 보고를 받는 것이 아무리 참담하다 해도 견디기가 나은 것은 그들은 그나마 자기 모국에서 자기 나라를 지키기 위해 싸우다 희생된 것이기 때문입니다. 우리 한국인들은 미국의 위대한 전통에 따라 잔인한 침략자들로부터 약한 자를 지켜주고 지구상에서 자유와 해방이 사라지지 않도록 하기 위해 목숨을 걸고 피를 흘린 이들의 용기와 희생을 그 누구도 잊을 수 없을 것입니다. 이런 말씀이 이곳 한국 땅에서 사망하거나 부상당한 미국 군인의 어머니와 아버지, 부인과 어린 자녀, 형제자매들에게 조금이나마 위로가 될 수 있기를 바랍니다. 대통령 각하, 위대한 귀국의 병사들은 미국인으로 살다가 죽었습니다만 그들은 애국을 넘어 전 세계의 시민으로서 목숨을 바쳤습니다. 공산―나치주의자들(Communazis)이 자유 국가들의 독립을 유린하는 것을 더 이상 방치한다면 그것은 모든 나라, 결국은 미국까지도 공격할 수 있도록 길을 터주는 것을 의미함을 그들은 알고 있었습니다.

제가 이례적으로 이렇게 긴 글을 인용한 것은 이 편지만큼 한미동맹의 성격과 의미를 가슴에 다가오게 드러내주는 것은 찾기 쉽지 않다고 여기기 때문입니다. 미국의 신속한 도움이 없었다면 한국이 국가로서 살아남지 못했을 뿐더러, 세계 어느 나라도 공산주의자들의 침략으로부터 안전할 수 없었을 것입니다.

1953년 한국과 미국 사이에 체결된 상호방위조약으로 굳어진 한미

동맹은 보통의 국가적 이해관계에만 기초한 동맹이 아닙니다. 그것은 자유의 수호라고 하는 공통의 대의와 그것을 달성하기 위해 함께 흘린 피로 맺어진 동맹입니다. 또한 이 동맹은 한국과 미국이라는 두 나라만을 위한 동맹이 아니었습니다. 이승만 대통령의 독창적인 표현을 빌리자면 '공산—나치주의자들'에게 자유와 독립을 짓밟히는 운명으로부터 인류 공동체 전체를 지키기 위한 투쟁을 목적으로 체결된 것이며 따라서 어느 쪽도 임의로 벗어던져서는 안 되는 무거운 도덕적 사명을 수반하는 동맹 관계인 것입니다.

한미 관계의 시작은 물론 1953년 훨씬 전으로 소급합니다. 신미양요라고 불리는 무력충돌로 출발한 우리 두 나라 간의 관계는, 1882년 청나라와 일본, 러시아 등 열강의 세력 각축장이 되어가는 한반도를 위해 미국이 '거중 조정'(good office)을 약속한 조미수호통상조약 체결로 안정되었고 한국인들 사이에는 큰 친구를 얻었다는 기대를 낳았습니다. 그러나 태프트—가쓰라 밀약으로 그 기대는 무너졌고 한국은 국권을 일본에게 빼앗겼습니다. 식민 통치 아래서 시달리던 아시아의 약소 민족들을 모두 공산권으로 포섭하려는 레닌의 코민테른 공략에 맞서 윌슨 대통령이 민족자결주의를 선포하자 우리는 또 다시 희망에 부풀었지만 일본이 전승국 대열에 속해 있었기 때문에 그 기대는 허사가 되었습니다.

하지만 다른 한편으로 미국은 한국에 기독교 복음과 서양식 신교육, 특히 인권 개념을 전파하는 데 앞장섰고 일본에 쫓기는 우리 독립운동가들에게 은신처와 새로운 보금자리를 제공했습니다. 중국, 만주, 러시아의 연해주와 함께 우리 독립운동의 요람이 되었습니다. 1943년 '유린당한 국가들'(Overrun Countries)이라는 제호의 우표 15종을 발행할 때 그 가운데 태극기를 넣음으로써 미국은 우리가 결코 일본의 속국으로 남아 있지 않을 것임을 세계에 알리기도 했습니다. 무엇보다도 잊을 수 없는 일은 미국이 4년 가까운 긴 전쟁에서 일본을 완패시킨 덕분에 한국은 35년간의 일본제국의 식민 통치에서 해방될 수 있었다는 사실입니다.

맥아더 장군은 6·25전쟁 이전에 이미 우리 민족의 은인이었습니다. 1945년 일본의 무조건 항복에 따라 미군과 소련군은 38선을 경계로 한반도를 분단 점령하였고 3년 후 남쪽에서는 자유민주공화국 대한민국이, 북쪽에서는 이른바 조선인민주공화국 곧 공산주의 정권이 선포되었습니다. 두 개의 서로 대치되는 정권의 수립은 우리 민족 전체를 괴롭히며 세계 평화를 위협하는 대 재앙, 민족 분단과 6·25사변이라 불렸던 동족상잔의 뿌리가 되었고 일부 한국인들이 드러내는 반미 감정에 대한 설명이기도 합니다.

하지만 결코 잊어서는 안 되고 무엇보다 감사하게 생각해야 할 일은 적어도 38선 이남만에서라도 우리는 세계제2차대전 직후 전쟁 영웅으로까지 추앙받던 희대의 독재자 스탈린의 지휘 하에서 강력한 기세로 진행되던 전 세계 공산화의 위협을 막아내고 자유민주공화국을 수립하여 한반도에서 합법적으로 구성된 유일한 정부로 유엔의 인정을 받을 수 있었다는 사실입니다. 이 모든 일이 미국의 적극적 지원 없이는 결코 불가능했을 것입니다. 또 정부가 공식으로 출범한 이후로도 미국의 대폭적 경제 지원 없이는 국가로서 살아남기가 어려울 것이라는 진단을 받았던 것이 우리 대한민국이었습니다.

바로 그 사실 때문에 한반도 전체가 세계 공산주의 체제로 편입되기를 바랐던 세력이나 어찌되었던 민족 분단만은 막아야 된다고 믿던 몇몇 한국의 우국지사들에게는 선전선동에 능란했던 소련보다 미국이 마치 우리 민족의 철천지 원수인 듯 인식되었으며 오늘날까지도 저들의 그러한 역사 인식에는 변함이 없습니다.

유엔 감시 하에서 치러지는 남북한 인구 비례 동시 선거를 통해 한반도에 통일된 정부가 수립되도록 하자는 유엔총회의 결의안이 소련의 저항으로 무산되자 적어도 선거가 가능한 남한에서만이라도 독립정부를 수립하며 한반도 전체가 공산화되는 것을 막아내야 한다고 주창한 사람이 이승만이었습니다. 대한민국을 자유민주공화국으로 출범시키는 데 성공한 이승만 건국대통령이 좌파들로부터는 미국의 앞잡이, 독재자, 심지어는 친일파라고까지 매도당하는 것도 같은 맥락에서 이해할 수 있는 일입니다.

올해로 70주년을 맞지만 지난 정부 때는 거의 무시되다시피 했던 한미군사동맹이 다시 활기를 찾게 된 것은 그것 자체로서 크게 자축해야 할 일입니다. 하지만 그 동맹의 중요성을 새롭게 강조하는 가운데서 우리가 명심해야 할 것이 있다고 생각합니다. 그것은 역사에 불변이란 없는 것이며 동맹도, 그것이 아무리 원대한 이상의 공유와 피의 대가로 맺어진 관계라 할지라도, 자유나 마찬가지로 결코 공짜가 아니며 때로는 심각한 도전과 시련에 처할 수 있다는 점입니다.

가까운 우방 사이라 할지라도 국제관계에서 최우선의 고려는 자국민 이익의 극대화입니다. 설사 추구하는 궁극적 목적이 같다 하더라도 수단에 관해서는 서로의 처지에 따라 관점의 차이가 불가피하게 발생합니다. 휴전 문제를 둘러싸고 이승만 대통령과 미국 측 사이에 발생했던 심각한 견해 차이가 반공포로 석방이라는 충격요법이 동원된 뒤에야 한미군사동맹이라는 결실로 이어진 것이 가장 극적인 사례였습니다.

오늘날에도 한미 양국간에는 정책의 우선순위에서 차이가 발생하게 마련입니다. 러시아의 침공을 받는 우크라이나에 대해 한국 국민이 일체감을 느끼며 지원하고 싶어하는 것은 당연합니다. 하지만 그로 인해 러시아와 북한이 군사적으로 가까워지는 것은 직접적 불안의 요인으로 작용합니다.

북한은 핵무기를 휘두르는 대한민국의 주적인 동시에 사이비 공산주의 왕조 체제의 지배 아래서 우리 동포가 신음하고 있는 곳이기 때문에 그 불안은 이중적이지 않을 수 없습니다. 미국인들이나 한미동맹의 연장선에 서있는 일본의 국민들이 느끼는 것과는 다른 어려움이 또 있는 것입니다. 미국과 이스라엘 간의 특별 관계에 관해서 한국인들의 인지와 공감 수준은 미국인들이 기대하는 수준에는 크게 못 미치는 것도 사실입니다.

이렇게 복잡 미묘한 상황에서 한미 양국간의 동맹을 지키고 강화하는 길은 무엇이겠습니까? 그럴 때일수록 동맹의 근본 목적이 무엇인가, 곧 자유와 진정한 의미의 평화와 민주주의를 지키자는 것이 아닌가 하는 목표를 다시 다짐하며, 상대방이 처해 있는 현실적 선택의 어려움이 어떤 것인가에 대해 항상 주의를 기울임으로써 정치 지도층이나 군사 전문가들뿐 아니라 국민들 간에도 신뢰를 더욱 강화하는 일입니다. 여기서 머뭇거림이나 후퇴가 있어서는 안된다고 생각합니다. 동맹을 통해 얻을 수 있는 이점이 무엇이고 지불해야 되는 대가가 무엇인가에 대해 서로 간에 충분한 이해가 있어야 하고 동맹국으로서 스스로가 지니는 가치를 제고하기 위한 끊임 없는 노력이 필요할 것입니다.

대한민국이라는 신생 자유민주공화국은 미국과 유엔의 도움이 없이는 태어날 수도, 1950년 북한의 기습 침략 앞에서 살아남을 수도 없었습니다. 70년 전 한미군사동맹이 체결될 때까지도 그 동맹에서 우리 대한민국이 제공할 수 있는 최고의 가치는 유엔의 설립 목적이었던 집단안보체제가 작동함을 보여주는 첫 번째 사례로서, 동서간 냉전의 전초 기지로서 이 나라가 갖는 상징성이었습니다.

물질적으로는 밑바닥이 없는 듯한 원조의 대상이었습니다. 전후 복구를 위한 미국의 지원 가운데는 생필품만 아니라 풀브라이트 장학금을 비롯한 각종 인재 양성 지원프로그램이 있었고, 심지어는 해방 후 DDT 살포 때문에 자취를 감추다시피 했던 꿀벌을 보내온 민간단체도 있었습니다.

한미동맹 70주년을 맞는 오늘의 한국은 이제 다른 나라입니다. 지구촌 여러 나라 가운데서 한국은 원조받던 나라에서 원조하는 나라로 성장했으며 그만큼 잃을 것도 많아졌습니다. 미국과 한국 양국 관계에서 서로 주고받을 수 있는 것이 달라졌고 서로를 대하는 심리적 자세가 다릅니다. 우리를 둘러싼 국제 환경이 눈에 보이는 것 이상으로 급변하고 있을 뿐 아니라 환경 파괴와 인공지능의 급격한 발달로 인한 상호 협력의 가능성과 긴박성도 더해졌습니다.

한 마디로 한미동맹 70주년을 기리는 이 자리는 우리가 공통의 이상과 피로 맺어진 동맹을 통해 70년이라는 긴 세월 동안 자유와 평화를 지키는 데 성공해온 것을 축하하는 것 못지 않게, 앞으로 우리 양국이 함께 직면하게 될 도전의 어려움과 이를 극복해내야 할 사명의 막중함을 상기해야 할 자리입니다.

우크라이나에 이어 중동에서 터진 전쟁이 보여주듯이 이제 세계 어느 곳도 안전한 곳이 없습니다. 그런 만큼 한미군사동맹, 그리고 더 나아가서 한미일 공조체제의 강화와 확대 개편은 우리의 생명선일 뿐 아니라 지구촌 전체가 재앙 속으로 빠져드는 것을 막을 수 있는 유일한 대안이 아닐까 생각합니다.

새 세대를 위한 이야기
무지인가 반역인가*

오늘 이 시간이 여러분들과 저에게, 그리고 우리나라에 도움이 되는 시간이 되기를 기도합니다.

저는 사실 거의 평생을 잠깐 외교관으로 일한 것을 빼고는 역사 선생으로 산 사람인데, 그 일을 제대로 하지 못해 오늘날 우리나라가 이 지경이 된 것에 책임이 있는 사람입니다. 그래서 항상 죄책감을 느끼고 살기 때문에 곧 90이 될 사람이 이렇게 밤늦게까지 돌아다니고 있습니다.

잘 아시다시피 우리나라는 한 10년 전까지만 해도 괜찮은 나라로 세계가, 그리고 우리 스스로가 인정했습니다. 세계제2차대전 이후에 독립한 나라로서 이례적으로 경제 발전에도 성공하고, 민주화에도 성공했습니다. 그리고 1990년대 초 공산주의 본산인 소련이 무너져 내릴 때 우리는 이제 드디어 우리가 북한에 대한 공포에서 벗어나서 통일된

---

* 2024년 2월 14일 에스더기도운동 강연 녹취 및 정리

민주국가를 수립할 수 있겠다는 희망을 가졌습니다. 지금도 밖에서는 우리 젊은이들이 세계 정상 각 분야에서 이름을 내고 있고, 또 문화적으로 이제 세계 어디서든 한국을 무시하는 나라는 없게 되었습니다. 불과 얼마 전만 해도 한국이 어디 붙어 있는지도 몰랐던 나라들이 많았는데도 말입니다.

생각해보면 1948년 대한민국이 자유민주공화국으로 출범하고 나서 우리 국민들은 독립을 성취한 기쁨과 감사함, 그리고 절대 가난을 이겨내겠다는 결심으로 피와 땀을 아끼지 않고 눈물을 흘리면서 뛴 결과, 지금 우리 눈에 펼쳐진 찬란한 나라를 만들어냈던 것 같습니다.

그런데 불행히도 밝은 이야기는 여기까지입니다. 지금 우리나라는 너무도 크게 분열되어 있고, 한치 앞도 내다볼 수 없는 정치적 상황에 빠져들고 있습니다. 북한은 여전히 우리를 위협하고 있습니다.

저는 러시아 역사를 전공했습니다. 해방이 되었을 때 저는 국민학교 3학년이었는데 주변에서 들리는 소리라고는 온통 '약소 민족의 설움'이라는 말뿐이었습니다. 그래서 어린 마음에도 '왜 우리는 이렇게 약소 민족이 되어서 설움을 당하느냐'라는 마음이 있었기 때문에 역사를 공부하겠다고 생각했습니다. 우리 세대는 역사를 공부해서 무엇을 얻겠다는 생각은 없었습니다.

운이 좋아서인지 서울대 사학과에 입학한 후 미국에서 기숙사비까지 나오는 장학금을 받게 되어서 유학길에 오르게 되었습니다. 미국에서 대학교 2학년이 되었을 때 소련이 세계에서 처음으로 인공위성을 쏘아 올렸습니다. 그때까지는 미국이 모든 면에서 절대 우위를 점하고 있었는데, 우주 경쟁에서 소련에 뒤진다 하니 미국 사람들이 놀라 소련 연구를 본격적으로 하기 시작했습니다.

어렸을 때 러시아 문학을 읽으면서 자랐기에 러시아는 제게 친근감이 있던 나라인데, 공산주의 종주국이라는 면에서는 너무나도 무서운 존재였습니다. 당시 전쟁 직후였던 우리나라는 반공투쟁이 극심해서 공산주의 종주국인 러시아에 대해 관심만 가져도 '용공'으로 의심받았습니다. 이러한 시대적 상황에서 소련이 인공위성을 발사한 것을 계기로 한국 사람도 러시아를 알긴 알아야 하겠다고 결심했습니다.

저는 러시아 역사 중에서도 특히 사상사를 공부하게 되었습니다. 러시아 사람들이 고민끝에 혁명을 일으켜 공산주의 국가가 되는 19세기부터의 100년 과정은 우리나라와 비슷했습니다. 서양에 뒤쳐져 있는 전제군주 농업국가였던 것도 그렇고, 어떻게 하면 서양에서 배울 건 배워 따라잡으면서 동시에 우리 영혼과 전통을 잃지 않을까 고민하는 모습도 우리와 비슷하게 보였습니다.

그러나 당시 러시아는 이미 세계 5대 강국 중에 하나였습니다. 19세기 초 나폴레옹을 물리치고 난 뒤 영국과 러시아는 세계 양대 국가였습니다. 세계제2차대전 후에는 소련과 미국이 양대 국가였던 것과 마찬가지로 19세기 초에도 러시아는 양대 강국 중 하나였습니다. 그러다가 영국은 산업화 선두주자로서 발전을 거듭하고, 반대로 러시아는 점점 낙후되었는데 당시 러시아 내부의 지식인들이 이래서는 안 되겠다 싶어 개혁하여 체제를 바꿔야 한다고 결심하면서 본격적으로 혁명운동이 벌어졌습니다.

처음에 혁명운동에 가담했던 사람들은 대개 이상주의 귀족들의 자제였습니다. 아버지가 고위직에 있지만 특권을 버리고 나라와 민중을 위해 희생하겠다는 식으로 결심하여 혁명운동이 전개되기 시작한 것입니다. 당연히 집권 권력 측에서 용납할 리가 없었습니다. 그러니 지하에서 움직이며 혁명운동을 하게 되었습니다. 이상주의자이었음에도 혁명과정에서 결국은 거짓을 정당화하는 방법을 사용하게 되었고, 그것은 어떤 면에서는 불가피한 것이었습니다. 그런 이중생활을 하게 되니 결국 이른바 '혁명적 허무주의'라고 하는 것이 생겨났습니다. 간단히 말하면, 인민을 위해서 정권을 타도하고 혁명을 해야 한다고 믿지만 지하에서 숨어 활동할 수밖에 없었던 것입니다. 그러다가 러시아에도 서서히 마르크스주의가 들어오기 시작해 19세기 말 마르크스주의 정당이 생겼는데, 러시아가 처음으로 산업화 초기에 접어들었던 때입니다.

1890년대에 소위 산업화 초기에 들어서면서 노동자들이 여기저기서 집결을 하게 되어 마르크스주의, 곧 노동 해방을 통해서 공산주의 사회를 만든다는 혁명사상이 고조되기에 이른 것입니다. 러시아는 여전히 농업국가에서 벗어나지 못한 산업화 초기였습니다. 점차 산업화가 진작되면서 부르주아에 부가 집중되고, 일용직 노동자는 굶어 죽지 않을 정도의 임금밖에 못 받는 상황이 되어 소수의 부르주아만 척결하면 모두가 잘 사는 세상이 온다는 생각이 먹혀들게 된 것입니다. 사실 다수 농민들에게는 이런 사상이 무엇을 뜻하는지 제대로 알려질 틈도 없이 마르크스주의 혁명이 성공하기에 이르렀습니다. 그때가 1917년입니다.

여기에서 '변질'이 일어납니다. 마르크스의 이론에 따르면 자본주의가 고도로 발달되면 생산은 넘치는데 분배가 잘못되어 다수의 노동자들이 들고 일어나 혁명을 통해 공정한 사회가 될 수 있다고 여깁니다. 그러나 러시아는 혁명 당시 이 정도의 산업적 여건이 무르익지 않았습니다. 그럼에도 레닌 입장에서는 서둘러 혁명을 일으켜야 했습니다. 그래서 러시아의 산업 조건이 마르크스 이론에 부합하지 않으니 이론을 변조시켜 노동자가 아닌 농민도 혁명을 할 수 있다고 주장하면서, '농민반란'에 혁명성이 있다는 '변질'된 마르크주의 이론을 정립합니다. 이런 변질은 지식인들 사이에서 논란을 일으키기에 충분했습니다. 당시 마르크스주의 정당을 만든 사람들 사이에서도 이것은 레닌이 권력을 독점하기 위해 꾸며낸 것이라는 비난이 있었습니다.

'권력을 위해서 모든 것을 희생하는 사람들이 권력을 잡게 되면 다수의 노동하는 대중을 위한 사회는 오지 않는다'라고 생각했던 사람들은 비판 성명을 내기도 했습니다. 러시아혁명(1917) 8년 전인 1909년, 마르크스주의 창당 선언문을 썼던 지식인들은 '결국 우리가 생각했던 아름다운 세상은 오지 않고, 혁명을 위해서는 살인도 마다 않고, 거짓말도 정당화하는 사람들이 권력을 잡고 전횡하는 시대가 온다'라고 목소리를 낸 것입니다. 그러나 그들의 성명서는 영향력이 없었습니다.

그때는 이미 혁명의 기운이 고조되어 마르크스주의 계열 내에서도 양심적이고, 또 이론적으로 면밀한 검토가 필요하다고 주장하는 사람들은 배제되어 결국 권력을 위해서라면 무엇이든 불사하는 볼셰비키가 공산당의 이름으로 집권세력이 됩니다. 결국 이상을 보고 쫓아왔던 사람들을 속이는 수밖에 없었기 때문에, '선전선동' 기술로 그 체제를 유지할 수밖에 없게 된 것입니다. 지금은 이렇지만 앞으로 몇 년 후면 우리는 자본주의 사회를 다 극복하고 이상적인 사회를 만들 수 있다며 속인 것입니다.

이러한 소련의 상황과 더불어 독일에서는 히틀러라는 공산주의자 못지 않게 무서운 독일 지상주의자, 특히 유대인들은 멸종시켜야 한다는 인종차별주의를 극단으로 주장하는 또 하나의 거악의 축이 이탈리아 무솔리니와 손을 잡고 등장했습니다. 기독교를 바탕으로 한 자유민주주의 체제를 성장시켜 나가고 있었던 영국, 프랑스, 미국 같은 나라들은 이 두 개의 거대한 축 앞의 기로에 서게 되었습니다. 세계가 독일 나치와 이탈리아 파시스트, 소련 공산주의, 자유민주주의라는 세 축으로 갈라지게 되면서 어느 쪽이든 고립이 되는 쪽은 망하는 구조가 형성되었습니다.

결국 자유민주주의 진영인 미국과 영국은 세계제2차대전때 히틀러보다 차라리 스탈린과 손을 잡겠다고 결정했습니다. 당시 미국은 결국 영국과 프랑스와 손잡았고, 태평양전쟁을 통해 일본을 섬멸시키는 데 성공했습니다. 덕분에 우리나라는 해방을 맞게 되는 상황이 왔습니다. 이렇게 복잡한 상황에서 해방을 맞았기 때문에 해방이 곧 '독립'이 되는 상황이 오지 못했습니다. 다시 말해 일제로부터 해방은 되었지만, 독립된 것은 아니었습니다.

두 차례 미국의 원자폭탄 투하로 일본의 패망이 확실시되어 전쟁이 종언으로 치닫았을 때 소련은 일본에 재빨리 선전포고를 했습니다. 당시 소련은 만주에 있었고, 미군은 오키나와 남부에 있었습니다. 소련군이 한반도를 점령할 수 있는 상황이 오자 미군은 4년 동안 일본을 패망시키기 위해 희생한 대가로 소련이 한반도 전역을 점령하게 둘 수는 없었습니다. 그리하여 미국이 소련을 향해 '38선에서 멈춰라', '38선 이남에서는 우리가 일본에게서 항복을 받을 것이다', '너희(소련)는 거기서 멈춰라'고 요구하게 된 것입니다. 스탈린이 미군의 요구에 동의한 이유는, 그의 야심이 일본까지 점령하는 것이었기 때문에 미국을 자극할 필요가 없었기 때문입니다. 우리나라의 분단선은 사실상 이때 그어진 것입니다.

당시 소련은 전 세계를 공산화시킨다는 목표를 갖고 우리와 같은 약소민족 국가들의 지식인들을 많이 포섭했습니다. 소련은 '우리에게 협력하면 계급 해방과 민족 해방을 동시에 이룰 수 있다'며 유혹했습니다. 일제로부터 해방도 되고, '양반' '쌍놈' 하던 식의 신분사회도 혁파된다는 소련의 설득은 지식인들에게 상당히 매력적일수 밖에 없었습니다. 그래서 우리 독립운동가 중에는 좌파 계열이 상당히 있었고, 독립운동에 직접 투신하지 않았던 유학생이나 경성제국대학을 다녔던 대학생 중 마르크스주의에 경도된 사람들이 많았던 것입니다. 이들은 모두 이상주의에 출발점을 둔 사람들이었습니다.

그러나 소련의 현실은 자신들의 선전·선동과는 동떨어진 것이었습니다. 스탈린과 함께 혁명 활동을 했던 사람들도 대중을 해방시키고 모두 잘 살기 위해서 했다고 생각했지만 오히려 대중을 몰아세우고 군비를 강화해 나가는 상황에서 '애초에 우리의 목적과 다르다'라며 반발하는 세력이 있었고, 이들은 잔인한 피의 숙청을 통해 섬멸되기에 이르렀습니다. 1930년대에 소위 혁명 1세대는 소련에서 모두 섬멸되었다고 볼 수 있습니다. 혁명 직후 공산당에 가입했던 사람들 절반을 죽인 스탈린은 완전한 독재자가 되었습니다.

거악이었던 히틀러를 무찌르기 위해서 영국과 미국이 소련과 손을 잡았기 때문에 소련의 잔혹함은 대개 감추어집니다. 자유진영인 미국, 영국과 동맹을 맺은 소련은 공산주의 대신 민족주의에 호소하는 구호를 전면에 내세워 대외적으로 공산주의의 실체를 가렸습니다.

우리나라가 해방될 당시 미국은 소련의 정체를 명확하게 파악하지 못하고 있었습니다. 소련과 타협이 가능할 것으로 생각했고, 38선을 선포했을 당시만 해도 남과 북이 두 쪽으로 갈라질 것은 예상하지 못했던 것으로 보입니다. 미국은 좌우합작으로 한국을 적당한 수준으로 독립시키면 되겠다는 생각을 하고 있었습니다.

그러나 당시 이승만 대통령은 처음부터 공산주의의 해독(害毒)이 얼마나 심각한지 아는, 세계 지도자들 가운데 거의 유일한 분이었습니다. 이승만 대통령은 이미 1923년에 하와이에서 인재 교육 운동을 통해 독립운동을 시작할 때 이미 〈공산당의 당부당(當不當)〉이라는 짤막한 글을 썼습니다. 공산주의의 장점과 단점이 무엇인지 꿰뚫어 보고 있었습니다. 내용을 요약하면 이렇습니다.

'노동하는 절대 다수가 평등하게 잘 살 수 있는 세상을 만든다는 것은 바로 나의 이상이기도 하다. 이 이상이 공산주의에서 제일 긍정할 수 있는 점이지만 공산주의의 방법은 완전히 틀렸다. 재산을 모두에게 공정하게 나눠주고, 기업인들을 적대시하고, 지식인들을 홀대하고, 종교를 부정하고, 국가를 수단으로만 여긴다면 절대 다수의 노동하는 사람들을 먹여 살릴 수 있는 생산력과 동력, 창의력이 어디서 나올 수 있나. 똑같이 나눠주면 사람들이 게을러져서 일을 하지 않게 되는 제도는 틀렸다'는 것입니다.

소련에서조차 공산주의 실험이 이제 막 시작단계였기에 공산주의의 본질을 잘 몰랐던 유럽의 정치인들뿐 아니라 거장의 지식인들, 가령 앙드레 지드같은 유명 작가나 아서 쾨슬러같은 사람도 소련이 뭔가 대단히 새로운 계시를 줄 것으로 생각할 때에 이승만 박사는 벌써 알고 있었던 것입니다. 다만 힘을 가진 실체로서 소련을 이용할 수 있다면 우리 독립을 위해서 이용할 수 있겠다는 슬기로운 입장을 가지고 있었습니다.

해방 후 이승만 대통령은 애국적인 동기에서 공산주의자가 된 애국자들은 반성한다면 손을 잡을 수 있다고 생각했습니다. 그래서 우리나라 공산주의자 중에서 제일 유명하고 유력한 인물이었던 박헌영과도 손을 잡을 수 있다고 생각했습니다. 과거를 버리고 지금부터 새로운 독립국가를 만드는 데 손을 잡겠다고 했던 박헌영이 친일파 청산을 주장하면서 결렬되었고, 결국 이승만 대통령은 공산주의자와는 타협이 안 된다는 것을 알게 되었습니다. 이런 과정을 통해 미국도 어정쩡한 소위 중도파를 동원해서는 일이 되지 않겠다고 인정하게 되었습니다. 이렇듯 이승만 대통령은 이론적으로도 현실적으로도 공산주의의 본질을 이해하고 있었습니다.

공산주의 체제는 태생적으로 지하 공산당 조직을 통해 탄생했기 때문에 권력을 잡은 후에도 소련에서는 이중구조를 유지했습니다. 겉으로 보기에 소비에트라는 체제는 일종의 '협의체'입니다. 밑바닥에서부터 시작되는 소위 '풀뿌리' 민주주의 체제라는 게 그들의 주장이었습니다. 병사 협의체, 노동자 협의체 등의 협의체들의 최고봉을 국가원수로 둔다는 것입니다. 그래서 일견 국가원수가 인민위원장과 같은 개념으로 보이지만, 실상 공산당은 밑에서부터 올라오는 조직이 아닙니다. 반대로 당의 상부에서 모든 것을 지시하는 시스템입니다. 더구나 스탈린은 세계제2차대전 이후 전승국의 원수로서 독일을 무찌르는 데 혁혁한 공을 세웠기 때문에 절대 권력으로 부상한 절대 독재자의 위치였습니다.

앞에서 말씀드렸듯이 상부 즉 비밀조직을 통해 소련 공산당의 명령이 하달되는데, 김일성은 전형적으로 소련의 지령을 잘 수행할 인물이었습니다. 김일성과 다르게 박헌영은 공산주의자이긴 하지만 애국심이 강하고 이미 국내에 지지세력이 있었기 때문에 소련 입장에서는 만만치 않은 사람이었습니다.

김일성(김성주)은 어렸을 적 만주에서 유격대로 활동하는 중에 1941년 소련으로 건너가 소련군에 편입되었던 인물입니다. 당시 널리 알려진 장군이었던 '김일성'의 이름으로 소련이 세운 인물이 김일성(김성주)이었다는 사실이 소련 해체 후 공개된 문건에서 확인되었습니다.

1948년 이승만 대통령은 이미 당시 소련과 미국의 타협은 불가능하다는 것을 알고 있었습니다. 소련은 북한을 점령하고 나서 바로 그 이듬해인 1946년 2월, 임시인민위원회 정부를 만들어 토지를 몰수하고 인민군을 창설하여 준(準)정부기구를 만들었습니다. 이런 상황을 지켜본 이승만 대통령은 우리도 임시정부 같은 형태라도 만들어 북한에 대응하지 않으면 공산주의 측에 흡수될 것으로 보았습니다.

당시 김구는 우익이었고, 공산당의 해악을 어느 정도 알고 있었습니다. 1947년 이승만 대통령이 유엔총회가 남북한 인구비례로 선거를 해서 통일 정부를 세우게 하자는 우리에게 유리한 안을 받아냈을 때 소련이 반대해서 무산되는 일이 있었습니다. 당시 김구는 처음에는 이승만과 같은 입장을 취했다가 불행히도 장덕수 암살 사건에 연루되어 조사를 받게 되는 사건으로 인하여 척을 지게 됩니다. 그 당시 이승만이 김구에게 "그냥 조사받으면 끝날 것인데…"라고 말하니 김구가 배신감을 느껴 그때부터 '이승만 박사가 자기 야심을 위해서 단독 정부를 원한다'고 주장하며 김일성을 만나러 북한으로 올라갔다는 설이 있습니다.

김일성이 철저히 스탈린의 지령에 따랐다는 것은 여러 러시아 문건에도 잘 나타나 있습니다. '김구와 김일성이 만나는 남북한 지도자 회의에서는 이러이러한 것을 결정하라', '4인 회의에서는 이것을 결정하고 확대회의에서는 저것을 결정하라'는 식으로 스탈린의 지령은 세세하고 구체적이었습니다. 당시 소련이 원하는 것은 미군 철수와 적화통일이었습니다. 김구는 그런 내용까지 몰랐겠지만, 나중에도 이승만의 편에 서지 않고, 끝까지 단독정부안에 반대했습니다.

좌익은 신탁통치에 대해 처음에 주지했던 반대 입장을 이틀 만에 꺾고, 찬성 쪽으로 돌아섰는데 이 또한 스탈린의 지령이었습니다. 나중에 어느 어느 나라와 수교하라는 식의 명령도 스탈린에게로부터 하달됩니다. 우리나라 좌익은 김일성은 주체적으로 독립한 세력이고, 이승만은 미국의 주구(走狗)라는 식의 표현까지 씁니다. 사실이 아닙니다. 유엔에서 제시한 남북한 동시 선거도 결국 스탈린과 김일성의 반대로 좌절된 것입니다. 좌절된 후 유엔 소총회에서 남한만이라도 군정으로부터 독립할 수 있도록 다시 결의해 대한민국이 탄생했습니다.

공산주의자가 된 사람들 가운데는 이상주의자들이 많았습니다. 그들이 북한과 같은 체제를 마음 속에 그린 것은 전혀 아니었습니다. 북한은 결국 공산주의를 빌미로 소련의 국력을 신장시키고, 세계의 공산주의자들을 소련의 목적에 동원하는 체제였던 것은 몰랐습니다. 소련과 소련을 추종하는 세력은 처음부터 전 세계 공산화가 목표였습니다. 이런 과정에서 김일성은 6·25전쟁을 일으켜 남한을 쉽게 접수해 스탈린의 인정을 받으려 했습니다.

1950년 1월 미국은 애치슨 국무장관 성명을 통해 대만과 한반도가 빠진 국방한계선, 이른바 '애치슨 라인'이 발표됐습니다. 이로써 중국은 공산화되었고, 김일성은 이 기회를 노려 스탈린을 두 번이나 찾아가 남침전쟁을 설득합니다. 스탈린은 세계제3차대전이 일어나면 감당할 수가 없다며 허락하지 않았다가 모택동이 김일성의 남침전쟁에 참전하여 돕는다는 것을 협상하여 6·25전쟁이 성사됐습니다. 이런 역사적인 사실은 배제한 채, 지금 유치원 아이들 책에서부터 교과서까지 교육 콘텐츠 대개는 대한민국이 친일파 민족 배반자, 독재자, 기회주의자들이 득세한 나라라는 식의 개념을 투입해 가르치고 있습니다. 초등학교 1학년에 입학하면 벌써 이승만과 박정희는 나쁜 사람이라는 것부터 배웁니다.

결국은 사람이 사람답게 살 수 있는 세상에서 살 수 있도록 해야 합니다. 인간이면 지켜야 될 기본 도리를 지키면서 사랑, 인정, 자비심 등으로 표현되는 기본 가치를 유지하는 것이 중요합니다. 유대인들이 그

나마 살아남았던 것은 아무리 박해를 당해도 서로 믿고 돕는 이 유대감이 강했기 때문입니다. 6·25가 터졌을 적에도 가난했지만 인정(人情)이 살아있는 나라였습니다.

우리가 우리나라를 세운 이승만 대통령을 역적같이 취급하는 식의 교육을 몇십 년 해온 것은, 우리 자신이 속았기 때문입니다. 우리나라는 지금 너무나도 정신적으로 피폐한 나라가 되어 버렸습니다. 지금 정치인들이 국회에서 버젓이 북한의 전쟁관을 수용해야 한다는 식의 발언까지 하고 있습니다. 이렇게까지 사악한 상황을 90 평생 처음 목격하고 있습니다.

진정으로 싸워야 하는 싸움은 인간으로서 각자의 한계를 인정하고 성현들의 가르침을 본받아 지금까지 인류가 이룬 문명국의 불문율을 지키면서 각 사람의 도리를 지켜려 노력하는 사람들, 즉 실수도 오류도 있지만 이러한 도리의 노력을 포기하지 않는 사람들과, 애초부터 그런 것은 아무런 상관이 없고 다른 사람들의 순수한 노력들을 이용해서 자신들의 순간적인 이익을 도모하는 세력 간의 싸움입니다. 이 싸움은 결코 양보해서도 져서도 안 될 싸움이라고 생각합니다. 문명과 야만의 싸움이기 때문입니다.

주기도문에 나오는 말씀 한 구절 한 구절이 아주 절실하게 느껴지는 시대입니다. 지금 우리는 다 시험에 들어 있습니다. 모르는 사이 많은 죄를 지었고 잘못을 저질렀지만, 그것을 인정하는 바탕 위에서 진정으로 싸울 힘이 나온다고 생각합니다. "우리를 시험에 들지 말게 하여 주시옵소서."

역사와 역사학

한국의 역사학 연구에서의 방법론의 문제*

1. 서(序)

개항 이후, 특히 해방 이후 한국의 역사학은 우리의 고급 문화의 다른 모든 분야들이나 마찬가지로 직접, 또는 일본을 매개로 하여 우리에게 육박해 오는 서구의 영향의 끊임없는 도전 하에서 발달해왔다. 때로는 그 영향은 모방적 수용의 형태를 띠기도 했고, 때로는 그러한 영향에 대한 반동과 반발로서 우리의 학문적 자세가 다듬어지기도 했다. 한 가지 분명한 것은 그러한 영향이 무시될 수는 없었다는 점이다. 이러한 사정 때문에 우리는 한국의 역사학이 지금 봉착하고 있는 방법론적 실태가 어떠한 것인가를 검토하고 앞으로의 발전 방향을 모색하는데 있어서도 20세기에 들어, 특히 최근의 서구의 역사학 연구의 동향이 어떠했으며 방법론에 관한 논의가 어떻게 진척되고 있는가를 우선 개괄

---

* 1980년대에 탈고된 미공간(未公刊) 논문

해 볼 필요가 있다.

한 노장 사학자의 엄준한 평가에 따른다면 한국의 역사학은 아직도 역사과학으로 성립할 만한 기반을 아직 마련하지 못하고 있는 실정이다.[1] 자연과학에서 보통 사용되고 있는 가설연역적 설명과 논리적 비판 양식이 역사학에도 같이 적용되느냐, 아니면 역사학에는 자연과학과는 다른 독특한 이해방식이 있느냐 등의, 서구의 많은 역사철학자들과 역사가들의 관심을 끌고 있는 문제는 어떻게 보면 아직도 한국의 역사가들에게는 대체로 관심 밖의 일로 남아있다고도 볼 수 있다. 이론에 관한 그들의 관심은 방법론 자체보다는 사관의 문제, 다시 말하면 서구의 철학자들이 말하는 '비판적 역사철학'(critical philosophy of history) 보다는 '사변적 역사철학'(speculative philosophy of history)쪽으로 더 많이 기울어졌으며 시각의 문제에 방법론적 논란의 초점이 맞추어지고 있는 셈이다.

그러나 그러한 사실 자체가 바로 한국의 역사학과 타 학문분야와의 교류를 어렵게 만드는 요인으로 작용하기도 하므로 그러한 실태에 대한 원인 해명은 곧 역사학이 학문으로서의 방법론적 기틀을 갖추도록 유도하는 첫걸음이 될 수 있다. 그러한 원인을 추적하다 보면 역사학이라는 것이 지금 이 역사적 단계에 놓여있는 한국에서는 하나의 과학이기보다는 이데올로기가 되어버릴 수밖에 없는 어떤 객관적 상황이 존재하는가 하는 문제에도 접하게 될 것이다.

이 글에서는 1) 20세기 서구의 역사학 연구 동향 및 방법론에 관한 중요한 논의를 소개하고, 2) 한국 사학의 발달 경로 및 방법적 논란을 개괄한 다음, 3) 동학 및 갑오농민운동에 관한 연구성과에 대한 간략한 검토를 통해 실제로 이루어지고 있는 연구에 반영되어 있는 방법론적 실태가 어떠한 것인가를 살펴보고자 한다. 학문적 진술 체계로서 한국의 역사학이 나타내는 특성을 밝힘으로써 다른 인문학 분야 및 사회과학 분야와의 공통된 이해와 설명 기반의 수립가능성을 타진하고자 하는 것이 이 글의 목적이다.

2. 서구에서의 방법론에 관한 논의

20세기 서양의 역사학의 발달은 랑케학파에 대한 도전에서 비롯되었다고 볼 수 있다. 엄밀한 사실 고증을 통해 사실 그 자체가 이야기를 하도록 해야 하며 역사학의 주관의 개입을 완전히 배제해야 한다는 주장은 '과학적 역사학'의 기치로 받아들여졌으며, 그러한 영향 하에서 근대 역사학은 독자적 학문분야로서의 기반을 수립하는 데 성공했다. 그러나 20세기에 접어들면서부터 랑케 식의 역사가의 중립이나 객관성이란 실제로는 랑케 자신의 역사속에서도 찾아볼 수 없는 불가능한 요구임이 미국의 신역사학파(New History)를 중심으로 하는 사학자들에 의해 지적되기 시작했다. 특정한 시대와 사회에 소속해 있는 개인으로서 역사가가 가지고 있는 현재적 관심이나 가치판단이 그가 서술하는 역사속에 투사됨은 불가피할 뿐 아니라 그것이 개별적 사실에 관한 엄밀한 객관적 검증을 방해하지 않는다는 전제 하에서는 오히려 바람직하

기도 하다는 것이 그들의 주장이었다.²

또한 역사연구의 대상이 종래에는 너무도 협소하게 사건 중심, 인물 중심으로 설정되어왔음이 비판되었다. 종래의 설화체 역사의 표면에 나타났던 현상들의 심층적 기저를 이루고 있는 것이 무엇인가에 관한 질문이 던져지는 가운데 역사가들 사이에서도 구조에 관한 관심 및 이해가 싹트기 시작했으며 이면에서 종래의 역사학의 테두리에 구애받지 않고 사회과학 및 자연과학과 민활한 교류를 하며 발달해온 아날학파의 공헌이 특히 컸다.³

미국의 신사학(新史學)이나 아날학파와는 다른 각도에서 현대 서양의 역사학에 새로운 활력을 불어넣어준 것이 마르크스주의 역사학이다. 역사연구의 목적이 단순히 이해와 설명에 있지 않고 세계를 변화시키는 데 있다고 하는 실천의지를 솔직하게 표명하는 마르크스주의 역사학은 유물론적 변증법을 토대로 삼고 있다. 그것은 역사발전 법칙의 보편성을 주장한다는 면에서 역사학을 자연과학과 동일시하려는 논리적 실증주의에 접근하는 듯 보이나 역사과정을 끊임없이 변화하는 하부구조와 상부구조간의 복합적 상관관계로 파악하며 인간의 의식적 활동을 물질적 요인의 변화에 못지 않게 중요시한다는 점에서는 랑케식의 역사주의와 구조에 대한 새로운 관심이 다같이 수용될 수 있는 여지를 포함하고 있다.⁴

20세기 서양의 역사학이 직면한 방법론적 과제는 어떻게 역사학이 하나의 학문분야로서의 독자성을 유지하는 동시에 다른 학문 분야들과의 논리적 교류의 가능을 넓혀 나가는가 하는 문제였으며, 이것은 필연코 역사학이란 무엇하는 학문이냐라는 질문을 포함하는 문제였다. 그리고 지금까지도 그것에 대한 의견의 통합은 결코 이루어지고 있지 못하다. 아직도 대다수의 역사가들은 역사주의 또는 신역사주의라고 불리는 전통속에 머무르며, 역사가가 다루는 대상은 반복을 불허하는 고유한 사건이나 인물들이며, 역사가의 임무는 인간의 이야기를 전달함으로써 독자의 공감을 불러일으키는 것이지 일반론을 추출해내는 데 있는 것이 아님을 주장한다.

그들도 물론 사실과 허구를 엄격히 구별해야 함을 강조하지만, 그러한 단순한 사실들을 설득력 있는 이야기로 엮어나가는 과정에서는 역사가 자신이 총체적으로 터득하고 있는 대로의 현실감각 이외에 달리 의존할 기준이 없다고 본다. 그 때문에 설득력 있는 문장력은 그것 자체로서 역사가의 중요한 무기가 된다.

역사학이 과학이어야 할 필요를 부정하는 사람에게 그것이 잘못이라고 지적하기는 어렵다. 그러한 역사가들이 생각하는 바의 역사학은 그것대로 문학과도 철학과도 그리고 다른 사회과학 분야와는 물론, 다른 어떤 기능, 예를 들어 인간을 감동시키는 기능을 발휘할 수 있기 때문이다.

그러나 역사학의 목적이 그것 이상이기를 바라고 역사학이 다른 학문 분야에서는 불가능한 어떤 진리를 캐내고 그것을 다른 분야에도 전달할 수 있기를 기대하는 사람들은 재래식 설화로서의 역사로서는 만족할 수 없다. 그 때문에 역사가들은 막스 베버 이래 급속하게 발달해 온 여러 가지 사회과학적 분석 방법에 점차 의존하게 되었으며 사회과학 분야의 전문화가 더욱 진전되고 계량학적 연구방법이 사회과학 전 분야를 넘어 문학이론에까지 적용되기 시작한 1960년대 말에 이르러서는 서양의 역사학은 독자적 학문분야로서의 존속 여부를 재확인해야 될 만한 위기에 직면하기에까지 이르렀다.[5]

1970년대 이후 인문학 분야 전체에 걸쳐 재활의 움직임이 활발해지면서부터 역사학의 특수성을 주창하는 입장이 역사학 전문가들 사이에서는 일층 강화되었다 볼 수 있다.[6] 그러나 역사학의 존재 이유의 재확인은 그간 이룩되어온 사회과학, 자연과학 분야의 결실을 흡수, 소화한 바탕위에 이루어진 새로운 통합체로서의 독자성의 주창을 의미하며 종래의 역사학의 재현을 의미하는 것은 아니다. 사회사, 정치사, 지성사 등이 종래와는 조금 다른 의미로 새로 파악되고 있으며 새로운 구도의 보편사도 시도되고 있다. 특히 1960년대에 들어서 새로이 활기를 띠게 된 마르크스주의에 관한 이론적 연구는 역사학에도 큰 영향을 미치고 있다.[7]

역사학 연구 동향에 이러한 변화가 실제로 일어나고 있는 동안에도 대부분의 역사학 전문가들은 역사 이론 자체에 관심을 갖기보다는 자기들의 전문적 연구작업에 주력해왔다. 그리고 역사학에서의 새로운 동향은 학문내적 성장에 따른 방법론적 성장에 기인하는 것도 있지만 세계사적 변화 및 그에 따른 의식의 변화, 특히 유럽 중심 세계관으로부터의 탈피, 생태계에 대한 새로운 인식 등에 말미암은 것도 컸다. 다만 좁은 의미의 방법론적 각도에서 볼 때는 서양의 역사학이 세계대전, 전체주의 체제의 대두, 제국주의의 몰락 등의 격변속에서도 정치의 도구로 전락하지 않고 학문적 성장을 유지해올 수 있었던 것은 탐색의 논리성(logic of inquiry)에 대한 책임감을 저버리지 않았기 때문이었다. 그러한 논리성이란 모든 학문 분야나 인간의 사고의 영역에 공통으로 통용되는 것임을 전제로 하는 것이며, 세계제2차대전 이후 역사학과 관련하여 그 문제가 가장 깊이 논의된 것은 헴펠(Carl Gustav Hempel, 1905~1997)의 포괄법칙 모델을 중심으로 하여 철학자들과 사학자들 사이에서 벌어졌던 논쟁에서였다. 따라서 현대 서양의 역사학의 방법론적 성향을 파악하는 데는 그 포괄법칙 모델을 중심으로 전개되었던 논의를 간략하게 요약해볼 필요가 있다. 헴펠의 말을 빌면,

> 일반법칙들은 역사학과 자연과학 분야들에서 아주 유사한 기능을 가진다. 그것들은 역사학 연구에서 없어서는 안 될 도구가 되며 사회과학을 자연과학과 구분시키는 특징이라고 흔히 간주되고 있는 여러 가지 과정들의 공통된 기반이 되기까지 한다.[8]

역사학에서도 다른 학문 분야에서나 마찬가지로 설명의 타당성에 대한 기준은 그것이 우리의 상상력에 호소하는 힘을 가지고 있는가, 암시적인 유추가 훌륭하게 이루어졌는가 등에 달린 것이 아니다. 그런 것은 사이비 설명체계에서도 똑같이 있을 수 있기 때문이다. 설명의 타당성은 단지 어떠한 사건이 시작될 때 당시의 조건이나 사건의 진행 설명에 동원되는 일반가정들이 경험적으로 충분히 확인된 것인가에 달린 것이었다.

다시 말하면 역사적 해명이 과학적인가 아닌가에 관해서는 객관적 점검이 가능하다. 첫째, 결정적 조건을 제시하는 문장들을 경험적으로 점검해볼 수 있고, 둘째, 또한 설명의 기초가 되는 보편적 가설들을 점검해볼 수 있으며, 셋째, 설명의 대상이 되는 사건을 서술하는 문장들이 조건과 가설을 서술하는 문장으로부터 논리적으로 따라나오는가를 조사해볼 수 있기 때문이다.[9]

제대로 설명된 사건이라면 그것은 시발점의 조건과 일반 법칙의 배합에서 논리적으로 따라나오는 것이고 바로 그 관계를 지적하는 것이 설명이므로 설명과 예언 사이에 차이가 있을 수 없다.

또한 사건이 왜 일어났는가에 대한 완전한 해명이라면 그것은 왜 그러한 사건이 다른 유사한 경우에는 일어날 수 없었는가도 동시에 설명할 수 있어야 한다. 이러한 극단적 형태로의 헴펠의 포괄법칙을 역사학적 서술에 사용하는 것은 실제로 불가능하다는 것을 직접 역사학에 종사하는 사람들뿐 아니라 비판적 역사철학가들 대다수도 인정했다. 그러면서도 학문간의 탐색의 논리의 공통성을 주장하는 사람들은 헴펠의 포괄법칙의 적용 타당성은 고집하되 일반법칙의 해석에서 다소의 융통성을 보임으로써 그것이 실제로 역사가들이 다루고 있는 인간, 인간집단, 또는 문화현상에도 적용될 수 있는 여지를 마련하고자 하였다. 헴펠 자신도 포괄법칙에서 이야기되는 일반가설은 개연성으로 대치될 수 있음을 인정했고,[10] 또 어떤 이들은 그러한 일반법칙이 특정한 역사적 상황에서만 인정될 수 있는 한정된 일반법칙일 수도 있다는 수정이론을 펴기도 했다. 그러나 드레이의 상세한 검토가 보여주듯이 그러한 수정론들은 거의 다 본래의 일반법칙에 대한 인정을 토대로 하여서만 성립될 수 있는 것으로서 결국 논의는 또다시 헴펠의 포괄법칙이 역사학에도 적용될 수 있느냐 하는 문제로 되돌아 가는 것이었다.[11]

헴펠파의 주장에 따르면 역사적 사실을 역사적 행위자의 의도에 비추어 설명 또는 평가하려는 시도도 결국은 포괄법칙 모델을 따르지 않고는 성립될 수 없는 것이며 역사학자들이 제시하는 설명에서는 흔히 일반적 가설들이 너무도 자명한 것이기 때문에 묵시적으로 받아들여지고 있는 것뿐이지 사용되고 있지 않는 것은 아니었다. 또한 그 때문에 역사학에서 흔히 통용되고 있는 설명은 포괄법칙에의 충실도에 따라 완전한 설명은 되지 못하나 '설명의 개요'(explanation sketch)로 인정될 수 있는 것과 논리성을 전혀 결여한 사이비 설명으로 대별될 수 있었다. 그리고 역사학에서 설명이란 자연과학에서나 마찬가지로 일반적 개념을 통해서만 가능하므로 고유한 현상은 설명될 수 없고 또한 '완전히' 서술될 수 있는 것도 아니었다.[12] 헴펠의 이러한 마지막 지적은 역설적으로 역사학에서 문서고증적 방법은 고집하는 사람들의 입장을 지지하게 되는 면도 포함하고 있다고 볼 수 있다. 곧 역사학을 사회과학으로 보기를 거부하는 사람들의 논리는 바로 역사학이 반복될 수 없는 고유한 사람들을 다루는 학문이라는 주장에서 출발하기 때문이다.

헴펠의 포괄법칙 모델을 중심으로 하여 전개된 논쟁, 특히 역사학자들의 반응을 보면 역사학이 지니는 양면성에서 발생하는 방법론상의 논의는 결코 종식될 수 없는, 그러나 계속됨으로써 역사학의 학문적 특성의 유지와 발전을 가능케하는 그런 종류의 논쟁임을 알 수 있다. 역사가들 가운데에는 방법론적 엄격성을 고집하는 헴펠의 입장을 적극 지지하며 틸리나 포겔과 같이 실질적 연구에 매우 성공적으로 사회과학적 분석방법을 적용해온 예도 있다.[13] 그밖의 사람들도 가설연역적 방법의 필요성을 전적으로 부정하지는 않는다. 다만 심각한 반론이 제기되는 것은 실제로 역사가가 수행해야 되는 작업 가운데에는 헴펠식의 인간관계 분석이 적용될 수 없는 영역이 대부분을 차지한다는 근거에서이다. 예를 들어 역사가의 작업 중에서 매우 중요한 부분이 주제의 선정이다. 학문적 또는 학문외적 필요에서 선택되는 주제를 보고 경험 있는 역사가는 그것이 훌륭한 연구주제가 아닌가를 판단할 수 있지만 그것이 옳은가 그른가를 판단할 수는 없다.[14]

역사가 자신이 갖고 있는 주관적 가치 판단이 가장 크게 개입될 수 있는 것이 바로 이 주제의 선택, 곧 질문의 제기에서이며 그러한 질문은 논리적 근거를 가리지 않는 수도 있다.

주제를 선택한 후 역사가는 역사적 사실들을 수집하여 선택, 분석, 정리하는 연구 작업을 한다. 그러한 과정에서 엄밀한 논리적 분석이 시도되기도 하나 대부분의 경우 어떠한 결론을 뒷받침하기 위해 제시될 수 있는 자료는 불연속적이고 불충분하다. 그리고 자료의 취사선택 과정에서는 역사가의 경험의 총체에서 우러나온 가치판단이 논리적 분석의 겨를이 없이 개입하게 된다. 역사가는 물론 고립된 존재가 아니고 시대와 사회 속의 어떤 제한된 지적풍토에서 형성된 인간이며, 또한 자기의 그러한 배경을 의식할 수 있다는 사실 자체가 개인적 편견의 개입에 대한 다소의 방어가 될 수는 있다. 그러나 자기가 처해 있는 역사적 여건에서 오는 객관적 제약 자체를 뛰어넘을 수는 없으며 초월적 입장에서 사실을 다룰 수는 없다. 그러한 의미에서는 어떠한 역사가의 역사도 결국 '절도 있는 상대주의'의 한계를 넘어설 수는 없다.[15] 역사가들의 이러한 변명에 대해서 자연과학과 인문학의 방법론적 통일 가능성을 주장하는 사람들은 자연과학자들도 정신적으로나 물리적으로나 시대적 사회적 제약 속에서 행동하는 것은 역사가나 마찬가지라는 반론을 편다.[16]

역사가들이 강조하는 또 한 가지는 서술의 언어 그 자체의 문제이다. 연구에 있어서도 공감(empathy)이나 동조(sympathy)가 문제되지만 연구결과의 전달과정에서도 문장이나 문체에 따라 역사의 내용과 독자 간의 관계가 영향받을 수 있다. 그리고 개별적 사실 간의 관계는 과학적으로 설명될 수 있다 해도 전체에 줄거리를 부여하는 작업은 결국 역사가 자신이 가지고 있는 심미적 또는 이념적 고려에서 이루어지는 것이지 단순히 인지적 차원에서 이루어지는 것이 아니라는 주장으로 이야기는 되돌아간다.[17]

역사학의 방법으로서 문헌고증적 접근과 가설연역적 방법을 대비시켜보는 논쟁에서는 실질적인 연구작업을 하는 역사학자들보다 철학자들이 그 문제에 대해 대체로 더 큰 관심을 보여왔으며 역사학자들은 마지못해 참여하는 듯한 인상을 주기도 했다. 그러나 방법의 기본적 문제에 관한 이러한 논의가 계속되는 가운데 서양의 역사학은 역사학이 무엇하는 학문인가에 대한 합의는 보지 못했다 하더라도 적어도 어떤 것이 학술적 가치를 가지는 역사로는 통용될 수 없는가에 대한 부정적 한계선만은 확보해 왔다. 그렇게 함으로써 역사학자들은 또한 자연과학자나 사회과학자들과 같은 학문적 공동체에 소속되어 있음을 분명히 인정받아 올 수 있던 것이라 보겠다.

3. 근대 한국 역사학의 발달과정

역사학이나 역사학 방법론도 변화하는 시대적 사회적 여건을 배경으로 하여 발달함은 말할 필요도 없다. 그리고 하나의 문화현상으로서의 역사학이나 역사학 방법에 관한 이론이 그것이 생성되는 사회 전체가 가지고 있는 한계를 크게 뛰어넘을 수 없음은 또한 자명한 일이다. 서양의 경우에도 랑케(Leopold von Ranke, 1795~1886)의 사학이든 마르크스주의 사학이든 최근의 계량사학이든 막론하고 어느 것도 시대적, 사회적, 상황의 반영이 아닌 것이 없다.

서구의 역사학의 경우 그것은 르네상스 이래 서구 세계 전체의 공통된 지적 기반을 이룩하고 있는 합리주의와 경험주의 전통 속에서 발달되어 왔다. 그 때문에 방법론상의 의견의 대립이 있다 해도 그것은 합리적 대화가 가능한 범위내에서의 논의에 머무를 수 있었다. 곧 합리성의 주창에 대한 두 가지의 가능한 해석, "첫째, 모든 지식은 합리적 사고의 대상이 된다"와 "둘째, 모든 교류 가능한 지식은 합리적 형태를 취한다" 중 적어도 둘째 것에 대한 합의는 이루어진 가운데에서 역사학의 학문적 공동체가 형성이 될 수 있었다.[18] 서양에서도 역사상의 격변이 역사학 자체를 정치적 도구로 전락시키는 위협이 없었던 것은 물론 아니나 세계제2차대전 후의 독일의 사학이나 스탈린 사망 이후 소련의 사학에서 볼 수 있듯이 오랜 시일에 걸쳐 다져져 왔던 학문적 기반이 희생이 불가능할 정도로 흔들렸던 것은 아니었다.[19]

근대 한국의 역사학이 직면해온 여건은 합리적 사고의 가능성의 보장이라는 각도에서 볼 때 너무도 달랐다. 한국의 전통사회에서는 역사적 사건을 기록하는 작업이 다른 전통사회에서 흔히 볼 수 있듯이 관의 주도하에서 꾸준히 지속되어 왔으며 개항 직전에는 청의 고증학의 영향하에서 상당히 높은 수준의 학술적 연구가 이루어지기도 했었다. 이런 의미에서 어떤 이는 개항 전의 중국과 우리의 역사학을 랑케의 역사학에 비유하기도 한다.[20] 그러나 개항과 더불어 우리의 역사연구 작업은 고증학적 관심과는 매우 거리가 먼 다급한 현실적 요구를 충족하기 위해 새로이 출범하지 않으면 안 되었다.

밀려오는 외국, 특히 일본의 침략 세력에 항거하여 어떻게 하면 우리의 민족적 독립을 보전하며, 우리가 모르고 지내왔던 외부세계에 관해 어떻게 하면 빨리 많은 지식을 습득하느냐 하는 것이 우리의 새 역사학이 안아야 하는 과제였고 단순히 학문 그 자체에 대한 애착에서 역사학에 종사할 수 있는 여유가 없었다. 르네상스적 풍토는 우리에게 허용되지 않았다. 그리고 그때부터 8·15 해방에 이르기까지도 한국의 역사학은 '독립운동의 일환'으로서 그것이 지니는 학문내적, 그리고 학문외적 한계를 완전히 넘어설 수는 없었다고 볼 수 있다.[21]

해방 전 이른바 민족주의 사학의 계보에 속하는 박은식, 신채호, 정인보 등은 거의 모두가 한학의 전통에서 출발하여 독학을 통하여 서양의 역사학 및 사회과학 방법론을 다소 흡수한 사람들이었다. 특히 단재 신채호는 방법론에 있어서도 이미 매우 높은 수준의 비판의식을 가지고 있었으며 민족사의 새로운 주도세력으로서 민중을 부각시켰다는 점에서 선명한 시대의식을 가지고 있었다. 그러나 망명 또는 은둔 생활 속에서 역사를 집필해야 했던 그들은 제자들을 기르고 동료들과 학술적 토론을 벌이고 함으로써 학문적 공동체 형성에 직접 참여하거나 기여하기는 어려웠다. 한국의 근대 사학이 거의 출발점에서부터 직면해야 했던 비극적 상황은 한국의 민족주의 사학자들 사이에서 새로운 한국사 서술의 필요성이 인식되었을 때는 이미 일본에게 주권을 빼앗기게 된 때였으며 일본 학자들 사이에서는 한국사에 관한 연구가 이미 활발하게 진행되어 온 지가 오래되었다는 점이었다. 새 세대의 젊은 학자들이 새로운 역사연구 방법에 대해 체계적인 훈련을 받고 그들의 학문적 능력을 발휘할 수 있었던 것은 일본제국주의 지배체제라는 정치적 테두리를 인정한다는 조건하에서였다.[22]

이러한 특수한 역사적 사정때문에 역사학의 과학성을 무엇보다 강조하는 이른바 '실증주의' 학풍은 처음부터 이른바 식민주의사관과 밀접히 결부되지 않을 수 없었다. 곧 우리의 역사를 일본의 관점에서 서술하여 '정체성 이론', '타율성 이론' 등을 폄으로써 역사를 식민주의 정책을 정당화하는 도구로 삼는 데 실증주의 사학은 이용되었고, 그 때문에 우리의 역사인식 속에는 마치 실증주의 학풍 그 자체가 역사에 대한 접근방법으로는 근본적 결함을 가지고 있다는 생각이 뿌리박게 되었다. 곧 역사를 보는 시각과 연구방법의 문제, 또는 사관과 사풍의 문제들이 서로 구분되지 않은 채 최근까지도 역사학에 관한 우리의 논의에서는 '민족주의 사학'과 '실증주의 사학'이 마치 서로 대립되는 개념인 듯이 파악되고 있는 실정이다.[23]

근대 한국 사학의 세 번째의 조류로 인식되고 있는 것이 이른바 사회경제사이다. '조선심(朝鮮心)'이니 '조선의 얼'이니를 이야기하는 민족주의 사학의 연구자들이 대체로 관념론쪽으로 기울어져 있었던 데 반해, 민족사의 문제를 사회경제적 기반의 분석을 통해 이해하고자 했다는 점에서 사회경제사학은 방법론적 측면에서 큰 진전을 의미했다.[24] 그러나 여기에도 심각한 문제가 따랐다. 해방 이전 한국 사학계에서의 사회경제사에 대한 관심은 그때까지 이룩되어온 한국 사학의 내면적 성장과 비판에서부터 비롯된 것이기보다는 1920년 이래 일본의 사학계에 휘몰아치고 있던 마르크스주의 계급 이론의 영향에서부터 비롯된 것이었으므로 민족주의 사학과의 유기적 연결이 이루어지기가 어려웠다. 그 뿐더러 마르크스주의 사상은 일본의 군국주의 정권에 의해 위협시되던 사상이므로 공개 토론의 대상이 될 수 없었고, 좌익계 사학자들에 의해 적용되던 사회경제사적 이론과 방법은 지극히 소박하고 교조적인 계급투쟁이론의 범주를 크게 벗어나지 못했다.[25] 이 점에서는 8·15 해방 이후로도 사태가 호전되지 못했음은 물론이다. 남북한의 사학계 간의 단절이 어느 의미에서는 민족사관과 계급사관이 절충될 수 있는 가능성조차 박탈해 버린 것이라 볼 수 있다.[26]

손진태(孫晉泰)의 신민족주의 사학의 시도에서 일찍이 좋은 예를 볼 수 있었듯이 민족주의 사학이나 사회경제사학, 실증주의사학 등은 방법론적 측면에서 볼 때 서로 대립 또는 대치되기보다는 상호보완적이어야 할 것이었다.[27] 그러나 불행히도 일제하의 우리의 역사학 발달과정에서는 실제로 그러한 역사학 조류들이 민족해방운동, 민족보다는 계급의 문제에 초점을 맞추는 역사 해석, 일본의 식민주의정책의 정당화 등의 서로 절충되기 어려운 정치적 입장과 결부되어 왔다. 그 때문에 지금까지도 우리의 역사학자들이나 특히 역사에 관심을 가지는 일반 국민들 사이에서는 마치 역사학에서 과학적 증빙의 필요성을 강조하는 것이 마치 애국적 열의의 부족에서 오는 결과인 듯 착각되는 경향이 있고 또 다른 한편으로는 계급적 시각의 차이에 따라 전혀 다른 역사가 쓰여질 수 있다고 하는 극단적 형태의 상대주의가 팽배하고 있다. 다시 말하면 역사학에서 인정될 수 있는 일반원칙에 대한 합의의 폭이 매우 좁으며 합리적 차원에서 역사에 관한 대화가 이루어질 수 있는 기반이 다져지지 못한 채로 우리는 8·15 해방을 맞이했던 것이라 볼 수 있다.

  1945년 이후의 한국의 역사학은 일제시대에 비해 훨씬 유리한 현실적 여건 속에서 양적으로 질적으로 장족의 발전을 이룩해왔다. 우선 국사연구와 교육의 중요성이 국가 시책으로 강조되고 국사연구에 종사하는 인구가 늘어남에 따라 구체적 문제들에 대한 좀더 세부적인 연구가 가능해졌으며 국사편찬위원회의 활동을 위시로 하여 새로운 자료의 발굴 및 편찬이 활발해졌다. 1952년에 발족한 역사학회를 비롯한 학회들은 역사학도들을 위한 통합된 공개토론장을 마련해 주었고 각 대학에

설치된 대학원 및 연구소들을 중심으로 하여 분야별의 전문적 연구가 촉진되었다. 최근에 한국사연구회가 편찬해 낸 『한국사연구입문』은 그간의 결실을 총정리하고 앞으로의 연구를 위한 유용한 지침을 제시하고 있다.

역사학의 방법론적 정착이라는 측면에서 볼 때는 8·15 이후 우리의 역사학이 직면해온 여러 가지 제약도 일제시대에나 못지 않게 심각한 것이 많았다. 가장 근본적인 것은 물론 국토의 분단이라는 정치적 현실에서부터 오는 학문적 자유의 제한이다. 학문의 중립성이나 대학의 자율 등의 전통이 수립되어 있지 못한 상태에서 해방과 동시에 분단의 현실에 직면하게 된 우리나라에서 역사학은 다른 어느 학문 분야보다도 정치적 현실의 영향을 직접 받지 않을 수 없었다. 제기해서는 안될 질문과 내려서는 안 될 결론이 있었고 북한의 학계와의 단절은 미흡한 우리의 학문 인구를 그나마 분산시켰다.

둘째로 심각한 것은 일제시대와 일본의 한국사 연구의 학문적 유산의 수용과 극복의 문제였다. 학문의 보편성이 인정되어야 하는 한에서는 일본사학계의 테두리 안에서 이룩되어온 한국사 연구성과를 내용에 있어서나 방법론적 측면에서나 수용하지 않을 수 없었고, 그들이 편찬해온 자료를 활용하지 않을 수 없었다. 그런 가운데에서 한국의 식민지화를 목적으로 하여 투입되어 왔던 그들의 편견과 왜곡을 배제하는 일이 감정의 개입보다는 엄격한 학문적 반증을 통해서 수행되어야 했다. 그러나 한국사에 종사하는 연구 인구로 보나, 축적된 성과로 보나, 또는 계속해서 연구를 뒷받침해 줄 수 있는 정신적, 물질적 여건들로 보나 우리보다 우세한 그들과의 학문적 교류가 1960년대에 한일관계에 다시 변화가 오기까지는 어렵게 되어 있었고, 그후로도 몇몇 학자들이 개인적 노력을 통해 대화의 통로가 유지되고 있을 정도이다. 학문적 대화의 수립이 실패한 불행한 결과의 하나가 최근에 있었던 일본 교과서에서의 한국사 왜곡이라는 파동의 형태로 노출되었다. 그러한 사태에 대한 한국의 학계나 일반 국민 또는 정계의 반응 또한 한국의 역사학의 학문적 기반이나 위신이 얼마나 미약한가를 드러낼 만큼 감정적인 쪽으로 치우치는 경향이 있었다.

세 번째 문제는 서구 문화에 대한 추종과 반동이 우리 역사학에 미치는 영향의 문제이다. 8·15이후 자유민주주의라는 정치적 구호와 함께 서구의 문화와 가치관이 적극적으로 수용되어온 결과 역사학도들도 서구의 학문세계와의 직접적 접촉이 가능해졌고 또한 인접 사회과학 분야에서 발달되어온 방법론의 도전을 받게 되었다. 그러나 다루어야 하는 주제와 자료의 성격상 국사학에서는 서양의 영향에 대한 저항이 가장 완강했고 동양사나 서양사학을 전공하는 학자들 사이에서도 다른 인문학이나 사회과학분야에 비해 서양의 학계와의 직접적 접촉의 기회가 가장 적었던 편이었다. 이러한 사태는 우리의 역사학분야와 비교적 서양의 새로운 학문적 교류의 영향에 민감했던 다른 학문분야간에 괴리를 가져왔으며 공통된 인문학 또는 사회과학의 방법론 정립에 관한 논의나 또는 현실적인 사회문제에 대한 정책을 마련하는 자리에서도 역사가들은 제외되는 경향이 생기게 되었다. 이러한 실정 때문에 서양의 사회과학 방법론이 한국의 역사학자들에게 소개되는 것은 그러한 이론 또는 그 이론을 바탕으로 하는 연구업적과의 직접적 접촉을 통해서이기보다는, 흔히는 그러한 이론을 본래 그것이 생성되었던 역사적 배경을 고려하지 않은 채 도식적으로 받아들여 근본적으로 구조가 다른 한국의 문제에 적용시키는 국내학자들의 저술을 통해서인 경우가 많았다. 따라서 그러한 이론들이 수용되는 경우에도 거부되는 경우에도 다 마찬가지로 그것들이 지나치게 단순화되어 피상적으로 이해되고 그 때문에 진정한 연구 유도적 가치가 상실되는 경향이 있었다.

마르크스주의 역사 이론의 경우는 반공이라는 정치적 요구에서 오는 극단적 제약때문에 특수한 문제가 따르기도 하지만 이론에 대한 관심과 그러한 관심을 충족시킬 수 있는 충분한 토론이 뒤따를 수 없을 때에 생기는 방법론적 난맥을 노출시키는 데 있어서는 다른 경우에도 똑같이 적용될 수 있는 보기가 된다. 앞서 지적되었던 바와 같이 사회경제사에 대한 관심은 이미 일제시대부터 우리 역사학에서 매우 중요한 조류를 형성해 왔으며 최근에 와서도 오히려 고조되고 있는 형편이라 할 수 있다. 더구나 그것은 아날학파에서 볼 수 있는 유형의 폭넓은, 개방적 의미의 사회경제사이기보다는 거의 처음부터 마르크스주의 계급이론과 소박한 유물론의 자극을 받은 바가 컸던 것이었다. 8·15 이후 남한에서는 그 이론이 금기시되자 그러한 관심은 간접적 통로를 통해 암묵리에 충족되는 수밖에 없었으며 그러한 간접 통로의 역할을 한 것이 바로 1945년 이전의 마르크스주의 이론의 영향을 받고있던 일본의 사회경제사학이었다.[28] 그 계통의 저술이 가장 입수하기가 편리했고 또한 낯익은 것이었다는 간단한 이유를 들 수 있다.

마르크스주의 사학 이론은 최근 20여 년간에 서구의 자본주의 세계에서나 사회주의 국가에서나 사회과학자들의 관심의 초점이 되어 많이 발전되고 세련되었다. 중공과 같은 정치적 변혁이 격심했던 곳에서도 마르크스주의 역사이론을 역사주의적 각도에서 해석하려는 사학자들과 계급투쟁의 원칙을 강조하려는 사람들 사이에서 팽팽한 논쟁이 벌어지는 동안에 많은 훌륭한 실질적 역사연구 성과가 나올 수 있었다.[29] 그러나 안으로 숨어들 수밖에 없던 우리 사학계의 마르크스주의 사학에 대한 관심은 그런 방법론적 논의에 동원될 수 없었다. "우리에게도 봉건주의적 단계가 있었는가"라는 문제가 제기되었을 때에도 그것이 어떤 공통된 논리적 기반 위에서 수행되는 토론으로 발전되지 못한 채 황급히 종식되어야 했던 것이 한 좋은 예였다.[30]

한국의 사학계가 직면하고 있는 네 번째의, 어느 면에서는 가장 근본적이라 할 수 있는 문제는 사학 연구 인구와 연구에 투입되는 자원의 절대부족, 그리고 학계와 사회일반의 관계에서 학계의 영향력의 왜소에 있다. 밝혀져야 할 역사의 문제에 비해 우리 손으로 발굴 정리된, 그리고 되고 있는 부분이 아직도 너무 적기 때문에 통사 체계를 수립해야 하는 당면과제를 수행하는 데에 논리적 무리가 따르지 않을 수 없다. 가장 다급한 과제로 우리의 역사를 시대로 구분하는 데 있어 어떤 일관된 원칙에 의해 시대를 구분해 보려 할 때 필요한 부분적 연구들이 되어있지 않고 우리의 지식에 공백이 너무 크기 때문에 할 수 없이 여러 가지 척도들이 혼합되어 사용되고 있는 실정이다.[31] 세부적 실증적 연구와 거시적 통찰 사이에 균형을 유지하는 것은 항상 필요하지만 아직

증명되었다고 볼 수 없는 가설을 가설로서 인정하고 굳이 역사적 사실인듯 내세우지는 말아야 실증적 연구성과가 부족한 가운데에서도 방법론의 정립이 가능하다. 그러나 현실은 단군신화를 역사적 사실인양 하급학교 교과서를 통해 어린 학생들에게 가르치도록 역사가들이 강요당하는 쪽으로 흐르고 있다. 포괄법칙 모델같은 것이 주창됨으로써 서구의 역사학이 얻은 분명한 결실, 곧 무엇이 역사학에서는 통용될 수 없는가 하는 데 대한 합의가 우리에게서는 아직 이루어지지 못하고 있는 현실이다.

역사학을 전문으로 하는 사람들은 학회와 대학의 강단을 지키며 외국의 학계들과의 민활한 교류를 계속함으로써 방법론적 무정부상태에 대해 대처해 나갈 수밖에 없으며 어느 정도까지는 성공을 하고있다. 그러나 "과거 문화에 대한 정리 능력은 현재 문화의 능력에 정비례한다"[32] 는 국사학자의 말을 굳이 인용하지 않는다 해도 어려서부터 잘못된 역사인식이 심어진 채 자라나는 새 세대에 대한 특별한 대처가 없이는 시간이 흘러 역사학에 종사하는 인구가 늘고 세부적 실증적 연구업적이 축적된다 해도 역사학은 결국 앞질러 변화해가는 현실, 곧 미래의 역사학의 소재와는 격리되어 더욱 영향력을 위축당하거나 아니면 이데올로기로 전락해버리는 위험을 면치 못할 것이다. 지금이야말로 한국에서는 역사학이 학문으로서의 존재이유를 새로이 다짐해야 하며 광범위하게 방법론의 문제가 다시 제기되어야 할 때라 할 수 있다. 근년에 이르러 역사학자들 간에 역사이론 및 방법론에 관한 관심이 높아진 것은 사실이나 국사학의 문제에 초점을 맞추어 전개되는 토론과 방법론

일반, 그리고 주로 서양의 사학이론에 관심을 집중시키는 토론은 서로 통합이 되지 못한 채 공전하고마는 경향이 있다.[33] 곧 서양의 역사이론이나 역사학의 동향은 서양 '지성사'의 일환으로 다루어지는 데 그치고 우리역사에 대한 중요한 일반적 논의나 역사 이해 방법에는 크게 영향을 미치지 못하고 있다.

지금까지 이야기된 한국 역사학의 전반적인 방법론적 실태가 역사학 연구의 실질적 작업에 어떠한 영향을 미쳐 왔는가를 동학 및 갑오농민운동에 관한 연구 실적에 대한 간략한 개괄을 통해 살펴보고자 한다.

4. 동학과 갑오농민봉기에 관한 연구 실태

역사가의 작업 가운데서 가장 중요한 것의 하나가 주제의 선정이다. 주제의 설정이라는 측면에서 볼 때 우리의 근대사에서 동학과 갑오농민봉기(구세대 통칭 '동학난', 신세대 통칭 '동학농민혁명') 이상 더 중요한 것도 많지 않다. 조선왕조 치하의 양반사회 질서의 궁극적 붕괴와 민족사의 주된 세력으로서의 농민대중의 결집을 세상에 선포했을 뿐 아니라 동시에 일본의 한국 식민지화와 동북아의 강대세력으로서의 대두의 결정적 계기를 마련해 주었던 이 역사적 사건의 전모를 밝히는 일은 개항기 이래의 우리 근대사의 이해에 관건이 되기 때문이다. 이 문제가 특별히 많은 사학도들의 관심을 일찍부터 끌어온 것은 당연한 일이었다.

한국근대사에서 이처럼 큰 비중을 차지하는 동학과 갑오농민봉기에 관한 학문적 접근을 시도하는 데 있어서도 우리를 훨씬 앞지르고 있던 것이 일본학자들이었다. 동학란에 관한 자료로서는 사건 당시의 관변측의 기록이나 민간측의 진술들이 많이 보존되어 왔으나 대부분을 그 사건을 '동학란'이라고 하는 종래의 지칭이 말해 주듯이 동학교도들이 주동이 되어 일으켰던 반란으로 그 표면적 양상을 서술한 것이나 아니면 동학 교문(敎門)측에서 동학의 종교성을 강조하는 입장에서 서술한 것이었다.[34] 동학과 갑오농민운동의 전모를 재구성하고 역사적 의의를 캐는 작업은 1930년대부터 일본학자들에 의해 본격적으로 시작되었다. 이미 1930년에는 한국, 일본, 중국의 외교관계에 중점을 두고 동학란의 경과를 사실적으로 서술한 연구가 발표되었으며 5년 후에는 동학을 유사 종교로 규정짓고 사회조사와 통계분석 방법을 동원하여 연구해 놓은 방대한 저술이 나왔다.

일본 학자들의 이러한 연구들은 사실적 서술로서, 또는 사회과학적 분석으로서 타인의 추종을 쉽게 허용치 않는 학문적 무게를 가진 것이었으나 결국 '승자의 이야기'로서의 역사였으며 한국사회 정체론에 기여하는 효과를 가진 것이었다.[35]

1926년과 1927년 사이 「신인간(新人間)」과 「개벽(開闢)」지에는 동학란에 관한 몇 편의 단편적인 글이 실렸다. 그러나 한국인 학자의 종합적 연구로서 처음으로 8·15전에 빛을 본 것은 1931년 동아일보에 연재되었던, 당시의 청년학자 김상기의 '동학란'이었다.

1947년에 그 글을 단행본으로 다시 간행해 낸 필자 자신은 그것이 "자료수집이 극히 제약된 환경속에서" "개요나마 들추어 보려한"[36] 시도였다고 겸손하게 말했지만 동학란을 타락한 양반계급의 횡포에 대해 항거하는 종래의 민요에 동학의 '보국안민(輔國安民)' '포덕천하(布德天下)' '동귀일체(同歸一體)' '억조창생(億兆蒼生)'의 교의가 배합되어 일어났던 일종의 혁명적 시도로 파악했다는 점에서 그의 연구는 그 후의 모든 연구의 초석이 된 것이었다. 그는 동학의 '인내천' 사상의 의의를 프랑스의 계몽사상에 비교될 수 있는 것으로 파악했으며 종교와 미신이 민중의 의식을 깨우치고 집단행위를 유발시키는 힘으로 작용할 수 있다는 전제를 당연한 것으로 받아들이고 있었다. 그는 또한 최제우나 전봉준 등의 지도자들의 역할이 매우 중요했던 것으로 평가했으며 안으로 병들고 밖으로는 외세의 위협 앞에서 신음하는 조국을 전자는 정신적 요법으로, 후자는 수술을 통해 구제해 보려는 시도가 일본군의 진주라는 예기치 못했던 사건으로 인해 실패하고 사태를 더욱 악화시킨 것이라고 동학란의 의의를 비유적으로 설명했다.[37] 뿐만 아니라 동학운동에서 나타난 민중의 혁명사상은 조선민중운동의 선구를 이룬 것으로 3·1운동 때의 천도교의 활동으로 이어진다는 것이 그의 견해였다.[38]

김상기의 『동학과 동학란』은 우리의 관점에서 우리의 역사를 해석하고 특히 일제하의 상황에서 역사를 더듬어 올라가 우리의 독립운동의 정신적 맥을 찾아보려는 용감한 시도였다는 점에서 일본학자들의 연구가 가질 수 없는 심리적 호소력을 가지는 것이었다. 그러나 동학사상의 혁명적 성격에 대한 그의 해석은 동학란 당시 동학교문의 지도자들의 행동과 일치하지 않는다는 약점을 가지고 있었다.

김상기와는 전혀 다른 각도에서 동학란의 의의를 파악하려 함으로써 새로운 연구방향을 제시한 일본학자도 있었다. 한반도와 중국을 에 워싸고 일어난 일본과 러시아 간의 각축을 연구한 그는 동학란을 일본 의 자본주의 세력에 의해 식민지화되어가는 조선사회에서 일어난 거 대한 민족운동으로 규정지었으며 동학란의 성격 파악에는 사회경제사 적 접근이 절대 필요함을 시사했다.[39] 마르크스주의적 역사 해석이 동 학란 연구에 효과적으로 적용될 수 있다는 가능성이 뚜렷이 제시된 것 이었다.

세계제2차대전으로 연구의 진전이 중단되기 전에 이미 동학란에 관한 고찰은 종교, 사상, 사회경제, 국제정치 등 여러 가지 시각에서 시도 되었음을 알 수 있다.

8·15 이후 한국 사학의 과제는 면밀한 실증적 연구를 통해 이미 제시된 가설의 타당성을 점검하고 동학과 갑오농민봉기의 여러 가지 개별적 측면에 관한 연구들을 종합하여 사건 전체를 연결지어 설명할 수 있는 구조적 기틀을 마련하는 일이었다.

1950년대에 들어서면서부터 다시 본격적으로 추진된 연구는 대체로 세 갈래로 나뉘어 진전되었다. 한 갈래는 김상기의 연구를 계속하여 동학 그 자체에 역점을 둔 것이다.[40] 동학교의와 유교와의 관계, 토속신앙과의 연관, 서학과의 관계, 창시자 최제우에 관한 개별적 연구들이 이루어지는 가운데 동학은 귀신 신앙에 근거를 둔 초세속적 윤리와 구복적인 샤머니즘의 결합인 농민종교였다는 해명이 이루어졌다. 또한 동학이 일어난 시대적 배경에 비추어볼 때 동학의 교의는 다분히 혁명사상으로 둔갑할 수 있는 가능성이 있었음도 지적되었고 그것이 없이는 동학란같은 대규모의 민중운동은 발생할 수 없다는 주장도 나왔다. 그러나 종교사상이 혁명적 행위로 연결되는 과정에 대한 이론적 해명이나 직접적 증거는 뚜렷이 제시되지 못하고 있는 것이 이 갈래의 연구들이 지니고 있는 약점이다.[41]

두 번째 갈래의 연구는 동학이 아니고 농민봉기 그 자체에 초점을 맞춘 것들이다. 동학 이전 철종 시대 이래의 민란에 관한 연구, 개항기의 국제적 세력 판도의 변화에 따른 대내적 경제사회적 변화의 추적, 전봉준의 심문 기록인 공초 등의 직접 사료의 면밀한 분석 등을 통해 전개되는 이 연구들은 갑오농민봉기는 동학사상이나 종교와는 무관하게 전개된 계급투쟁이었고 척외(斥外) 운동이었다고 본다. 곧 동학의 영향이 전혀 없이도 이러한 농민의 운동이 전개될 수 밖에 없는 객관적 여건이 조성되어 있었으며 다만 동학교문의 포와 접 조직이 농민군의 조직과 세력 규합에 편리하게 이용될 수 있었을 뿐이었다고 본다.[42]

이러한 연구들은 대개가 일본의 식민주의 사학에서 나타나는 한국사회 정체성론을 극복하고 동학란의 의의를 민중운동사적 맥락에서 찾고 있지만 설명의 근거를 거의 전적으로 경제사회적 배경 분석에 두며 사상이나 종교로서의 동학의 영향을 극구 부정하는 것이 특색이다.

동학란에 관한 세 번째 갈래의 연구는 동학과 갑오농민봉기 사이에는 유기적 관계가 있었음을 대전제로 하고 그 둘 사이의 관계를 설명할 수 있는 이론적 모델을 추구하거나 아니면 세부적인 실증적 연구를 통해 어떤 종합적인 결론에 도달하고자 시도하는 연구들이다.[43] 동학사상의 정치적 성격, 동학과 농민봉기에서의 지도층의 인적 구성, 농민군이 제시했던 폐정개혁안에 대한 검토, 삼정(三政) 문란의 구체적 실태 등이 한 사람의 학자 또는 같은 계열에 속하는 학자들에 의해 계속되는 가운데 동학란의 성격은 대체로 농민들의 현실적 불만이 누적되고 있는 위에 동학의 사상이 촉매작용을 해서 일어난 동학농민전쟁으로 파악되고 있다.

1930년대 초에 발표된 『동학과 동학란』에 비교할 때 이 주제에 관한 우리의 연구 수준이 매우 높아진 것은 물론이다. 또한 이 주제에 대한 연구를 통해 개항기의 우리사회의 성격이나 한반도를 둘러싼 국제정세의 움직임에 대한 우리의 이해가 크게 깊어졌다. 그러나 세부적 국면에 대한 실증적 연구 및 새로운 자료의 발굴과 분석을 통해 얻어진 성과가 큰 것에 비해 방법론적 측면에서도 대등한 진전이 있었는가에 관해서는 간단한 결론이 내려지지 않는다.

한 가지 뚜렷한 것은 동학과 농민운동 문제에 대한 관심을 가진 모든 연구자들은 역사는 과학이나, 또한 과학이 될 수 있으며 되어야 한다는 전제를 당연한 것으로 받아들이고 있다는 점이다. 전통적인 설화체 역사의 존재 이유를 고집하고 역사를 사회과학보다는 문학의 범주에 넣고 보며 그에 따르는 독특한 방법론을 주장하려는 의식적 시도는 적어도 전문 연구인들 사이에서는 엿보이지 않는다.

역사가 과학이어야함을 당연시하는 태도는 일본의 사학을 통해 들어왔던 랑케사학의 잔영이라고 볼 수 있다. 그것은 한국에서도 랑케사학이 서구에서 직면했던 것과 비슷한, 어느 면에서는 훨씬 더 심각한 문제에 부딪친다. 그 중 한 가지는 역사가 과학임을 당연시하는 태도와 민족주의적 사학 수립에 대한 우리사회 가득히 팽배해 있는 주관적 욕구를 어떻게 절충시키는가 하는 문제이고, 다른 한 가지는 역사가들 스스로를 만족시킬 수 있는 '타당성' 또는 '합리성'과 보다 엄격한 논리적 검증이 가능한 인접 학문 분야에서 이야기되는 학문성 사이에 존재하는 간격을 어떠한 방법으로 좁힐 수 있는가 하는 것이다. 역사학에서의 주관성과 객관성, 사실과 가치의 문제는 이론적 차원에서는 역사가들 사이에서 흔히 거론되지만 실질적 연구 작업과 관계해서, 곧 동학농민운동 같은 구체적 주제에 관한 토론 속에서 직접 문제로서 직면되는 경우는 거의 없는 듯하다.

동학 및 갑오농민운동에 관한 연구결과를 통해서 볼 때 역사의 학문성을 고수하는 동시에 민족주의 사학에 대한 사회적 욕구를 충족시키는 실질적 방편으로 제시된 것은 동학과 갑오농민봉기를 실패의 역사가 아니라 새로운 시작으로써 조명하고 민족사의 주동세력으로서 농민대중의 역할을 크게 부각시키는 것인 듯하다. 그러나 사료 분석에 충실한 연구는 행동으로 나타난 농민군의 의식이 관의 입장에 비해 반드시 근대지향적이거나 애국적인 것만은 아니었음을 인정하지 않을 수 없는 난관에 봉착하며 자칫하면 정체론적 해석 속으로 다시금 빠져 들어가는 곤경에 직면하게 된다. 전문가들의 이러한 연구 태도는 또다시 실증적 사풍을 배격하고 거시적, 다시 말하면 민족주체적 통찰을 요구하는 사회일반의 비판에 부딪치게 되고 역사학에서의 주관성과 객관성을 절충시키는 방법에 대해서는 기초적인 합의조차 이루어지지 못한다.

동학란을 어떤 이론적 기틀 속에서 설명해 보려는 시도는 대체로 사회경제사적 연구로 치우쳐 있으며 소박한 유물론적 결정론의 테두리를 벗어나지 못하는 경향이 있다. 곧 외국 자본주의 세력이 침투하는 가운데 조선시대의 봉건 질서가 무너지는 과정에서 자연발생적으로 일어나는 대규모의 농민항쟁으로 동학란을 설명하는 것이다. 이러한 결정론적 테두리를 다소 벗어나서 삼남 지방에 농민봉기가 집결된 주관적 계기를 그 지방에서 특히 심했던 신분적 계층 관계의 변동에서 찾는 연구도 있다.⁴⁴ 농민계층의 분화에 따라 부농의 양반층으로의 흡수가 가능해졌으며 그러한 변화는 잔여농민층에 대한 부담을 가중시켰을 뿐 아니라 유교적 윤리를 바탕으로 하여 구축되었던 양반층의 권위에 대한 민중의 관념을 파괴시키는 결과를 가져왔던 것이다. 이러한 해석은 생산관계와 의식과의 상호관계에 대한 좀 더 세련된 해석임에 틀림없으나, 역시 의식의 변화를 경제관계의 변화의 결과로만 보고 다른 요인의 작용은 배격하고 있다는 점에서 사상이나 종교적 측면에서만 모든 것을 해석하려는 연구들과 비슷한 취약점을 가진다.

　동학과 농민 봉기와의 관계를 유기적으로 파악하려는 한 연구는 동학사상 자체가 가지는 혁명사상으로서의 가능성을 지적하는 동시에 종교의 일반적 속성으로서의 집단성과 비지역성을 강조한다. 그것이 동학당의 하층부를 구성하고 있는 농민들 간에 계층적 연대성이 형성되는 데 크게 기여했다는 것이다.⁴⁵

　동학란의 의의를 어떤 사회 이론적 기틀을 통해 설명하려는 시도 가운데는 간혹 가설로서 채택되는 이론이 어떤 것인가를 구체적으로 밝히는 연구들도 있다.⁴⁶ 방법론의 정립이라는 입장에서 본다면 이것은 매우 바람직한 징후라고 볼 수 있다. 그러나 대부분의 연구에서는 그것이 암시적으로 밖에는 나타나지 않으며 가설연역적인 시도와 사실고증적인 접근의 만남이 어느 지점에서 이루어지는지 필자 스스로도 인식하지 못하고 있는 듯한 인상을 준다. 이것은 현대의 사회 이론 가운데에서 매우 큰 비중을 차지하며 일본의 사학을 통해 일찍부터 우리의 사학에도 영향을 미쳐온 마르크스주의 이론이 우리나라에서는 공공연하게 토론, 검증될 수 없었다는 학문적으로 불행한 현실에서 말미암은 결과로도 볼 수 있지만, 또한 역사학의 과학성에 대한 전반적인 속단이 가져오는 역설적 결과로도 볼 수 있다. 포괄법칙 이론을 둘러싼 논쟁에서 지적되었던 바와 같이 엄격한 검증을 거치지 않은 설명체계에의 의존은 사실은 극단적으로 주관적인 해석을 객관적인 것인 듯 위장시키는 효과를 가질 수 있다. 그 점에서 본다면 인과관계에 관한 어설픈 추론이나 설명 모델의 적용은 역사 서술에서 역사가 자신의 가치나 감정의 유입의 불가피성을 인정하는 바탕위에서 보편적으로 인정 받을 수 있는 한계선이 무엇인가를 찾는 작업보다도 오히려 더 '비과학적'인 결과를 낳을 수도 있다.

지금까지의 동학란 연구에서는 동학과 농민봉기와의 관계가 어떠한 것인가 하는 데 논의의 초점이 맞추어졌고 갑오농민운동이 가지는 반봉건적, 반침략적 성격을 부각, 조명하는 일에 가장 많은 노력이 경주되어 왔다고 볼 수 있다. 이것은 역사학의 과학성을 당연시하는 학자들 사이에서도 민족주의 내지는 반봉건주의, 반제국주의적 의식이 강하게 발동하고 있다는 바람직한 징후라고도 해석될 수 있을 것이다. 그러나 이념적 고려가 학문내적 고려를 압도할 만큼 강하게 작용할 경우에는 민족주의 운동에도 학문이 학문으로서 할 수 있는 독특한 기여의 가능성이 오히려 상실되는 수도 있다. 예를 들어 아직까지도 동학란에 관한 우리의 연구에서는 갑오농민봉기의 구체적 성과의 문제가 본격적으로 다루어지지 못하고 있다. 전봉준을 위시한 농민군의 가담자들이 성취하고자 하는 목적이 무엇이었으며 과연 어느 정도 성공을 거두었는가? 그들이 지향하는 목표를 달성할 수 있는 다른 가능성이 있었는가? 그것이 실패의 역사였다면 어느 면에서 실패였으며 새로운 시작이었다면 어느 면에서 새로운 시작을 의미했는가? 이런 등속의 질문에 대한 답을 마련하기 위해서는 편협한 민족주의적 또는 계급이론적 시각에서 과감히 탈피하여 비교사적 관찰을 시도하는 것이 필요할 것이다. 일본의 식민주의 사관뿐 아니라 유럽중심적 역사해석에서 탈피하여 우리 고유의 역사 발전 원칙을 발견하려고 하는 것이 현대 우리 역사학의 자랑스러운 한 면이다. 그러나 주체적 역사인식은 표피적 유사성을 찾는 것이 아닌 심층적 구조의 분석을 필요로 하는 진정한 비교사적 고찰을 필요로 한다.

이런 면에서 볼 때 우리의 국사학이 외국사에 관한 폭넓고 깊은 이해의 뒷받침을 받지 못한 채 외로이 성장해 왔다는 사실은 역사학이 문학이나 사회과학의 여러 분야와의 민활한 교류가 충분치 못한 상태에서 거의 고립되어 왔다는 사실과 마찬가지로 방법론적 성장을 제약해 왔다고 볼 수 있다. 동학란의 연구에서는 비교사적 연구가 이제 시도되기 시작하는 단계에 이른 듯하다.[47]

5. 결론

　서구에서 최근 몇 십 년 사이에 진행되어온 역사학 방법론에 관한 논의와 동학란이라는 주제에 대한 연구 속에 반영되어 있는 한국 역사학자들의 방법론적 관심, 그리고 학계의 좁은 테두리를 벗어나 사회 일반에서 벌어지는 역사학에 관한 논란을 비교해 볼 때 서구의 역사학 방법론이 직접 도입되어 우리의 역사학에 기여할 수 있는 여지는 아직 그리 큰 것으로 보이지 않는다. 역사학은 어느 시대 어느 곳에서나 현재적 관심에서 완전히 자유로울 수 없고 가치나 이데올로기의 문제와 연관되지 않을 수 없으나, 역사학에 대해 우리 사회가 거는 현실적 기대는 서구와는 달리 학문적 공동체로서의 자립을 허용하지 않을 정도로 절박한 것이기 때문이다.

　역사학 연구에 종사하는 인원이나 연구를 뒷받침해주는 정신적, 물질적 여건으로 보나, 현대 사학으로서 성장해온 역사나 경로로 보나 우리의 역사학계의 역량은 관리해야 할 역사적 유산이나 사회가 거는 성급한 기대에 비해 너무도 미흡하다. 이러한 감당하기 어려운 사태에 대한 역사학계의 반응은 현실적 요구에는 무관심한 듯이 '실증적' 연구에 몰두하는 태도와 '실증적' 뒷받침의 문제는 등한시하는 '이데올로기'와 역사를 동일시하는 태도로 양극화되는 현상인 듯 보인다. 양측이 다 같이 역사학이 과학이 되어야 한다는 입장에 피상적으로는 동의하고 있으나 실제로 가치와 사실 사이에 괴리가 있을 수 있다는 가능성을 직면하고 그 문제를 해결해 보고자 하는 직접적 노력은 하지 못하고 있는 실정이다.

역사학은 다른 어떤 학문 분야보다도 이데올로기의 문제와 불가분의 관계를 가진다. 따라서 사관(speculative philosophy of history)의 문제가 자유롭게 논의되지 않고서는 방법론(scientific philosophy of history)적 논의는 겉돌 수밖에 없다. 현재 우리 사회에는 아직도 사관의 문제가 자유롭게 논의될 수 없도록 만드는 압력이 보이게 않게 크게 작용하고 있으므로 전문적 역사 연구에 종사하는 학자들은 대체로 방법론적 논의에 별로 기대를 걸지 않고 종래의 사실고증적 차원에서의 연구에 보다 몰두하는 것이라 볼 수 있다.

이런 의미에서는 한국의 역사학은 방법론적 실태로 보아 아직도 랑케 시대의 사실고증적 역사학의 성격을 크게 탈피하지 못하고 있으며 우리의 방법론적 논의는 우리의 체험을 토대로 하여 사실과 가치와의 관계를 논하는 가장 기초적인 것에서부터 새로 시작되어야 할 단계에 놓여 있다 할 수 있다.

주석

1 金哲埈, 「韓國史學의 몇 가지 문제」, 『韓國史硏究入門』, P. 62.

2 F. Stern, *The Varieties of History from Voltaire to the Present*, ed., The World Publishing Co., N.Y. 1970. pp. 262~263.

3 George G. Iggers, *New Directions in European Historiography*, Wesleyan university Press, 1975. pp. 45~46.

4 George G. Iggers, "The Transformation of Historical Studies in Historical Perspective", *International Handbook of Historical Studies*, ed., Iggers, Westpart, Conn., 1980. Pp. 8~9.

5 역사학의 위치와 성격을 재확인해 보려는 대표적 시도로는 *Historical Studies Today*, ed., Felix Gibert and Stephen R. Graubard, W. W. Nor-ton, 1972(본래 *Daedalus*, Winter 1970)와 *The Historian and the World Today*(*Daedalus*, Spring 1971)을 들 수 있음.

6 Iggers, "The Transformation ……," pp. 25~26.

7 Iggers, *New Directions*……, pp. 149~152.

8 Carl Hempel, "The Function of General Laws in History", *Theories of History*, ed., Patrick Gardiner, New York, 1959, p. 345.

9 윗글, p. 347.

10 Hempel, "Reason and Covering Laws in Historical Explanation", *Philosophy and History: A Symposium*, ed., Sidney Hook, N.Y.U. Press, 1963, pp. 145~146.

11 William Dray, "The Historical Explanation of Actions Reconsidered", *Philosophy and history*, pp. 118~129.

12 Hempel, 윗글, p. 151.

13 Robert Fogel, *Railroads and American Growth*(1964)와 Charies Tilly, *The Rebellious Century, 1830-1930*(1975)를 예로 들 수 있음.

14 Bernard Bailyn, "The Problem of the Working Historian: A Comment", Philosophy and History, p. 97.

15 Leo Gersnoy, "Some Problems of a Working Historian", 위 책, pp .67~68.

16 Hempel, 윗글, pp. 150-51.

17 예를 들어, Hayden White, *Metahistory: The Historical Imagination in Nineteenth-Century Europe*(1973).

18 Leszek Kotakowski, "Intellectuals against Intellect", *Intellectuals and Change, Daedalus*, Summer, 1972, p. 1.

19 George G. Iggers, "Federal Republic of Germany", *International Handbook*, p. 218.

20 千寬宇, 「韓國史硏究 百年」, 『韓國史의 再發見』, 一潮閣, 1974, p. 28.

21 歷史學이 獨立運動의 일환으로서 그 존재 이유를 찾을 수 있었다는 견해를 대표하는 것으로 姜萬吉, 「民族史學의 反省, "『韓國의 歷史認識』, 創作과批評社 1978, p. 544.

22 金容燮, 「우리나라 近代歷史學의 成立」, 『韓國의 歷史認識(下)』, 李佑成, 姜萬吉편, 創作과 批評社, 1978, p. 446.

23 千寬宇, 「韓國史學의 反省」, 『歷史란 무엇인가』, 李基白, 車河淳 編, pp. 344~345

24 金哲埈, 앞 글, p. 331.

25 千寬宇, 앞 글, pp. 344~345.

26 李基白, 「新民族主義史觀論」, 『歷史認識(下)』, p. 525.

27 1982년~1983년 겨울에 조선일보에 연재되었던 「韓國史의 再照」, 특히 마무리짓는 토론 참고.

28 일본의 歷史學의 動向에 관해서는 Yasushi Yamanouchi, "Japan", *International Handbook of Historical Studies*, pp.253~276.

29 Arif Dirlik and Laurence Schneider, "The People's Republic of China", 위 책, pp.353~363.

30 梁秉祐, 「우리나라에도 封建制度가 있었는가」, 『歷史敎育』, 14輯(1971.8).

31 李基白, 「韓國史의 時代區分 문제」, 『韓國史學硏究入門』, p. 57.

32 金哲城, 「韓國史學의 몇 가지 문제」, 『韓國史硏究入門』, p. 63.

33 서양의 역사이론을 국사연구와 이해의 문제와 직접 결부시켜 보려는 시도로 가장 대표적

예를 李基白, 車河淳 編,『歷史란 무엇인가』, 文學과知性社,(1976)에서 찾을 수 있다.

34 金容燮,「東學亂 硏究論―性格問題를 中心으로」,『歷史敎育』제3집(1958), pp.80~89참고

35 윗글, p.82~83.

36 金庠基,『東學과 東學亂』, 한국일보社, 春秋文庫, 1975, p. 2.

37 위 책, pp.163~164.

38 윗글, p.164.

39 金容燮,『東學亂 硏究論』, p.84에 실린 野原氏의「近代 支那朝鮮을 圍繞한 日露關係」에 관한 評 참고

40 『韓國史硏究入門』, pp. 448-49 참고. 이 계열의 연구로 대표적인 것은 金龍德,「東學思想 硏究」(中央大 論文集 9, 1964)와 崔東熙,「韓國東學 및 天道敎史」,『韓國民族文化大系 Ⅵ』, 高大民族文化硏究所, 1970.

41 金容燮,『東學亂 硏究論』, p.83.

42 金容燮,「全琫準 供革의 分析」,『史學硏究』, 2. 1958; 朴宗根, "동학과 갑오농민전쟁에 대하여,"『동학혁명의 연구』, 노태구 엮음 등의 논문이 이 경향의 해석을 대표함.

43 대표적인 것으로,
韓㳓劤,「東學亂 起因에 관한 硏究」, 서울大 韓國文化硏究所, 1971.
『東學의 性格과 東學敎徒의 運動』(한국사 17. 국사편찬위원회, 1973).
姜在彦,「봉건해체기의 甲午農民民戰爭」,『韓國近代民族運動史』安秉直, 朴成壽 外, 돌베개, 1980.
金義煥,「1982·3년의 東學農民運動과 그 性格」,『韓國史硏究』, 5, 1970.
金榮作,「동학사상과 농민봉기」,『동학혁명의 연구』, 노태구 엮음, 백산서당, 1982.

44 金容燮,『東學亂 硏究論』, p. 87.

45 姜在彦, 앞 글, p. 293~294.

46 예를 들어. 李鎬澈,「日帝侵略下의 農業經濟를 형성한 역사적 배경에 관한 연구」,『韓國近代民族運動史』, pp. 11~21.

47 노태구, "동학혁명과 태평천국혁명의 비교,"『동학혁명의 연구』, pp.321~337.

역사는 가르쳐야 하나*

 우리나라 중·고등학교 학생들에게 가장 인기 없는 과목을 하나 선택하라면 그것은 세계사가 될 가능성이 매우 높다. 국사는 입시에 필수고, 우리의 이야기이므로 가르치는 방법이나 성적에 관계없이도 다소 관심을 끌 수 있지만 세계사는 그야말로 골치 아픈 과목이다. 그것과 같은 비중을 가지는 다른 선택과목들에 비해 공부해야 되는 내용의 부담이 엄청나게 크고 이해하기가 힘들다. 따라서 웬만한 학교에서는 형식적으로 중·고등학교 6년 과정 중 단 한 학년에 일주일에 두세 시간 정도 시간표에 세계사를 표시해 놓지만 실제로는 전혀 가르치지 않고 넘어가는 수도 있다. 특히 고등학교에서 이과를 선택하는 학생들은 세계사를 거의 배우지 않는다.
 대학교에 입학하고도 사정은 그리 나아지지 않는다. 1970년대 전까지만 하더라도 세계문화사가 교양 필수과목이었다. 넓은 세계에 대한

---
* 「역사비평」 1990년 가을호

최소한의 안목은 길러야 대학교육을 받은 교양인이라고 일컬어진다는 매우 오래된 가정에서 출발한 것이었는데, '국적있는 교육'이니 '한국적 민주주의'가 주창되면서부터 그것마저 선택과목으로 격하되었다. 한국사 교육이 그대신 강화되었지만 그것은 이른바 '국책' 과목으로의 성격을 강하게 지니도록 종용되었고, 하급학교의 교과서는 물론 대학의 교재들까지도 그러한 영향을 배제할 수 없었다.

북한을 매도하고 현 정권을 정당화하기 위해 현실과 과거를 모두 미화하고 편파적으로 해석하는 데 대한 반작용으로, 대학에서는 강한 반체제적 성격을 띤 지하의 교과과정이 학생들 사이에서 따로 편성되는 현상이 빚어졌다. 그래서 우리의 현대사를 '대한민국'의 정통성 자체를 부정하는 시각으로 바라보는 속류 마르크스주의 사관이 뿌리를 내리게 되었다. 대학에 들어올 때까지 역사에 대한 제대로 된 지식이나 이해를 별로 기를 길이 없었던 우리의 젊은이들은 불만스러운 현실을 하나의 원리에 의해 일목요연하게 설명해내는 계급론적 역사해석에 쉽게 매료되었으며, 자기들도 모르는 사이에 북한을 포함하는 사회주의 체제의 신봉자들이 되어갔던 것이다.

이처럼 역사교육이 부재하거나 또는 심하게 왜곡되어 있는 현실 속에서 성장하고 교육받아온 젊은 세대에게 사회주의 세계에서 시작된 페레스트로이카는 그동안 이룩되어 왔던 사고체계 전체를 흔들어 놓을 만한 혼란을 가져오지 않을 수 없다. 사실적 내용은 극히 빈약한, 편향된 반공교육에 대한 심리적 반작용으로 소련과 레닌을 흠모의 대상으로 받아들이고 불만스런 현실로부터 돌파구를 찾기 위해 혁명지상주의에 젖어들었던 젊은이들에게, 1917년 러시아혁명 이래 사회주의의 길을 걸어왔던 소련과 세계제2차대전 이후 그에 동참해 온 중국, 동유럽의 여러 나라들이 이제 와서 시장경제 체제의 도입을 주장하고 나서는 모습은 크나큰 당혹감을 자아내는 것이 당연하다.

한편에서는 사회주의 진영에서 일고 있는 변화가 자본주의 체제의 우월성에 대한 증명이라는 속단을 내리는가 하면, 다른 한편에서는 페레스토로이카를 수행할 수 있다는 자체가 사회주의 사회의 저력을 증명해 준다고 대응한다. 서로 대립되는 시각에서 자기들이 이끌어내고자 하는 결론을 도출할 뿐, 논의의 대상이 되고 있는 나라나 사회의 역사적 배경에 대한 구체적인 이해와 지식을 기초로 한 차분한 토론은 찾아볼 수 없다. 우리의 역사교육은 이른바 사회주의권을 이성적 논의의 대상에서 아예 제외시켜 왔으니 어쩌면 이것은 당연한 현상이라고 할 수도 있다.

그러나 사실 상대방의 역사적 배경에 대한 무지는 우리의 오랫동안 특수한 우방관계를 맺어 온 미국에 대해서도 마찬가지다. 친미에서 반미로 우리 사회의 대미 시각은 교체되고 있는 듯 하지만 미국이 어떤 나리인지에 대해 진정으로 말할 수 있는 사람이 극히 드물다. 단지 우리의 처지가 달라짐에 따라 저들을 보는 태도를 달리하는 것이지, 상대방에 대한 깊은 이해를 기초로 해서 태도를 결정하는 의연함을 우리는 소련에 대한 태도에서나 미국에 대한 태도에서나 다 같이 보이지 못하고 있는 것이다. 그릇된 역사교육, 또는 역사교육의 부재는 바로 이런 현실적 결과로서 우리 앞에 나타나고 있는 것이다.

그렇다면 우리는 역사교육을 통해 현실문제의 해결에 도움을 받을 수 있다는 말인가? 당연히 제기되는 질문이지만 답은 그리 간단하지 않다. '역사란 무엇이고 역사를 배우고 가르치는 목적이 어디에 있는가'라는 질문에 대해서는 일반인뿐만 아니라 직업적으로 역사학을 하는 사람들이나 역사철학을 하는 사람들 사이에서 수백 년 동안 많은 논의가 이루어져 왔으나 어떤 선명한 결론이 나 있는 것은 아니다. 역사가 과학의 범주에 속하느냐 또는 문학의 범주에 속하느냐가 흔히 그러한 논의의 초점으로 등장하는 것을 생각하면 역사를 가르치고 배우는 목적이 어디에 있는가에 대한 대답도 간단하지 않을 것임이 분명하다.

역사는 현실문제의 해결에는 전혀 도움이 안 된다고 하는 '역사교육 무용론'에서, 역사는 일정한 법칙에 따라 전개되므로 역사법칙의 터득은 곧 현실문제 해결의 열쇠가 된다고 하는 소박한 결정론적 '역사교육 신봉론'에 이르기까지, 역사와 역사교육의 가능성에 대한 견해는 매우 폭넓게 펼쳐지지만 우리의 교육 현실에 비추어본다면 그러한 복잡한 논의는 격세지감을 가져다줄 뿐이다. 교과과정이 편성되는 과정에서 실제로 일어나게 되는 논의는 역사의 의미가 무엇인가라는 철학적 차원의 논의와는 너무도 거리가 먼, 단순한 영역싸움인 경우가 많기 때문이다.

역사학 과목이 교과과정에서 완전히 배제되지 않은 점으로 보아 적어도 우리는 완벽한 '역사교육 무용론'을 주창하는 사회는 아닌 듯하다. 그렇다면 현실적으로 우리가 역사교육을 통해 성취하고자 하는 목표는 무엇이며, 우리는 그러한 목표달성에 얼마나 성공적으로 접근하고 있는가?

어떤 사람을 이해하려면 그 사람이 태어나서 자라온 가정환경과 삶의 과정을 알아보는 것이 중요하다. 역사를 배우고 가르치는 이면에는 한 국가나 사회라는 집단을 이해하는 데에도 그와 마찬가지의 논리가 적용될 수 있다는 가정이 깔려 있다. 곧 소련 사람들이 오늘날 왜 그처럼 생필품 부족에 시달리면서도 세계 최대 강국으로 부상할 만큼 엄청난 군비를 갖추어야 했던가를 이해하고, 앞으로 그들이 어떤 방향으로 움직일 것인가를 조금이라도 가늠할 수 있기 위해서는 외침의 타격을 크게 입어온 그 나라의 역사를 아는 것이 필요하다. 곧 한 민족 또는 국민이 살아 온 경험의 줄거리로서 역사는 우선 의미를 갖는다. 이것이 곧 설화로서의 역사이고, 가장 고전적이고 기초적인 형태로서의 역사이다. 하급학교의 역사교육은 이런 것에서 시작된다.

우리의 역사교육에서 우선 문제가 되는 것은 이야기로서의 역사가 들어설 만한 자리가 교과과정, 교과서가 모두 시간적으로나 공간적으로 작게 토막쳐져 있기 때문에 어린 학생들에게 흥미를 끄는 이야기로서의 역사를 가르치는 일이 불가능하며, 역사 교과서는 의미를 알기 어려운 사건과 이름과 연대들로 가득차 있는 지겨운 책일 뿐이다.

이러한 사정을 영속화시키는 데 한 몫을 하는 또 하나의 요인은 한국사라면 한국사, 세계사라면 세계사라고 이름이 붙는 과목이면 무엇이든 통째로 요리해야 된다는 강박관념이 우리의 교과과정 제정자들의 머리를 지배하고 있다는 사실이다. 그 때문에 중학교에서 쓰이는 세계사 교재든, 고등학교의 세계사 교과서든, 대학의 문화사 교재든 구별없이 세계사 전체를 고대 그리스나 중국에서부터 현대 공산주의에 이르기까지 다 포함하여 다룬다.

300여 쪽 정도의 큰 글씨로 된 역사책에 세계사 전체가 한 줄기로 이해되는 이야기로 담길 수 없음은 당연한 일이다. 역사는 사람들이 살고 생각하는 구체적 모습을 전혀 보여 주지 못한 채 알기 어려운 낱말들의 연속이 되어 버리고, 학생들은 이야기 줄거리는 거의 모르는 채 원인과 결과에 대한 설명만 듣게 된다. 학생들이 지나치게 과다한 학습부담을 갖게 됨을 염려하는 사람들은 교과서의 부피가 느는 것을 심히 경계한다. 그들은 역사과목 같은 경우는 쉽고도 길게 쓴 책이, 짧기 때문에 어려운 말로 농축될 수밖에 없는 책보다 더 쉽게 읽힐 수 있다는 것을 간과하는 것이다. 세계사 전체를 몇 마디로 휩쓰는 대신에 어느 부분을 상세하게 가르치면, 학생들이 그것에서 얻는 지식의 유추에서 다른 나라의 역사를 스스로 공부하고 이해할 수 있는 힘을 기를 수 있음을 생각할 필요가 있다.

역사교육이 빈곤해지는 또 하나의 중요한 원인은 앞에서도 잠깐 언급했듯이 교과목들이 과다한 수효로 쪼개져 있다는 데 있다. 도덕은 물론이고 정치경제나 지리가 따로 있고 심지어는 사회문화까지 따로 있고 그 다음에 또 역사가 있게 되니, 역사는 곧 연대나 이름 외기로 전락할 수밖에 없다. 역사란 바로 정치나 경제, 사회나 문화가 어떻게 지금의 모습에 이르게 되었는가를 알고 바로 이해하기 위해 과거를 돌이켜 보는 것이라는 상식이 우리의 교과과정 편성에서는 도외시되고, 대학에 있는 전공과목 이름대로 하급학교의 교과목이 나열되고 있는 것이다.

내가 몸담고 있는 우리나라, 또는 남의 나라를 좀더 잘 이해하기 위해 필요한 지식의 습득이란 역사교육의 중요한 부분이긴 하되 한 부분일 뿐 전체가 아니며, 보는 시각에 따라서는 가장 중요한 부분도 아니다. 모두의 합의를 얻어 구축되는 초보적인 사실, 예를 들어 1945년 8월 15일 일본은 미국에게 항복했다든가 하는 것을 제외하고는 이야기로 엮어지는 역사적 사실들은 어느 것이나 다 해석과 논란의 여지를 가지고 있는 것이고, 역사를 쓰는 이의 의도적 목표나 무의식적 가정이 어떤 것인가에 따라 차이가 있을 수 있는 것이기 때문이다.

역사를 전문으로 하는 사람들은 다른 어떤 학문영역에서나 마찬가지로 가능한 한 편견을 억제하고 모든 사람의 동의를 얻을 수 있는 합의의 영역을 구축해 나가려고 노력하지만, 역사를 가르치는 입장에서는 흔히 애국심의 고양이라든가 인격의 함양이라든가 하는 어떤 뚜렷한 목적을 의식한 채 사실을 취사선택하는 수가 있고, 그렇지 않더라도 역사가 자신의 인간주의적 관심 그 자체 때문에 역사는 부득이 도덕교육적인 기능을 발휘하게 된다. 이런 모든 기능이란 물론 이야기로서의 역사가 가능하다는 전제 위에서 성립되는 것이지 백과사전식으로 사실만이 나열되는 책으로서는 불가능한 이야기이다.

역사교육이 이데올로기의 도구로서 이용되는 데 대해서는 반론의 여지가 크고, 조작된 역사의 폐해가 얼마나 큰 것인가는 오늘의 소련이 아니고도 이미 실증적 예가 드러난 경우가 매우 많다. 현재적인 관점에서 출발한 희망 또는 환상의 조작이란 어느 한계내에서는 인간의 성취

욕구를 유발시킴으로써 인간다운 삶의 조건을 구축해 나가는 데 큰 도움을 주지만, 그 한계를 넘어서서는 자기파괴적 효과를 가지는 것이고 역사는 불가피하게 그러한 기능을 되풀이하게 됨을 본다.

따라서 어떤 사람들은 역사교육의 기능을 아예 사실적 진실의 전달에 있기보다는 바람직한 인간성의 함양에 있는 것으로 보며, 남에 대한 지식 그 자체가 목표라기보다는 남에게서 확인되는 인간의 모습을 통한 자기각성, 곧 내가 누구이며 무엇인가를 깨닫게 되는 데 역사를 공부하는 기본 목적이 있다고 본다. 이것은 역사에서 교훈을 얻는다는 의미에서 역사교육에 대한 매우 고전적인 입장의 재확인이라 볼 수 있다. 그러나 그것은 역사적 선례에서 현실정치에 대한 지침을 직접적으로 읽어낸다거나 또는 역사발전의 법칙을 터득한다거나 하는 식의 교훈을 의미하는 것은 아니고, 넓은 의미의 인문교육의 토대로서 역사교육의 기능을 교육하는 것이다.

우리의 역사교육에서 거의 철저히 간과되고 있는 것이 인문교육으로서의 역사교육의 기능이 아닌가 한다. 우리는 모든 것이 다량으로 빨리 생산되어야 하는 매우 성급한 시대와 사회에 살고 있으며, 따라서 지식의 생산이나 습득, 그것을 통한 사회의 변혁도 매우 빠른 속도로 이루어질 것을 기대한다. 기초과학을 무시한 채 생산에 직접 도움이 되는 기술의 습득에만 급급하듯, 사회와 인문교육 분야에서도 우리는 직접 활용될 수 있는 지식의 습득만을 목표로 하고 있는 경우가 대부분이다. 그러나 이런 속에서 간과되는 점이 역사학에서의 진리라는 것은 결코 절대적인 것이 아니며, 또한 역사적 선례를 통해 직접적으로 무엇을 가르친다는 것은 불가능한 사실이다.

가령 1917년의 혁명이 실패로 끝났다고 아무리 가르쳐 본대야 스스로의 체험을 통해 깨닫기 전에는 그 말을 그대로 받아들일 민중이 없으며, 일본의 침략성을 아무리 지적해도 그들 스스로의 깨달음의 시기가 오기까지는 효력이 없다. 역사가 할 수 있는 것은 좋고 싫고, 그리고 간에 집단적 삶을 사는 인간들의 다양한 모습을 있는 그대로 보여줌으로써 삶의 양식의 무한한 가능성에 대한 인식을 높이고, 고통과 기쁨에 대한 감수성의 폭을 넓힘으로써 어느 경우에나 도덕적으로 올바른 선택을 할 수 있는 가능성을 간접적으로 고양시킨다는 이야기이다. 우리가 서양의 고대사를 공부하거나 아프리카의 역사에 관심을 가질 수 있는 것도 그 때문이다.

이것은 역사교육의 타당성을 재는 척도로서의 현재적 관심 또는 타당성 이론과 상반되는 이야기이기도 하다, 곧 우리가 살고 있는 현재와 관계없는 모든 지식은 다 낭비요 반동이라는 관점과는 대립되는 이야기이다. 현재에 대해 관심을 갖는 것은 인간의 본능이다. 그리고 현대사는 분명히 우리가 숨쉬며 호흡하고 있는 오늘의 사회 분위기에까지 이루어져야 한다. 그러나 그 반대편에 대한 관심도 정당화될 근거가 있음이 지적될 필요가 있다. 왜냐하면 경제성장에만 관심을 기울여 온 우리의 위정자들이나 그들을 비판해 온 반체제세력이나 현재의 힘의 관계에만 주의를 집중시켜온 것은 마찬가지이기 때문이다.

현재를 더욱 선명히 보기 위해서도 우리는 현재와 대조되는 시대와 사회의 모습을 알아볼 필요가 있으며, 그곳에서 인간의 역사란 묘하게 되풀이되는 것임을 뜻밖에 확인할 수도 있을 것이다. 현재적 관심을 외면하는 듯한 인문교육이 발휘하는 매우 중요한 기능 가운데 하나는 정신적 공간의 확장이다.

예컨대 인구 5백만밖에 안 되는 핀란드인들은 넓지만 척박한 땅에서 수백 년의 역사를 극복하고 지금은 북구의 신화적 복지국가의 대열에 참여하기 위해 엄청난 세금부담을 안고 있다. 그러나 그들의 국립대학 교수 가운데는 수십 년 동안 고대 인도의 인장만을 수집하여 도감을 내는 이도 있고, 외국에 관련된 석사학위 이상의 모든 논문은 주제가 되는 나라의 말로 써야 된다는 관례를 지키고 있다. 그렇게 하여 그들은 정신적 여유를 가질 수 있는 공간을 확보해 가기 때문에 근대화의 각박한 경쟁속에서도 목가적 소박함과 정직성을 잃지 않는 행운을 누리고 있다.

우리의 역사교육이 얼마나 잘못되어 있는가를 알려면 서점이나 도서관에 가보면 된다. 각 분야마다 우리의 학계는 지난 십여 년 사이 놀라운 발전을 이룩했지만 국사를 제외한 역사학 부분을 보면 한심하기 짝이 없다. 국내 저술이 별로 없는 것은 물론이지만 외국에서 쏟아져 나오는 그 많은 역사학과 관계된 책들은 자취를 찾아볼 수 없다.

전국역사학대회가 열릴 때 전시되는 양서들이란 마르크스주의 계열의 이론들 몇 가지밖에 없으며, 그 어느 곳에서도 넓고 깊게 뻗어나가는 역사적 관심이나 상상력의 흔적은 찾아볼 수 없다. 우리의 정신적 빈곤이 그처럼 적나라하게 느껴질 수가 없다. 역사란 의미도 모르는 사건이나 인물, 이름과 나열에 불과하거나 아니면 인간의 자유의지는 배제된 채 역사법칙이 작용하는 결과인 양 착각하게끔 유도하는 우리 역사교육의 오류가 바로 그러한 정신적 빈곤의 원흉이 아니라면, 적어도 그것을 제거하지 못하는 데 대한 책임은 우리 모두가 나누어 짊어져야 될 것이다.

역사학의 경우처럼 문헌에 크게 의존해야 되는 분야도 없다. 그 때문에 도서관이나 서점의 역사학 부문의 빈곤은 역사교육에 특히 치명적이다. 역사교육이 제대로 되려면 완성된 이야기로서의 역사가 되기 전에 그러한 이야기가 어떻게 만들어지는가를 보여 주는 사료의 집합이 필요한데, 우리의 현실에서는 그것이 거의 불가능하다. 자연과학에서 실험실 없이 교육을 하라는 것이나 마찬가지 이야기이다. 개인의 일기에서 공문서, 신문, 잡지에 이르는 다양한 기록, 박물관에서 예를 볼 수 있는 여러 가지 물증이 모두 토대가 되어 과거에 있었던 일들이 재구성되는 것임을 볼 때, 학생들은 일방적 증거를 토대로 섣부른 결론을 내린다는 것이 타당성이 없음을 깨닫게 되는 것이며, 그러한 과정에서 얻어지는 역사적 사유의 훈련은 지식 그 자체보다도 중요한 것이다.

역사의식 함양을 목적으로 한 역사교육

우리는 흔히 역사교육의 목적이 역사의식의 함양에 있다고 말한다. 그러나 그 역사의식이라는 것이 무엇인가를 말하는 것은 쉽지 않다. 서양인들의 경우 역사의식을 기르는 방법으로 초등학교 6학년 어린이들에게 '역사 만들기' 게임을 시키는 것을 본 일이 있다. 몇 사람씩 패를 짜서 각기 상상의 나라를 하나씩 세우고 그 나라의 역사를 쓰고 살기 좋은 나라임을 선전하라는 과제를 주었다. 한 달 걸리는 이 프로젝트를 받은 첫 며칠 동안 그들은 서로 의논하며 가장 매력적인 모든 조건을 다 갖춘 나라를 상상하더니, 선전자료를 만드는 작업에 들어가면서부터는 나라의 모습이 구체화되고 서로 모순되는 요소들, 가령 준 열대지방에는 스키장이 있을 수 없다든가 하는 사실들이 지적되고 시정되더니 드디어 역사가 만들어졌다.

내가 관찰한 한 패는 '준 열대지방에 섬나라를 세웠는데 개국 신화에 따르면 나는 새가 아기를 하나 떨어뜨린 데서 출발한 이 나라는 본래 농업에 종사하는 촌락공동체들로 이루어졌는데, 백인 선교사들이 오기 시작하면서 공업이 발달하고 촌들을 통합해서 하나의 나라를 세웠으며 드디어 값진 광석을 캐어 팔아 비행장까지 건설하게 되었다'는 이야기였다.

물론 이 모든 것이 가상이었지만 초등학교 어린이들이 지어낸 이 역사에는 자연스런 경제성장 개념, 인종적 단합과 독립의 욕구 등 역사의식이라는 어려운 낱말로 집약되는 개념의 실질적 내용들이 모두 표현되어 있었으며, 역사는 인간적 삶의 구체적 결과로서 발전하는 것이라 함이 분명하게 인식되어 있었다. 교육적으로 가장 중요한 것은, 시험만 보고 나면 머리를 흔들어 애써 암기했던 것을 털어버리고 다음 시험과목에 집중해야 되는 우리 어린이들과는 달리 '역사 만들기' 게임에 같이 참여했던 어린이들은 누구나 그것을 즐거운 추억으로 영원히 간직하고 그때 배운 것을 다시는 놓치지 않을 것이라는 점이었다. 허구의 역사가 오히려 산 역사의식으로 둔갑하지만, 반면에 분명한 사실만을 배웠던 우리 어린이들은 그 사실들을 연결하는 고리를 발견하지 못한 채 놓치고 마는 낭비가 거듭되는 것이 아닌가 생각해 보지 않을 수 없다.

역사교육을 제대로 하기 위해서는 우리가 역사를 가르침으로써 얻고자 하는 효과가 어떤 것이며, 그것을 달성하는 방법이 어떤 것인가를 진지하게 묻는 일부터 시작해야 한다고 믿는다.

역사와 정치의 상관관계
우리 현대사 해석의 문제를 중심으로*

    동양에서나 서양에서나 옛날부터 역사는 인성과 정치교육의 핵심으로 자리잡아 왔다. 역사는 인간과 자연과 사회에 대해 개개인의 직접적 체험을 초월하는 넓고 깊은 이해력과 상상력을 기르는데 가장 훌륭한 지적 도구일 뿐 아니라 기억의 공유는 인간사회를 공동체로 결속시키는데 가장 핵심적인 요인이 되기 때문이다. 역사에 대한 이해는 미래를 규정 짓는 관건이라는 말은 그런 데서 나온다.

    역사에 대한 인식과 학문 분야로서의 역사학의 특성은 시대와 사회 따라 변해왔지만 역사가 지니는 정치적 함의는 이데올로기의 역할이 중요해진 현대에 이르면서 더욱 선명해졌다. 강단사학은 때때로 역사를 정치도구로 이용하려는 경향 때문에 그 존재 자체를 위협받는 지경에 이르기도 했다.

---

* 2008년 9월 9일 충남대학교 강연록

역사의 정치도구화 경향은 공산주의 체제 아래서 특히 심화되었지만 근년에는 우리나라에서도 현대사에 대한 해석을 중심으로 매우 노골적으로 그 모습을 드러내고 있다. 역사가 정치의 시녀로 전락하게 되는 역사적 상황을 반추해봄으로써 역사학이 다시 인간 집단간에 갈등이 아니라 깊은 이해를 통한 화해와 평화를 낳는데 기여한다는 본래의 존재이유에 보다 더 충실하게 되는 길이 무엇인가를 생각해 보고자 한다.

이야기로서의 역사

역사는 본래 지나간 일들에 관한 이야기로 시작되었다. 'Chronicle', 'History', 'Geschichte', 'L'Histoire' 등 역사에 붙여지는 이름들이 그것을 말해 준다. 옛날에는 문자가 소수의 특권이었고, 그것을 터득한 사람들은 대체로 군왕들의 측근이나 수도원에 모여 있었기 때문에 그들이 남긴 기록들에는 전쟁에서 혁혁한 공을 세운 영웅들의 이야기가 주류를 차지하고 다음으로 이상한 풍속이나 천재지변에 관한 이야기들이 섞여 있다. 이야기로 읽히던 역사에는 전설이나 신화와 사실 사이의 구분이 분명하지 않았지만 그것이 그리 문제가 되지 않았다. 역사를 읽는 목적은 호기심을 충족시키거나 아니면 위인들의 업적에서 교훈을 얻는 데 있다고 생각했기 때문이었다.

집단적 기억으로서 역사가 지니는 정치적 함의에 대해 인식이 전혀 없었던 것은 아니었다. 이른바 '콘스탄틴 황제의 기증서'라는 문서를 둘러싼 르네상스 시대의 시비가 가장 대표적 사례였지만 역사적 증거를 조작함으로써 권력의 기반을 강화하려는 유혹은 일찍부터 있었다.

러시아에서도 중세에 이미 러시아의 류릭 왕조가 동로마제국의 왕실과 혈통관계가 있었다는 주장을 뒷받침하기 위한 물증으로 '모노마흐의 모자'라고 불리는 물건을 만들어냈다는 것이 후세에 밝혀졌는가 하면 모스크바 왕실을 중심으로 러시아가 새로운 세력으로 일어서기 시작하던 16세기 중반에는 왕실과 교회가 결탁하여 국가건립 관련 연대기를 대대적으로 재개편하며 모스크바의 왕조는 로마 창건의 전설적 영웅들과 맥이 닿아 있다는 것을 주창하기도 하였다.

역사학자들 사이에서는 역사를 선사시대와 역사시대로 구분하는 것이 오랜 관행이었다. 문자가 생겨 삶에 관한 기록을 남길 수 있게 된 시기와 그 이전 시기의 문명은 질적으로 확연한 차이가 난다는 것이 그러한 구분의 바닥에 깔려 있는 가정이다. 사실 어찌 보면 역사적 기억을 관리하며 그것으로부터 교훈을 얻어내는 능력이야 말로 인간과 다른 동물들을 구분하는 가장 두드러진 차이라고도 볼 수 있다. 그리고 문자로 된 사료가 있을 때 비로소 과거의 삶에 대한 흔적들은 의미 있는 이야기로 엮어질 수가 있다고 믿었다. 문자와 정치제도가 발달한 곳에서는 어디서나 집단적 기억을 보존하고 관리하려는 노력과 제도가 생겼으며 서양의 수도원에서뿐 아니라 고대 동양의 전제국가들에서도 집단적 기억 보존의 책임을 맡고 있는 사관들의 역할은 거의 신성시되었다. 진시황의 분서갱유는 뒤집어 보면 기록이 발휘하는 위력에 대한 가장 확실한 반증이었다고 할 수 있다.

그러나 다른 한편으로 기록사료를 역사의 근간으로 취급하는 관행은 '역사 없는 사람들'이라는 반 역사적 사고의 범주의 발생과 오랜 존속을 가능케 하는 역작용을 수반하기도 하였다. 이야기로서의 역사에 대한 관심은 이처럼 일찍부터 있었지만 실제로 일어난 일로서의 역사와 우리가 알고 있는 역사 사이의 관계가 어떤 것이며 역사의 의미가 무엇인가 하는데 대한 관심, 곧 역사의식이 확산되기 시작한 것은 훨씬 가까운 과거, 19세기 초, 불과 200여 년 전부터의 일이었다.

인쇄술과 항해술의 발달로 지식이 극소수의 독점물이던 시대가 지나갔으며, 정치의 민주화가 진전됨에 따라 역사에 대한 관심도 최고 직위대를 등록시키거나 정치적, 도덕적 교훈을 얻는다는 차원을 훨씬 넘어섰다. 인간의 기본권이라는 보편주의적 이상에 뿌리를 둔 프랑스혁명에 뒤따른 유럽의 정치 질서의 개편은 낭만적 민족주의라는 반작용을 불러 일으켰고 역사에 대한 새로운 차원의 관심이 싹텄다. 이러한 움직임에 앞장선 것은 나폴레옹 군대의 발굽 아래 짓밟혔다가 민족적 재기를 도모해야 했던 독일이었다.

헤르더, 헤겔, 피히테, 그리고 랑케의 이름과 떼어 놓고는 생각할 수 없는 근대 역사학의 시발점은 민족과 민중의 배합이라 볼 수 있는 폴크(Volk)와 그들이 지니고 있는 고유문화에 대한 발견이었다. 왕조가 무너지고 국경선이 변해도 사라지지 않고 힘을 발동하는 집단적 실체가 있음이 감지되었고 역사를 만들어 가는 것은 바로 그 힘이라는 생각이 개진되었다. 헤르더에게는 민족정신(Volkgeist)이, 헤겔에게는 그것을 한층 더 보편적 차원으로 끌어 올린 세계정신(Weltgeist)이, 피히테에게는 독일민족정신이 역사의 원동력이었으며, 역사는 다름 아닌 그러한 정신이 현실의 무대에서 구현되는 과정이었다. 역사 읽기, 또는 역사 연구는 그러한 민족, 또는 국민정신이 국가라는 매개체를 통해서 현실적으로 전개되어 나아가는 과정을 객관적 사료에 근거해서 엄정하게 밝혀내고 설명하는 일이었다.

이야기로서 전해져 오는 역사와 실제로 일어난 일로서의 역사 사이에 발생하는 불일치가 문제가 될 수 있음을 지적하고 엄격한 고증을 거쳐 역사를 써야 한다는 주장은 이미 18세기에 교리 문제를 놓고 분쟁에 휘말렸던 프랑스의 신부들에 의해서도 심각하게 제기되었다. 그러나 역사철학과 역사학이 학문 분야로 기반을 다져가면서 대중적 관심사로 떠오르기 시작한 것은 프랑스혁명 이후 산업화의 진전 과정에서 학문이 분야별로 전문화되는 한편으로 민족주의, 자유주의, 사회주의 등 각종의 이념들이 대중정치에서 역사의 동력으로 위력을 발휘하기 시작하던 19세기 초반부터였다.

학문 분야로서의 역사학의 태두라면 레오폴드 랑케를 꼽는데 이의를 제기하는 사람은 아직도 많지 않다. 역사가의 임무는 사실을 일어난 그대로 재생시키며 설명하는 것이라며 사료에 근거한 철저한 고증을 강조한 그의 가르침은 지금도 여전히 역사학의 정석으로 남아 있다. 역사가의 권위는 사료가 허용하는 범위 내에서만 인정받을 수 있는 것이며 진실된 역사와 역사의 형식을 빈 허구를 가려내는 데는 사료에 의존하는 길밖에 없기 때문이다. 모든 역사적 순간들은 그것 자체로서 신성한 의미를 지닌다는 그의 역사주의 또한 그 이름 자체가 말해 주듯이 그간에 직면했던 여러 가지 도전에도 불구하고 여전히 역사학의 존재이유를 마련해 준다고 볼 수 있다.

하지만 실증적 연구에 대한 랑케의 강조는 독일의 국가적 또는 민족적 실체에 대한 강한 애착과 자긍심에 기초를 둔 주장이었다. 특히 국가 체제나 기록사료에 대한 그의 집착은 비(非)유럽계, 비(非)기독교계의 많은 인종들을 역사의 흐름의 언저리에 존재하는 '역사 없는' 사람들로 치지도외하는 헤겔주의 역사철학의 한계를 넘어설 수 없게 하는 데 일조를 하기도 했다. 실증적 연구의 중요성에 대한 랑케식 강조에 힘 입어 한때 유럽과 영미의 사학계에서는 역사가들이 분업을 통해 공동작업을 하면 인류의 과거에 대해 정사(正史)를 쓸 수 있는 날이 오리라는 천진스런 실증주의적 낙관론이 일기도 했다. 그러나 그것이 유럽중심의 국가주의적 사관의 한 소산이었을 뿐임이 지적되는 데는 그리 많은 시간이 걸리지 않았다.

국가론적 실증주의에 대한 가장 빠르고 심각한 도전은 마르크스주의로부터 왔다. 실증적 연구를 통해 자본의 움직임을 추적한 마르크스는 역사의 동력은 정신의 전개과정이 아니라 생산수단의 변화에서 오는 것이라는 결론을 내림으로써 철학적으로 헤겔의 유심론을 거꾸로 세우는 유물론을 설파했다. 국가가 아니라 계급투쟁이라는 프리즘을 통해 보면 역사는 전혀 다른 그림으로 나타난다는 것을 일깨움으로써 마르크스는 역사적 실증주의가 반드시 정치사 중심의 서술적 역사 또는 기득권 세력 중심의 역사 읽기와 결부되어야 할 필요는 없음을 보여주었다. 마르크스 자신은 유럽중심주의를 극복하지 못했지만 마르크스주의 역사관은 유럽 밖의 지역에서 더욱 큰 위력을 발휘하며 마침내는 역사 자체를 위협하는 괴력을 발휘하기도 할 운명을 타고났던 것이다.

마르크스주의 등장 이후의 세계 역사학의 역사는 정치사 중심의 역사, 유럽 중심의 역사를 보완하고 극복하며 그때까지 역사의 세계 밖으로 밀려나 있었던 여러 사회 집단들과 삶의 영역들을 역사 속에 포함시키며 역사의 주체로 부각시키고자 하는 끊임없는 도정이었다. 역사는 표면에 나타나는 사건이나 변화만이 아니라 장기적 흐름을 가진 사회 문화적 저류를 연구해야 실체를 알 수 있다고 주장한 아날학파, 각 세대, 각 개인은 각기 제 나름대로 역사를 파악할 수밖에 없음을 지적한 미국의 신역사학파, 지성사에 대한 새로운 관심, 사회사와 일상생활의 역사를 강조하며 1970년대와 1980년대 이래 구미의 사학계를 풍미했던 뉴레프트나 페미니스트 역사학 등 각종의 수정주의 학파들은, 심지어는 이슬람 문명권에 대한 새로운 인식을 불어넣어 주면서 탈유럽중심주의 운동을 활성화시킨 에드워드 사이드(Edward W. Said, 1935~2003)의 오리엔탈리즘 이론에 이르기까지도, 모두가 서로 다른 강조점을 가지고 역사학의 발전에 기여했다. 크게 보면 그러한 학파들은 모두 역사학이라는 실증주의의 토대 위에 서있는 학문 분야에 시대 변화에 걸맞는 새로운 바람을 불어넣어 줌으로써 이미 일어난 일로서의 역사와 우리가 읽어내는 역사 텍스트 사이에 간격을 좁혀주는 데 크게 기여하는, 말하자면, '찻잔 속의 폭풍'이었다고 볼 수 있다. 수정주의의 도전을 계속 받음으로써 강단사학은 그만큼 더 탄력 있는 매력적 학문 분야가 되어가는 것이었다. 역사학에 대한 보다 더 심각한 위협은 역사의 위력을 인정할 줄 모르는 역사학계 밖으로부터 오는 것이었다.

역사학이 직면한 여러 도전들

역사학에 대한 가장 심각한 도전은 역사의 정치 도구화와 합리주의적 사고나 의사소통의 가능성에 대한 포스트모더니즘의 회의적 시각이었다. 역사의 정치도구화는 혁명적 공산주의와 특히 긴밀하게 연계된 현상이었다. 역사를 쓰고 읽는 것은 역사를 기억하며 역사로부터 교훈을 얻기 위해서가 아니라 역사를 바꾸기 위해서라는 생각은 혁명적 마르크스주의자들이 일찍부터 천명하던 입장이었다. 그리고 역사에 대한 그러한 공공연한 반란이 역사의 극복보다는 보복을 가져오는 사례는 반(反)러시아 혁명을 통해 반(反)역사주의적 혁명세력이 권력을 장악한 직후부터 나타나기 시작했다.

레닌과 함께 러시아혁명 주체의 한 사람이었던 트로츠키는 역사를 바꾸겠다는 목적으로 『러시아혁명사』를 썼지만 레닌의 후계자가 되려는 경쟁에서 물러나게 되어 버렸다. 트로츠키의 존재에 대한 부정은 공산주의 소련이나 그 영향 아래 있던 사회에서 역사가 정치적 목적으로 심하게 왜곡되던 가장 극적인 사례였을 뿐 예외적인 일이 아니었다. 역사학자들의 실증적 작업은 정치적으로 빛을 발하지 못하는 물밑에서 겨우 맥을 이어갈 수 있었다.

스탈린의 사망 후, 특히 고르바초프의 페레스트로이카가 시작된 후부터 역사에서 삭제당했던 인물들이 점차 이름과 명예를 회복했지만 역사적 진실에 대한 그러한 공공연하고 장기화된 부정의 음모는 결국 거대한 역사의 보복으로 귀결되었다. 결국 역사를 날조하려 했던 체제가 붕괴되었을 뿐 아니라 70년이라는 긴 역사적 시간을 낭비한 데서 오는 현실적 고통으로 나타나고야 말았다. 엄청난 자원을 보유한 세계 최대강국으로 믿었던 나라가 실제로는 세계 최빈국 중 하나로 전락해 있었음을 직면하게 된 것이었다.

  소련의 공산주의 체제가 붕괴되자 러시아에서는 역사교육이 일 년 가까이 중단되어야 하는 상황이 빚어졌다. 교과서를 모두 새로 써야 되었기 때문이다. '현재의 역사는 과거의 정치'라는 옛날의 상식이 '과거의 역사는 현재의 정치'라는 말로 대치되어야 한다는 농담 아닌 농담이 나온 것이 무리가 아니었다. '역사는 현재와 과거 사이의 끊임없는 대화'라는 E.H. 카의 유명한 표현은 어떤 경우에는 진실로 받아들여질 수 있지만 그 대화가 과연 어떤 식의 대화냐, 곧 과거와 현재 간에 진지하고 자유로운 열린 대화냐, 아니면 과거의 권위나 또는 현재의 권력 어느 한 쪽이 다른 쪽을 압도해 버리는 불평등한 관계인가가 문제되는 것이다. 제정 러시아나 히틀러의 독일에서처럼 역사의 족쇄에 발이 묶여 정치가 앞으로 나가지 못해도 큰 일이 일어나지만 정치 권력의 힘으로 역사의 자연스런 흐름을 거스를 수 있다는 오만과 환상에 사로 잡힌다면 인간이 치러야하는 대가는 너무도 엄청난 것임을 20세기의 역사, 특히 경제적 후진국들에서 지지 기반을 쉽게 확보하는 혁명적 사회주의의 역사는 생생하게 보여주고 있다.

역사와 정치와의 관계는 권력의 횡포로부터 오는 위협같이 선명한 형태로만 나타나는 것이 아니다. 전후 독일인에서나 일본에서 오랫동안 세계제2차대전 전과 그 전쟁 중에 저지른 끔찍한 일들에 대한 책임을 회피하기 위해 역사를 전적으로 외면하고자 했던 정치권뿐 아니라 시민사회의 전반에 걸친 자기부정적 반응을 생각할 수 있다. 그것은 정치권력의 적극적 개입으로 이루어지는 역사왜곡보다도 어느 면에서는 더욱 극복하기가 어려운 사회심리적 저항이라 볼 수 있다. 독일은 유태인들에 대한 죄과를 인정하고 사죄하는 성숙성을 보였지만 아직도 그 일이 국민 대다수의 지지 속에 이루어졌다는 사실을 의식 속에 각인시키는 일은 역사학자들의 숙제로 남아 있고, 일본의 경우는 그 수준에까지도 이르지 못하고 있음을 우리는 알고 있다

역사학에 대한 또 다른 큰 도전은 토마스 쿤의 『과학혁명의 구조』가 발표됨과 동시에 시작된 포스모더니즘으로부터 왔다. 역사가들이 사료에 대한 고증을 통해 읽어내는 이야기가 과연 객관적 실체가 있는 것인가, 아니면 문학의 다른 텍스트들이나 마찬가지로 필자와 독자의 의식의 상호작용으로 내용이 결정되는 또 하나의 텍스트일 뿐인가 하는 질문이었다. 허구(fiction)와 사실(non—fiction) 사이의 구분이 없다면 역사란 시간을 축으로 하는 이야기일 따름이지 다른 어떤 특별한 존재이유를 찾기 어렵게 되는 것이다.

문자와 지식이 소수에게 독점되어 있던 상황에서는 그들 서로 간에 소통과 점검과 견제를 거치며 지식 엘리트가 여론을 선도해 나가는 것이 가능했다. 그러나 오늘날처럼 너나 모두가 다 작가인 동시에 독자이

며 하나의 기발한 생각이나 정보가 그 진위에 상관없이 순식간에 전 세계로 퍼져 나가며 거대한 돌풍을 유발하거나 거대 시장에 영향을 미침으로써 수백만의 삶을 담보로 잡을 수 있는 인터넷 시대에는 역사라는 것이 과연 우리를 정신적으로 지탱해줄 수 있는 뿌리를 가진 객관적 실체인가 아니면 우리를 몽상의 세계로 빠져들게 할 수 있는 과열된 의식과 상상의 유희일 뿐인가 하는 것은 절박한 실존의 문제가 아닐 수 없다. 특히 역사의 객관적 실체에 대한 회의와 부정이 역사를 정치도구화하려는 권력의 야욕과 맞물릴 경우 그것이 발휘하는 파괴적 힘은 감당하기 어려운 것이 될 것이 틀림없다.

문학과 언어사회학 쪽의 역사학에 대한 도전은 일어난 일로의 역사와 재생되는 역사 텍스트 사이에는 큰 간격이 벌어질 수밖에 없음을 솔직히 상기시키고 그것이 가지는 정치적 함의가 어떤 것인가에 대한 질문을 던졌다는 의미에서는 역사학에 전화위복의 효과를 미쳤다고도 할 수 있다. 역사가들이 활용할 수 있는 선택의 여지가 그만큼 크다는 것에 대한 공공연한 인정이고 사명감의 고취라고도 볼 수 있기 때문이다.

그러나 역사적 실체에 대한 부정적 시각을 극복하고 역사학이 다시 그 존재이유를 증명하기 위해서는 사료를 무시할 것이 아니라 사료에 대한 보다 포괄적이며 철저한 검증과 사료 선택에 관한 기준의 타당성을 인정받는 것이 아닌가 한다. 사료에 근거하지 않은 역사란 있을 수 없다. 역사가에게 시각 또는 해석상의 선택의 여지가 생기는 것은 사료가 허용하는 범위 내에서 일 뿐이다. 역사가가 던지는 질문과 사료 선택에 적용하는 기준이 타당성을 갖지 못하는 것이라면 그가 읽어내는 역사는 하찮은 일화들로 끝나거나 아니면 거대한 환상이나 분쟁을 조성하는 해로운 결과를 초래할 수도 있을 것이다.

우리 현대사의 문제

정치적으로 안정된 사회에서도 역사와 역사학의 관계는 시대와 상황에 따라 계속 변화해왔고 때로는 그 변화를 자아내는 파고가 역사를 학문의 테두리 밖으로 밀어낼 정도로 높고 역사에 대한 해석을 지극히 편향된 방향으로 이끌어 간다는 것은 이제 인정하지 않을 수 없는 사실이다. 그리고 역사를 잘못 읽거나 무시할 경우, 그 보복이 만만치 않다는 생각에도 수긍이 갈 만큼 우리는 그에 대한 역사적 체험도 충분히 축적했다. 그렇다면 역사를 바라보는 지금 우리의 시각은 어떤가? 우리는 얼마나 정확하고 심층적이며 다방면으로 우리 자신들의 역사를 읽어내고 있으며 남들의 역사와 관계해서 우리의 역사를 위치시킬 줄 아는가? 불행히도 이에 대한 나의 대답은 아직도 그리 낙관적이지는 않다.

학문으로 볼 때, 우리 현대 역사학은 일제로부터 민족 해방과 독립을 되찾겠다는 각오 속에서 태동했다. 그러나 학문적 방법론에서는 랑케의 실증주의 사학의 영향 아래 있었던 일본 역사학의 영향을 많이 받지 않을 수 없었다. 민족주의 사학, 마르크스주의 사학, 관변 사학 세 갈래로 나뉘며 형성되었던 사학계는 광복 이후 '식민사관의 극복'이라는 민족적 과제를 공동으로 떠안으면서 다시 실증주의학파라고 불리는 우익과 경제사학파라고 불리우던 마르크스주의 계열로 나뉘었다.

　일제시대에 우리에게 학문의 자유가 없었던 것은 물론이지만 광복 이후로도 분단과 6·25전쟁으로 이념적 대립이 참예해지고 반공이 국시가 되다시피 하여 언론과 학문의 자유가 심하게 제한되던 상황에서는 진정한 의미의 역사학적 토론이나 논쟁이 이루어질 수가 없었다. 강단에 자리 잡은 사학자들은 대체로 현대사의 문제는 후속 세대의 과제로 미루면서 세기를 거슬러 올라가 우리 문화의 뿌리를 찾는 일에 정력을 쏟았고 일제 시대나 해방전후사는 학문적 공백 상태로 방치되었다. 학문적으로 방치되었던 그 분야가 극도로 정치화된 것은 당연한 귀결이었다.

　현대사의 경우 정치적 위험 부담 이외에도 정치적으로 민감한 사안에 관한 사료의 접근이 어느 나라에서나 법적으로 제한되어 있다. 더구나 경제발전에 성공하기 전 최근까지도 매우 열악했던 우리의 학문적 여건으로 볼 때 외국에 있는 자료들을 구해 보기는 더욱 어려웠다는 사실도 현대사 분야가 학문적으로 성숙해 가는데 큰 장애로 작용했다.

　1948년 건국 이래 2000년 남북정상회담이 열리기 전까지만 해도 중고등학교나 대학에서 교재로 사용되던 국사책들은 대체로 반공친미적 시각에서 쓴 것들이었다. 그러나 1972년 여름 '한국적 민주주의'라는 구호로 상징되는 유신정책이 선포된 후부터는 교과서나 교과과정에도 미국을 어느 정도 비판적으로 보며 반공적 민족주의를 고취시키려는 정치적 의도가 투영되기 시작했다. 경제발전의 업적에 대한 강조가 종래의 역사적 내용을 많이 대치하고 외국 역사와 문화에 관한 교과목들이 대폭 축소된 것도 그때부터였다. 이데올로기로서 반공이 강조되었지만 북한과 소련을 포함한 공산권 나라들에 대한 정보와 지식은 거의 배제되다시피 한 것도 유신시대 교육 프로그램의 특징이었고 해외 여행의 기회도 개개인의 경제적 능력에 상관없이 법적으로 제한되었다.

  정확한 지식과 정보에 대한 인간과 사회의 자연스런 욕구를 힘으로 제압하려던 이런 식의 우매한 반공적 국가주의 정책은 심각한 역작용을 낳지 않을 수 없었다. 우리 사회에서 마르크스주의나 러시아혁명에 관한 호의적 관심은 일제시대에 이미 태동했으나 일제시대에도 그 후로도 그 관심을 정상적으로 충족시킬 수 있는 길은 남한에서도 북한에서도 열려 있지 않았다. 분단과 6·25전쟁으로 체험적 반공주의자들이 많이 생겼으나 반면에 남한에도 자생적 공산주의자들이 상당수 발생했다. 반공 군사정권의 삼엄한 경계 아래서 반대한민국적 친공 세력은 표면에서 활동할 수는 없었으나 이데올로기 투쟁이 지하교육의 영역으로 파고 들어가는 것을 막을 길은 없었다. 금서목록을 만들고 그것조차 금서로 분류하는 식의 몽매적 방법으로 지식과 정보를 통제하면 할수록 금지된 것에 대한 향수와 맹목적 신뢰가 강해졌고, 그러한 상황은 대한민국에 해를 끼치려는 의도를 가진 세력들에게 오히려 유리하게 작용했다.

  1970년대와 1980년대 우리 젊은 지식인들은 대학의 공식 교과 과정과 지하의 운동권이 마련하는 교과과정 사이를 오고 가야 했다. 특히 1980년 5월 광주가 유혈 사태로 마감되고 그에 관한 정보를 억지로 차단하려 했던 시도가 실패한 후로 군사독재체제에 대한 반감과 그 동안

까지 민주화 세력 편에 서 있다고 믿었던 미국에 대한 배신감이 때마침 서구 사회를 휩쓸고 있던 수정주의 물결과 맞물리면서 우리 역사를 보는 우리의 시각이 완전히 뒤집히는 현상이 폭넓게 대학사회를 휩쓸었다. 공산권 나라들뿐 아니라 서구의 선진사회나 제3세계에 관해서도 충분한 배경 지식과 현실감 있는 정보의 축적이 없던 상태였기 때문에 문화대혁명기의 중공과 스탈린 시대의 소련까지도 무책임하게 미화하는 책들이 그런 나라들의 현실에 대해서는 백지상태이면서도 우리 앞의 개발독재 체제의 부정적 측면에 대해서는 비판적일 수밖에 없었던 젊은 세대의 마음을 쉽게 사로잡았다. 법적으로 아직도 접근 금지구역이었던 공산권에서 나오는 자료들이면 그것들이 실제로는 공산주의 종주국인 소련에서조차 오래 전에 폐기 처분된 정파투쟁용 정치선전물이라는 사실에도 상관없이 무조건 성전처럼 받아들여지는 지적 자해행위가 상당히 오랜 기간 지속되었다.

소련 체제가 이미 붕괴 직전에 이르렀을 때 우리 대학의 운동권에서는 김일성을 신봉하는 주사파가 득세를 했고, 유럽에서는 공산권의 붕괴로 냉전이 종식되었음에도 불구하고 역으로 우리나라에서는 특히 2000년 남북정상회담 이후로는 북한의 사이비 공산주의 체제에 대한 비판이 냉전적 사고의 발로라고 지탄받는 기이한 현상이 벌어졌다. 특히 남북간 화해 무드의 조성이 정치적 유행으로 떠오르면서 수정주의 시각을 가지지 않은 사람들은 출판사도 구하기 어렵고 학계에 발을 붙이기 어려운 분위기가 현대 한국사 분야를 중심으로 학계를 휩쓸기도 했다.

이런 과정에서 가장 큰 희생물이 된 것이 역사학과 역사교육이었다. 시대적 요구에 맞게 그때 그때 열린 분위기에서 진지한 지적 검증과 토론을 거칠 수 없게 만든 정치권력의 횡포 덕분에 역사학은 또 다시, 그러나 이번에는 반대편에서 불어 닥치는 인기영합주의 태풍과 씨름해야 하는 상황에 직면하게 된 것이며 의지할 만큼 뿌리가 깊은 역사의 나무를 찾는 일은 그만큼 다급해진 것이다.

평화와 화해를 위한 역사와 그 반대

우리 현대사에 대한 인식의 왜곡이 얼마나 심각한가는 이번에 대한민국 건국 60주년을 거치면서 매우 선명하게 드러났다. 1948년 8월 15일에 대한민국을 선포함으로써 우리 민족 역사상 최초의 민주공화국 정부가 수립되었고, 우리가 국권을 상실한지 38년 만에 다시 주권국가로 국제사회에서 우뚝섰음은 우리 국민뿐 아니라 전 세계가 알고 있는 역사적 사실이다. 1945년 우리는 일제 식민지 통치에서 해방이 되었지만 일본을 패배시킨 미군정과 소련 군정 치하에서 살게 되었지 우리의 운명을 우리의 뜻대로 결정지을 수 있는 주권을 가진 독립국가가 된 것은 아니었다.

국민이 자기 나라의 생일을, 그것도 동양적으로 특히 의미가 깊은 60회 생일을 축하한다는 것은 개인의 생일을 축하하는 일 못지 않게, 아니 그보다도 더 당연한 일이 아닐 수 없다. 나라의 주권을 되찾아 독립국가로 다시 출범하여 오늘날 그 혜택을 우리가 누릴 수 있게 해주기 위해 모든 것을 희생하며 독립투쟁을 해 온 모든 선열들에게 감사하며 그분들의 고매한 뜻을 받들어 앞으로 더욱 발전해 나갈 것을 다짐하는 자리가 되어야 하는 것이다. 그럼에도 불구하고 2008년 8월 15일 우리 대한민국에서는 60주년 기념행사에 참석하기를 야당 지도자라는 사람들이 공공연하게 거부하고, 건국 60주년 행사를 반대하는 헌법소원까지 내면서 건국회가 주동이 되어 서울 상암 월드컵경기장에서 열리기로 기획되었던 국민대축제가 광복회의 방해로 무산되는 불상사까지 일어났다. 국가건설을 통한 자주독립이 없이도 과연 일제로부터의 해방만으로 광복의 의미가 제대로 살 수 있는지, 임시정부의 법통을 이어받는 대한민국 건국을 기리는 일이 어떻게 임시정부 구성원들이나 그 밖의 독립운동에 헌신한 분들에 대한 모독이 된다는 것인지 상식으로는 납득 가지 않는 일들이 벌어지고 있다.

우리 대한민국 국민의 입장에서 볼 때, 1948년 대한민국 탄생의 기쁨이 반감될 수밖에 없었던 것은 소련과 국내 공산주의자들의 반대로 국회의원 선거가 38선 이북에서는 치러질 수가 없었고, 따라서 대한민국 헌법의 효력이 북한에까지는 미칠 수가 없었다는 점이었다. 분단이 불가항력적으로 고착되어버린 상황에서 우리는 남한만이라도 하루 속히 미군정으로부터도 독립하고 스탈린주의 체제로 흡수될 위험도 방지하면서 이미 소련의 영향권으로 함몰되어 버린 북한과 다시 통합하는 과제는 다음 기회로 미루자는 것이 대한민국 건국을 서두른 지도자들의 인식이었다.

역사학의 본령은 일어났던 일들을 그대로 서술하고 그에 대한 설명을 제공하는 일이다. 그렇게 해서 마련되는 지식체계가 현실을 살아가는 사람들에게 참고와 교훈이 될 수 있고, 그러기를 바라지만 미래를 예언하는 것은 역사의 몫이 아니다. 더구나 역사를 조작함으로써 역사의 방향을 틀거나 변화의 속도에 박차를 가할 수 있다고 생각하는 것은 망상이며 언젠가 역사의 보복을 초래하는 일이다. 그러나 불행히도 현대사 해석을 둘러싸고 지금까지 벌어져온 싸움은 역사학적 논쟁이라기보다는 정치선전에 더 가깝다는 것을 인정하지 않을 수 없다.

  일제시대 우리 지식인들 사이에서는 마르크스주의가 매우 매혹적인 이데올로기로 다가왔고 독립투사 가운데에는 일제의 압박에서 벗어나는 데 소련의 도움을 받을 수 있다는 기대를 걸었던 사람들이 많이 있었다. 그리고 해방 후 남한에 친공적 의식구조를 가진 세력의 뿌리가 깊었기 때문에 대한민국 건립에 반대하는 세력이 만만치 않았고 그 때문에 처음부터 반대세력을 속에 품고 탄생했던 대한민국은 자유민주주의를 표방하면서도 언론과 결사 집회의 자유를 제약하지 않을 수 없는 자가당착 속에서 살아남아야 했다.

  스탈린주의의 실체가 본격적으로 드러난 것은 러시아에서도 1956년 이후부터였다. 세계제2차대전 직후 최악으로 치닫고 있던 스탈린 체제 아래서 정보통제와 선전기술은 최고로 발달되어 있었기 때문에 우리의 애국청년 지식인들이 마르크스—레닌주의 이론에 매혹되어 공산주의 국가의 건립을 지지했던 것은 충분히 이해할 만한 이야기다. 그러나 60년이 지난 지금 스탈린주의의 실상이 드러나고 소련과 북한의 관계에 관해서도 스탈린 자신이 서명한 문건들이 다 공개될 정도로 실상이 밝혀진 마당에서는 그 시대를 보는 시각이 같을 수가 없다. 아직까지도 당시 대한민국이 여러 가지 난관에도 불구하고 반공국가로 출범하여 살아남았다는 사실이 얼마나 다행스럽고 고마운 일이었는가를 인정하지 못한다면 그것은 이미 학술적 논쟁의 범위를 벗어나 있는 정치적, 심리적 강박관념의 문제라고 보지 않을 수 없다. 마르크스주의에 대한 매혹 때문에 북한으로 넘어갔던 지식인들이 어떤 비극적 종말을 맞았는가도 이미 대개 드러난 사실이며 그 대표적 사례가 박헌영이었음도 이미 잘 알려진 사실이다.

역사를 제대로 읽어냄으로써 우리가 할 수 있는 가장 중요한 일은 과거를 반성할 수 있는 기회를 가짐으로써 현재를 살아가는 데 필요한 가장 적절한 지침을 얻고 역사적 잘못을 다시 되풀이하지 않도록 하는 일이다.

그런 의미에서 역사를 보는 시각의 변화는 역사의 주체이면서도 역사적 고려에 포함되지 못했던 대상들을 계속 발굴해냄으로써 일어난 일로서의 역사와 읽어낸 역사 간의 간격을 좁히려는 끊임없는 노력의 표현이다. 그리고 연구 대상의 확대는 양적으로뿐 아니라 질적으로도 이루어진다. 표피적 사건의 서술에서 사회 경제적 흐름에 대한 분석, 일상생활에서 반영되는 심리적 심층 구조에 대한 탐색에 이르기까지 역사의 영역은 끊임없이 확대되고 심화되어 왔다.

역사의 영역의 확대와 심화가 내포하는 한 가지 위험성은 그것이 자칫하면 역사의 큰 흐름과 그것이 내포하는 정치적 의미를 희석시킬 수 있다는 점이다. 문화상대주의의 위험도 거기에 있다. 역사에 대한 관심이 한 편으로는 민족주의, 종교적 근본주의, 또는 계급 투쟁이론 같은 이데올로기의 포로가 되는 것을 막는 한편으로 의미 없는 사소함에 함몰되는 것을 막는 것이 필요하다.

이런 견지에서 볼 때 지난 1980년대부터 우리 국사학계를 풍미해온 수정주의 물결과 최근 몇 년 사이 정부의 지원 아래 추진되어온 이른바 '역사 청산 작업'들은 역사의 밖으로 밀려나 있던 주체들의 권리를 회복시켜 준다는 의미에서 전 세계적으로 일고 있는 포스트모더니즘 추세나 탈서구중심주의와 맥을 같이 하는 것으로서 환영할 만한 현상이었다. 정치적인 각도에서 볼 때에도 공산주의 계열의 독립운동가들이나 반공 정치의 억울한 희생자들처럼 목소리를 잃고 억울하게 살아야 했던 사람들의 원을 풀어주는 일은 국민적 통합을 위해 반드시 거쳐 가야 할 수순이었고 그것은 역사적 진실 구명과 불가분의 관계를 갖는 일이다.

그러나 불행히도 지금까지 나온 결과로 볼 때 막대한 국가 예산을 투입해가며 추진해온 역사 청산 사업들은 사회적 갈등을 해소하는데 기여하고 그 일에 역사학이 적극적으로 기여할 수 있는 기회를 주었다고 보기는 어렵다. 민족간 화해나 통일이라는 추상적 구호 아래 역사적 진실규명이 지극히 부실하고 편파적으로 이루어지며 역사학이 정치의 시녀 노릇을 함으로써 그 일이 민족적 화해에 기여하기에 앞서 국민간 갈등을 조성하며 학문으로서 역사학이 설 자리를 오히려 축소해 버렸다고까지 말할 수 있지 않은가 한다.

통일지상주의자들의 출발점과 종착점은 민족주의다. 일본에게 국권을 빼앗겼던 우리가 민족을 외쳤던 것은 당연하고 냉전의 희생물이 되어 민족과 국토 분단을 감수해야 했던 우리는 그 분단과 전쟁 때문에 엄청난 비극을 겪은 것이 틀림없는 사실이다. 그러나 분단이 비극의 원인이었기 때문에 분단만 극복하면 만사가 해결되리라는 기대는 반역사적 망상일 뿐이다.

역사는 흐르는 물과 같아서 한 번 흘러간 것을 다시 담을 수는 없으며 남북한 간 통일을 한다면 그것은 60년간 서로가 다른 경로로 발전해 온 두 정치체제를 새롭게 결합시킨다는 관점에서 접근해야지 '재통일'이라는 복고적 발상에 따라 추진될 수 있는 일은 아니다. 그 일에서 역사가들의 몫은 두 체제가 어떻게 서로 영향을 미치며 다르게 발전해 왔는가를 밝혀냄으로써 보다 현실감 있게 미래를 설계하는데 도움이 되게 하는 일이다.

역사가의 임무는 고객의 입장에서 행위를 설명하고 변호하는 변호인 역할을 함으로서 인간과 인간 간, 집단과 집단 간에 상호 이해와 용서를 통한 화해와 통합의 가능성을 열어주는 것이지 재판관이 되는 것이 아니다. 서로 갈등을 빚고 있는 나라들 또는 종교집단들 간 서로가 용인할 수 있는 공통된 역사책을 만들어 가는 과정에서 '화해와 평화를 위한 협상으로서의 역사'라는 움직임이 탄생했음을 우리는 주목할 필요가 있다. 서로가 다 같이 인정하지 않을 수 없는 도덕적, 정치적 규범에 합의를 하고 그것을 바탕으로 하여 사료 검증 공동작업을 통해 규명된 사실들을 평가함으로써 서로가 받아들일 수 있는 역사를 쓴다는 이야기다.

그것은 분쟁이 끝이지 않는 지역들에서 궁여지책으로 나온 실용적 대안이었지만 어찌 보면 그것은 전혀 새로운 것이 아니기도 하다. 왜냐하면 역사를 알려고 하는 본래 목적이 직접적 체험의 좁은 테두리를 넘어서서 변화무쌍한 인간사를 넓고 깊은 안목으로 이해하는 능력을 기름으로써 남들과 화해와 평화적 관계를 이루며 사는 동시에 자기 자신도 일정한 거리를 두고 관조할 수 있는 여유를 갖자는 데 있기 때문이다.

역사가 우리에게 보여주는 것은 모든 진실이나 지식은 역사적 맥락 속에 위치시킬 때만 의미를 갖는다는 사실이다. 그래서 역사가의 역할은 검사나 판사보다 변호사에 가까워야 한다는 말이 나오는 것이고 그것이 화해와 평화를 위한 역사를 만들어내는 데 더 크게 공헌하는 길이 되는 것이다. 그러나 변호사 역할을 충실히 하기 위해서도 무지와 허위와 위선에 대해 역사적 진리를 수호하는 일에는 용감한 투사가 되지 않으면 안 되는 것이 또한 역사가의 몫이다. 관용과 위선, 관용과 허위 또는 무지는 명백히 구분되어야 한다. 관용의 최대 적이 위선이기 때문이다.

우리 대한민국은 건국 60주년을 기쁨 속에서 맞이하지는 못한 듯하다. 하지만 우리가 몸담고 살고 있는 나라, 때로는 자랑스럽고 고마우며 때로는 우리를 화나고 침통하게 만드는 하나 밖에 없는 우리 조국이 60번째 돌을 맞는 데도 우리가 무관심하고 냉담했다면 우리가 과연 이 나라 국민으로 앞으로도 번영을 누릴 자격이 있는 것인지 의심스럽지 않을 수 없다. 아직도 우리 대한민국의 역사는 정치논쟁의 도마에 올라 있을 뿐 학문적 조명의 대상이 제대로 되고 있지 못한 실정이다. 북한의 김일성에 관한 논문이 수백 편인데 비해 건국대통령 이승만에 관해서는 겨우 수십 편에 불과한 것이 우리 사학계의 서글픈 실상이다.

이 나라가 어떤 노력으로 어떤 어려움 속에서 만들어진 나라인가에 대한 이해 부족 때문에 나라에 대한 애정도 자기 자신에 대한 정체의식도 부족한 것이 아닌지 화해와 평화를 만드는 도구로서 역사에 관심 가진 사람이라면 누구나 반성해 볼 만한 일이 아닌가 싶다.

지식인과 역사의식

동영상 〈백년전쟁〉의 폐해*

    2012년 대통령 선거 약 한 달 전부터 지금까지 〈백년전쟁〉이라는 동영상이 유튜브를 타고 수백만의 조회수를 기록하고 있다. 이승만, 박정희 대통령 등 대한민국을 만든 사람들을 친일 반민족 세력으로 매도하며 그 반대 편에 김구, 여운형, 장준하 선생 등을 세우는 내용은 학문적으로 볼 때 상대할 가치가 없을 정도로 조악한 것이다. 그러나 그것이 가지는 정치적 함의는 무시할 수 없는 중대한 것이다. 역사교육이 실패했으며 왜곡된 역사를 정치적 도구로 이용하는 옛 공산권의 행태와 기술이 대한민국의 안보를 위협하는 수준으로 성과를 거두고 있다는 증거다.

    역사를 정치도구로 이용하는 관행은 오랜 역사를 지니고 있다. 마르크스주의가 역사철학에 기초한 '과학적' 혁명이론임을 내세운 이념인

---

* 아산정책연구원 이사장 재임시(2011~2013년)의 강연 원고

것은 물론 스탈린 시대에 이르면 역사적 사실의 조작은 체제 유지와 전파에 중요한 도구가 되었다. 우리의 굴곡된 현대사 과정이 그런 선동선전이 잘 받아들여질 수 있는 토양을 제공하기도 했다.

해방 당시 한반도에는 공산주의 소련의 현실은 모르며 선전에 현혹된 이상주의자들이 많았으며 그에 소련의 힘이 더해지면서 한반도는 소련의 공산주의 위성국가가 될 가능성이 매우 높았다. 대한민국은 처음부터 건국에 반대하는 세력을 한편으로는 물리치고 한편으로는 안에 품은 채 태어난 민주공화국이었지만 그 헌법의 효력은 소련이 점령하고 있던 38선 이북까지는 미칠 수가 없었다.

대한민국은 자유민주주의의 기본가치를 이념으로 하는 독립국가로 수립되어 유엔의 공인을 받은 한반도 유일의 합법적 국가였다. 하지만 태생에서부터 공산권의 집요한 대내외적 파괴 공작에 직면해 있었기 때문에 정치적 자유를 무한으로 허용할 수는 없었고 그것은 바로 자유민주주의적 기본가치를 훼손시키게 되는 악순환을 안고 살아야 함을 의미했다.

통일을 빙자한 김일성의 계산된 침략으로 시작된 6·25전쟁은 남북한 관계를 정치적 결단으로 극복될 수도 있었을 일시적 분단에서 동족상잔도 불사하는 원수지간으로 고착시키는 거대한 재앙이었으며 그 후유증을 동서로 분단은 되었을망정 평화적 관계를 유지해온 독일과 대조적으로 우리는 지금도 앓고 있다.

1953년 휴전 이후 지금까지의 우리 역사는 어찌 보면 바로 6·25의 파괴적 유산을 극복하기 위한 노력이었다고도 볼 수 있다. 그 맥락에서 이른바 반공독재, 군사독재 대 민주화 투쟁 세력 사이의 대치관계도 설명할 수 있고 독재에 틀림없이 기식하게 되는 부패와 그에 대한 서민층의 반발과 문화권력의 반체제적 기질 고착도 설명될 수 있다.

1961년부터 1987년까지 '군사독재시대'라고 불리는 기간 동안 역사의 큰 흐름은 강력한 국가권력의 통제 아래서 경제가 안정되고 발전하는 추세였으나 정치적으로는 체제와 반체제간의 끊임없는 대치 관계 속에서 사회통합이 이루어지는 대신 상처가 내면화되는 과정이기도 했다. 반대한민국적 세력이 지하의 운동권조직을 통해 대한민국의 교육과 문화의 영역으로 깊이 침투해 들어가는 절호의 시기이기도 했다. 지하에서 움직여야 하는 어려움 때문에 4·19의거에 뿌리를 둔 민주화 세력의 후속 세대 안에는 대한민국을 보다 더 정의롭고 자유로운 자유민주주의 국가로 만들기 위해 불의를 저지르는 정권에 항거해야 한다는 대한민국 애국세력과 국가보존과 발전보다 통일의 중요성을 내세우는 친북, 종북 세력이 혼재하게 되었다. 특히 유신체제 선포 이후 대학가에서 데모가 일상화되면서 대학은 학문의 전당으로서 기능이 약화되고 정치의 소용돌이 속으로 휘말리게 되고 대학뿐 아니라 한국 사회 전체가 심각한 지적 결손을 떠안게 되는 불행한 현상이 빚어졌다. 감정적으로 솔깃하면 거짓이 진실로 통할 수 있는 위험한 지적, 도덕적 불감지대가 조성된 것이다.

정부 당국은 매우 맹목적으로 고안된 반공교육 정책을 무리하게 추진하고 비판세력은 일제시대 때부터 전수해온 낡은 마르크스—레닌주의의 이념적 틀을 운동권 교재를 통해서 무비판적으로 흡입하는 과정에서 양쪽의 대치세력이 공동분모로 받아들인 것이 배타적 민족주의적 정서였다. 반일은 묘하게 반미로 연결되었고 소련이나 중공이 우리 역사에 미친 부정적 역할, 특히 분단을 고착시키는 데 대해서는 침묵하는 관행이 학계나 사회 전체에 자리잡았다. 공산주의를 배격해야 되는 이유가 무엇인가도 설명하지 못하며 시대착오적 금서목록에나 의존하는 식으로 우매하게 추진된 반공교육과 이른바 군사정부가 하는 일이면 무조건 나쁜 것으로 보는 비판적 지식인들 사이에 점점 깊어지는 불화의 틈을 타고 파고 든 것이 공산주의 선전물이었다. 특히 1980년 광주의 민주화 운동이 유혈극으로 마감된 뒤로는 격앙된 분위기를 타고 지식인 사회를 깊게 파고든 것이 구 공산주의 소련과 북한의 역사해석 틀이었다.

　1956년부터 스탈린 비판 운동이 소련에서 일기 시작하면서 소련에서조차 지나치게 왜곡된 내용 때문에 1959년에 대거 폐기된 스탈린 시대 간행물 일부가 우리 운동권 교재로 쓰이기도 했다. 그 때문에 공산주의 본산이던 소련에서 체제가 흔들리면서 체제 개조, 곧 페레스트로이카 구호가 나돌던 때 우리나라에서는 김일성을 신봉하는 주사파가 운동권의 주도권을 잡게 되는 기현상이 빚어지기도 했다.

　역사를 왜곡함으로써 사회를 내면으로부터 해체시키는 작전은 공산권에서 오랜 역사를 가지고 기술적으로 고도로 발달된 전술이다. 그런 작업은 한반도에서도 이미 오래 전부터 시도되었고 1970년대부터는 운동권 교육을 통해 가속화되었다. 1987년 민주화 운동이 성공을 거둔 뒤부터는 역사를 대한민국의 관점이 아니라 북한의 시각에서 바라보는 역사 전문가들이 대한민국의 역사교과서 편찬에 적극적으로 참여하기 시작했다.

1990년대에 들어서며 역사상 처음으로 정권 교체가 이루어지고 통일이 초미의 관심사로 떠오르면서부터는 통일교육 또는 민족, 민중, 민주를 목표로 하는 '계기수업'이라는 빌미 아래 북한의 반미, 반 이승만 시각을 수용하는 방향으로 편향된 역사인식을 학생들에게 본격적으로 주입시키는 일이 가능해졌다. 급기야는 반공정책을 추진한 것 자체가 잘못이었고 맥아더 장군의 개입이 아니었더라면 한반도는 6·25전쟁 개시 한 달 안에 (적화)통일되었을 것이라는 주장을 공공연하게 펴고도 법의 제재를 받지 않은 사회적 분위기가 조성되었다.

〈백년전쟁〉이라는 동영상은 대선 시기에 맞추어 낸 것이기 때문에 특히 심각하며, 명백하게 왜곡된 내용을 담고 있지만, 그것은 이미 오래 전부터 반대한민국 세력이 추진해온 역사전쟁의 한 단면을 극명하게 노출시키는 한 사례일 뿐이었다. 우리 국사학계의 상당한 부분이 우리 역사를 대한민국 중심이 아니라 북한중심으로 보는 시각에 사로잡혀 있으면서도 그것의 정치적 함의가 무엇인지는 의식조차 못하는 경우가 많다. 〈백년전쟁〉과 그 지원세력이 설파하는 역사관은 간단하게 요약될 수 있다. 대한민국은 이승만을 중심으로 하는 우파 분열주의 세력이 만들어 놓은 부도덕한 반민족적 집단이며 따라서 1948년에 대한민국을 선포하여 지키고 발전시킨 세력은 모두 통일과 동시에 역사의 심판대에 올려질 것이라는 것이 그들의 시각이다.

미군 철수는 1945년부터 지금까지의 일관된 그들의 주장이고 대한민국은 친일세력 척결에 미흡했기 때문에 도덕적 정당성이 없으며 우리 역사의 정통성은 3·1운동에서 임시정부, 무장 독립투쟁, 북한의 공산정권 수립, 4·19혁명, 광주 민주항쟁으로 연결된다는 것이, 그들이 교과서에까지 침투하여 심어놓으려 하는 역사인식이다.

이 가운데서 공적 1호가 대한민국의 건국대통령인 이승만이 되는 것은 당연한 일이다. 남북한이 미군과 소련군에 의해 분단 점령된 가운데서 남한만이라도 스탈린의 손에 들어가지 않게 지켜내며 국제사회의 인정을 받는 명실상부한 독립국가를 만듦으로써 우리의 운명을 우리 스스로 개척해 나갈 권리를 확보하자는 그의 계획이 성공했고 구 소련과 북한의 입장에서 본다면 그것은 더할 나위 없는 낭패였기 때문이다.

〈백년전쟁〉은 왜곡된 역사인식을 심어줌으로써 국민의식을 마비시키고자 하는 저들의 전술이 상당 정도 성공했다는 자신감을 바탕으로 하여 만들어낸 선전물이다. 실제로 건국대통령 이승만 박사에 대해 젊은 세대가 가지고 있는 지식은 '권력욕 때문에 민족을 분단시키고 독재를 하다가 쫓겨난 인물'이라는 부정일변도의 인식인 경우가 대부분이다. 우리나라의 국정 전반을 보는 눈이 그런 역사관에 의해 좌우되는 것이 물론이다. 경제발전에 대한 박정희 대통령의 역할도 평가절하하기 위해 그들은 경제발전은 박정희 대통령이 아니라 미국 덕분에 가능했던 것이라고, 자기들의 철저한 반미입장과도 모순되는 주장까지 불사하지만 매우 불행한 사실은 그러한 허황된 주장도 역사에 관한 무지 덕분에 젊은 세대 사이에서 받아들여지며 국민의식이 해이해지는 데 큰 몫을 한다는 점이다.

역사인식이 잘못되는 이러한 상황은 하루 바삐 시정되어야 한다. 다만 경계해야 할 점은 체제 비판 세력 가운데서 종북, 친북 세력과 친대한민국적 비판 세력을 구분하고 역사를 공정하고 객관적으로 보는 눈을 심어주어야 한다는 점이다. 특히 우리 역사를 세계사의 흐름과 국제관계의 맥락에서 파악하며 민족과 국가를 구분할 줄 알고 분단의 현실과 통일을 향한 염원을 가릴 줄 아는 건전한 역사의식을 강화하는 일이 시급하다.

역사를 공부하는 근본적 이유는 인간과 사회에 대한 이해를 넓히고 깊게 함으로써 인류가 서로를 이해하고 협동하며 평화롭게 살 수 있는 길을 터나가는 데 도움이 되고자 하는 것이다. 그런 의미에서 역사의식은 평화와 화해를 가져오는 방향으로 설정될 때 바른 것이라고 볼 수 있으며 전쟁을 목적으로 하는 인식의 틀은 진실의 추구를 존재이유로 하는 지식인으로서는 단호하게 거부하고 적극적으로 배격하는 것이 마땅하다고 본다.

인문학의 중추로서의 역사학과 오늘의 현실*

> 나는 역사학이라는 전문 영역이 핵물리학과는 달리 최소한 해악을 끼치지는 않는다고 생각하곤 했다. 그러나 이제는 역사학이 해악을 끼칠 수 있음을 알게 되었다. 아일랜드공화국군이 작업장에서 화학 비료를 폭약으로 바꾸는 법을 배웠던 것처럼, 우리의 연구도 폭탄 공장으로 변할 수 있다. 이러한 상황은 두 가지 방식으로 우리들에게 영향을 미친다. 일반적으로 우리들은 역사적 사실에 책임을 져야 하며, 특히 역사를 정치적, 이데올로기적으로 악용하는 일을 비판해야 한다. ― 에릭 홉스봄(1993)

인간이 만물의 영장임을 표현하는 말에는 여러 가지가 있다. 그 중에서도 인간과 금수를 가장 확연하게 구분하는 특징이 있다면 기억을 관리하며 활용하는 능력이 아닐까 한다. 기억에 대한 단순한 의존과 활용은 고등동물들 중에서도 인간 사회에서나 관찰할 수 있는 현상이다. 하

---

* 2015년 탈고된 미공간(未公刊) 논문

지만 기억을 자연적인 현상으로 그대로 받아들이거나 흘려버리지 않고 그것을 의미 있는 체계로 재구성하여 전수하며 어떤 목적을 위해 활용하는 능력, 다시 말해 역사에서 배움으로서 미래의 삶을 보다 바람직한 방향으로 이끌어 갈 수 있는 능력은 인간만이 누릴 수 있는 특전이다.

역사가 인간 교육, 지도자 교육, 시민 교육의 중심에 놓이는 것은 동서고금 마찬가지였다. 아니 적어도 포스트모던시대, IT시대의 도래 전까지는 그랬다. 세계 자본주의의 아성으로 여겨지는 미국에서도 법학대학원 진학생들이 가장 많이 선택하는 학부 전공이 아직도 역사학이라는 사실이 그것을 잘 말해준다. 인간과 사회에 대한 이해력을 넓히고 깊이는 데 역사만큼 직접적으로 도움이 되는 학문 분야가 없다는 것이 체험에서 우러나온 상식이기 때문이다.

통신수단이 발달한 사회에서는 좁은 의미로서의 학문과는 상관없이 사는 사람들 사이에서도 역사에 대한 관심은 높다. "역사에서 배우지 못하는 사람들은 역사의 쓰라림을 되풀이 할 수 밖에 없다"는 말은 상식으로 어느 곳에서나 받아들여진 지 오래며, "기억하라!"는 말 한 마디가 때로는 천지를 진동할 만한 힘을 낳기도 하는 사례를 많이 본다. 분야별 전공이 고도로 세분되어 있는 학계의 현실에서도 역사학은 그 탐구의 대상에서 제외되는 것이 없을 정도로 범위가 포괄적이며 인간의 사회적 삶과 긴밀하게 관련되어 있기 때문에 역사적 기억의 관리에는 학자적 수련을 거치지 않은 정치인들도 큰 몫을 하게 되는 경우가 흔히 있다. 특히 오늘날 우리 한국에서처럼 여러 학문분야 간 통섭과 융합이 강조되고 문화적 상대주의가 판을 치는 포스트모던 시대에서는 학문의 성격상 통합적 성격을 강하게 지니고 있는 역사에 대한 관심은 수그러들 수가 없다.

"현재의 역사는 과거의 정치다"라는 말이 세계 공산주의 혁명의 진원지인 러시아에서 공산주의 체제가 무너진 후로는 "과거의 역사는 현재의 역사"라는 말로 바뀌었다고 하는 역사가들 사이의 풍자만이 아닌 풍자가 보여주듯이 역사에 대한 이해와 인식은 정치와 불가분의 관계를 가지기 때문이다. 인간과 사회 현상에 관련되는 어느 분야도 역사에 대한 무지나 무관심은 큰 대가를 수반하지 않을 수 없다.

인문학에서 역사학과 역사 교육은 이처럼 중추적 기능을 담당해야 하지만 과연 현대의 역사학과 역사교육이 특히 우리나라에서 항상 순기능을 발휘해 왔는가는 별개의 문제이다. 앞에서 인용한 홉스봄(Eric Hobsbawm, 1917~2012)의 말이 암시하듯이 역사학은 다른 어떤 지식체계와 마찬가지로 악용될 소지를 가지고 있으며 역사학이 학문의 영역으로 제 구실을 하는가 하지 못하는가를 가늠하는 것도 그리 간단한 이야기가 아니기 때문이다.

인문학과 인문교육의 중추로서 역사가 직면하게 되는 가장 큰 난관은 바로 역사학이 지니는 포괄적이며 통합적 특성과 '역사'라는 낱말이 지니는 다의성(多義性)에서 온다. "역사에서 배워라!", "역사의 심판이 두렵지 않느냐?" 등에서 우리가 말하는 역사란 과거라는 말과 거의 동의어가 된다. 어느 누가 기억하든 말든, 지난 날에 있었던 모든 일이 역사의 내용이며 그것은 인과관계의 사슬을 따라 현재와 미래에 영향을 미치지 않을 수 없다는 가정이 역사라는 낱말 속에는 내재되어 있다.

지나간 모든 일이 오늘의 역사가 된다. 그러나 우리가 그 역사의 내용이 무엇이었는가를 알 수 있게 되는 것은 기억과 객관적 증거, 그리고 그것을 의미 있는 이야기로 엮어놓는 역사가들의 해석을 통해서이다. 서양의 전통에서 '역사'라는 말은 '이야기'라는 말과 어원을 같이 한다. 'History'는 Story와 같은 어원에서 나왔고 독일어의 'Geschichte', 프랑스어의 'L'histoire' 모두 이야기와 역사 두 가지를 다 뜻한다.

의미 있는 기억의 체계

인간이 무엇이고 삶이 무엇인가를 직접적이고 총체적으로 다루려 하는 인문학 분야 가운데서도 역사학은 철학이나 문학과 달리 실제로 있었던 구체적 사실을 재생해냄을 존재이유로 한다. 역사가의 일차적 임무는 역사적 사실을 사실대로 밝히는 일이며 그것에 대해 책임을 지는 것이라 함이 기본 상식이다. 그러나 과거에 일어났던 모든 일이 역사적 인식 속에 담길 수는 없다. 우리가 역사로 인식하는 것은 의미 있게 재구성된 기억의 체계, 혹은 이야기일 따름이며 기억 자체가 바로 역사는 아니다.

어떤 분석가들은 기억을 생물학적 현상으로의 기억과 의식적으로 또는 타인과의 협의에 의해 정비되고 주입된 기억으로 나누기도 한다. 개개인의 기억은 파편적이고 불안정한 것임을 인정할 수밖에 없다는 것이다. 그렇기에 집단기억으로의 역사는 그러한 불안정하고 불완전한 구성원 개체들의 기억을 어떤 목적의식에 따라 재구성하여 교육을 통해 전수하는 것이지 자연적으로 형성되는 것은 아니다. 다시 말하면 일어난 사실 가운데서 일부만이 선별적으로 수용되어 인과관계의 법칙에 따라 전개되는 이야기로 엮어진다는 말이다.

역사가의 시대와 가치관의 반영

재구성된 과거로서의 역사에서 관건이 되는 것은 수많은 사실 가운데서 어떤 것이 어떤 기준에 의해 선택되며 얼마나 설득력 있게 이야기로 재구성 되는가이다. 역사쓰기의 출발점은 언제나 현재적 관심사이며 그렇기 때문에 각 세대는 세대마다 각기 자기 나름의 역사를 새로이 쓰게 된다. 모든 역사는 결국 현재사라는 말이 거기에서 나온다. 독립이 초미의 관심사였던 세대는 독립이 어떤 경로로 성취되었는가에 초점을 맞추어 사실을 선택하고 여성의 권리 신장에 관심이 집중되면 그때 선택 받아 조명되는 사실(史實)은 남성만을 역사의 주체로 보는 경우와는 달라질 수밖에 없다.

역사쓰기는 일차적으로는 시대적 관심과 연계되어 있지만 그 이상으로 중대한 영향력을 미칠 수 있는 것이 역사가 개인이 갖고 있는 인생관이나 가치관이다. 정치이념뿐 아니라 인간을 보는 눈, 세상사에 대한 통찰력, 그 모두가 역사에서 주요 사실을 읽어내어 이야기로 재구성하는 데에 직접적 영향을 미친다. 역사를 쓰고 배우는 목적을 평화와 화해에 두는지 저항의식을 고취시키는 데 두는지, 인간을 본질적으로 합리적이고 선한 존재로 보는지 이기적이고 사악한 동물로 보는지에 따라 같은 주제를 다루더라도 쓰여지는 역사의 내용이 달라지는 것은 물론이다.

역사가가 감정이나 선입견에 좌우되지 않고 사실이 사실인지 아닌지를 밝혀낼 수 있는 전문가적 훈련을 얼마나 받았는가도 문제가 되지만 역사적 사실이 왜곡 또는 악용되는 것을 책임지고 방지할 만한 도덕적 용기를 가졌는가도 역사지식의 관리와 활용의 성과를 크게 좌우한다. 그런 학자적 자질을 갖춘 전문가 층이 얼마나 두텁게 형성되어 있는가, 다시 말해 학문 사회의 기반이 얼마나 단단하게 다져져 있는가가 역사교육에서 중요한 변수로 작용한다는 이야기다. 그에 더하여 학문적 권위를 인정하고 신뢰하는 사회적 분위기가 형성될 때 비로소 그 사회는 기억공동체로서의 확고한 기반을 갖추게 된다.

여기서 또 한 가지 주목해야 할 사실은, 역사가 자신도 역사에 몸담고 살아가는 사람인 만큼 그가 가진 관심과 관점, 그리고 사물에 대한 이해력도 시간의 흐름과 경험의 축적에 따라 변할 수 있다는 점이다. 특히 현대사를 주제로 다루는 경우 그러한 변화의 가능성은 더욱 농후하다.

러시아에서 공산당 독재체제가 무너진 후 국가 방침으로 일 년 사이에 역사 교과서를 새로 써야 했던 일은 가장 극적인 사례이지만 그보다 더 학문적으로 시사적인 사례는 영국이 낳은 세계적인 역사가이며 공산당원이었던 에릭 홉스봄의 생애에서 볼 수 있다. 역사가로서 이미 세계 최고의 명성을 누리고 있던 생의 말미에 그는 자신이 평생 이상으로 삼았던 이념에 기초한 정치체제, 곧 공산주의 체제가 1989년부터 1991년 사이에 극적으로 붕괴되는 것을 목도하고 그것을 사실로 인정하지 않을 수 없었다. 하지만 그는 근로대중이 인간답게 살 수 있는 사회를 만든다는 공산주의의 이상 자체가 잘못된 것은 아니라고 보았기 때문에 자신이 공산당원이 되었던 것을 후회하지는 않았다. 다만 역사학이 잘못되었을 때 끼치는 해악이 얼마나 엄청난 것인가를 깨닫고 공산주의 이념과 체제에서 잘못된 것이 무엇이었던가를 찾아내고 바로잡는 방안을 찾는 데 치열한 노력이 필요할 것이라 함을 강조했다.

홉스봄이 구 소련의 역사학자들이나 그 밖의 속류 마르크스주의자들과 크게 달랐던 점은 현실 공산주의 체제가 붕괴된 뒤에도 그의 역사학적 저술들은 학술 연구로서의 가치를 전혀 상실하지 않았다는 사실이다. 역사가는 정치적 신념과 상관없이 사실을 사실대로 밝히는 일에는 편협함이 없이 엄정한 객관성을 유지해야 한다는, 역사학자로서의 소명의식에 그는 아주 충실했기 때문이다. 많은 독자들은 그가 마르크스주의자인지 아닌지 의식할 여지 없이 그의 저술에 매료되었기 때문에 세계 공산주의 체제의 붕괴에도 아랑곳 없이 홉스봄은 역사가로서의 영향력을 여전히 지니는 것이다.

다시 말하면 역사가의 소명에는 사실구명과 가치판단의 기능이 불가분하게 혼재하지만 가치 평가자로서의 역할에 지나치게 경도된 나머지 사실 자체를 왜곡 또는 무시하거나 미화하려는 유혹에 빠져서는 안 된다는 이야기다.

사실에 대한 역사가의 책임

　사실(史實)이란 무엇인가? 무엇이 역사적으로 의미 있는 사실(事實)이며 그것을 판단하는 기준은 무엇인가? 먼 옛날의 역사를 재구성하려는 경우 심각한 문제는 사료의 빈곤이다. 반면 현대와 가까워지면 사료의 빈곤보다는 너무 많은 가운데서 적절한 사료를 가려내고 선택하는 일이 더 어려운 문제로 등장한다. 사료의 진위와 상대적 가치, 그리고 편파성 여부를 가려내는 일이 쉽지 않으며, 정치적 고려 때문에 가장 중요하고 민감한 사료들은 적어도 일정 시일이 지나기 전 까지는 공개되지 않고 어떤 경우는 폐기되기도 한다. 그런 어려움이 있는 가운데서도 특수한 주제에 관한 연구가 아니라 대중교육 또는 시민교육을 위한 통사를 쓸 때 그 속에 포함시켜야 할 사실과 그렇지 않은 사실을 구분하는데 적용해야 할 기준은 무엇인가?

　역사를 배우고 가르치고자 하는 이유가 역사에서 인간과 사회에 대해 많은 것을 배우고 교훈을 얻음으로써 만인이 보다 인간답게 살 수 있는 방향으로 삶을 이끌어 나가는 데 도움이 되고자 하는 것이라면 가장 우선적으로 역사에 포함되어야 할 사실은 가장 많은 수의 사람들의 삶에 가장 폭넓고 깊은 영향을 미친 사건이나 인물들에 관한 이야기가 되지 않을 수 없다. 동서고금을 막론하고 전쟁이 역사에서 중요한 주제가 되었던 것이 바로 그 때문이고 천재지변이나 거대한 영향력을 행사했던 인물들이 크게 조명받는 것도 그런 원리에서였다.

　아무리 큰 해악을 끼쳤다 해도 히틀러를 역사에서 추방할 길은 없다.

그의 존재를 무시하고서는 역사가 설명될 수 없기 때문이다. 프랑스혁명에 관한 논쟁이 치열하게 달아 오를 때 한 역사가가 절규했다. "로베스피에르파여, 반(反)로베스피에르파여. 제발 로베스피에르가 누구였는가를 좀 압시다!" 역사에서 어떤 사건이나 인물이 차지하는 비중은 도덕적 평점과는 상관없이 역사의 전개과정에서 얼마나 큰 영향력을 미쳤는가에 따라서 결정되어야 한다는 말이다. 사실의 발굴에 관한 한 역사가는 냉정한 객관적 태도를 견지해야 하며 사실의 비중을 도덕적 또는 이념적 잣대에 따라 결정할 수는 없다는 이야기다. 공과를 평가하는 일은 그 다음의 이야기다. 만약에 공이 컸던 사람만 등장하고 악인은 배제되는 이야기가 있다면 그것은 이미 역사가 아니라 신화이며 좋은 교훈이 될 수도 없다.

20세기 세계사를 쓰는 것이 목적이라면 러시아혁명과 레닌이나 스탈린의 이야기를 빼놓을 수 없다. 이제는 실패로 끝났음이 확실해진 혁명이지만 그 사건의 영향과 여파는 전 세계 어느 곳, 삶의 어느 영역에도 미치지 않은 곳이 없기 때문이다. 1929년에 촉발된 세계공황 또한 그러한 범주에 속한다고 볼 수 있겠지만 일본의 패전은 우리에게는 역사적 지각변동이었지만 세계사적 견지에서 볼 때는 그런 획기적 사건으로 취급되기 어려울 수도 있다.

역사를 움직이는 힘은 노동하는 다수의 대중에게서 나오는 것이지 몇몇 특출한 인물이 역사를 만드는 것이 아니라는 이른바 민중사관이나, 역사의 흐름에서 중요한 것은 긴 주기로 나타나는 경제의 동향 같은 것이지 사람들의 의식이나 의지적 행위가 아니라는 아날학파의 입장, 사적 유물론의 바탕 위에서 역사 발전의 기제를 계급투쟁에서 찾는 마르크스주의 역사관, 유럽 중심적 역사관에 항거하는 오리엔탈리즘 이론, 모두 그 나름대로의 독특한 관점을 내세우며 역사적 사고나 역사학 연구 방법론의 발전에 큰 기여를 하고 탄력을 불어넣었다. 하지만 영웅사관 대 민중사관, 실증사관 대 민족사관, 정치사 대 경제사, 사회사 또는 문화사의 상대적 중요성, 거시사 대 미시사와 같이 서로 다른 사관이나 강조 영역을 대비시키며 벌이는 논쟁은 마치 자유와 평등 가운데 어느 것이 더 중요하냐는 논란처럼 영원히 끝날 수 없는 일이며, 어느 의미에서는 핵심을 비켜가는 것들이다.

시대적, 사회적 상황에 따라 강조점이 달라질 수 밖에 없고 역사가가 취하게 되는 입장도 상대적이고 가변적일 수 밖에 없다. 인간 사회란 어느 시대 어느 곳에서고 다수의 평범한 대중과 분야별로 주도적 역할을 하게 되는 소수의 선민층의 배합으로 구성된다. 주도적 역할을 맡게 되는 사람들은 주어진 여건과 끊임없는 투쟁과 협조를 해야 하는 제약 속에서도 사회 구성원의 전반적 이익의 극대화라는 목적을 향해 나아가며 필요에 따라 끊임없이 정책을 변경해야 하는 것이고, 바로 그 과정이 역사라는 형상으로 나타나는 것이다. 오케스트라가 음악을 연주하려면 연주를 하는 단원들의 존재가 필수적이다. 그러나 악보와 지휘자가 없이는 좋은 음악이 나올 수 없다. 또한 그 음악을 들어주고 제대로 평가하는 청중이 있어야 오케스트라의 존재이유가 성립될 수 있다. 마찬가지로 국가나 다른 어떤 공동체도 다수의 평범한 구성원뿐 아니라 지도층, 그리고 추구하는 이상과 이념이 없이는 역사적 실체로서 작동하며 역사로 간주될 만한 의미 있는 자취를 남길 수 없다.

역사가가 산더미 같은 사실(史實)의 파편들로부터 의미 있는 역사 이야기를 엮어낼 수 있는 것은 인간의 사회적 삶에 대해 폭넓고 깊은, 그리고 균형 있는 이해를 갖고 있기 때문이다. 만일 그것이 결여된다면 어떤 사회의 총체적 모습과 변화를 설명하는 데 결코 빠져서는 안 될 사실들을 우선순위로 선별해내는 기능을 발휘할 수 없을 것이다.

어떤 학문분야, 특히 자연과학 분야에서는 연구자의 개인적 인생 체험은 학자적 수월성이나 학문적 성취와 직접적 관계가 없을 수도 있으며, 학자로서 창조적 정점에 도달하는 나이가 매우 이른 경우가 많다. 하지만 역사학의 경우, 삶의 경험 자체가 학자로서의 자산이 될 수 있다는 홉스봄의 주장은 경청할 만하다. 삶의 경륜에서 얻게 되는 통찰력은 학문적 노력만으로는 얻기 어려운 그 어떤 것이기 때문이다.

특히 현대사를 서술할 경우 역사가는 역사 밖에서 역사를 관찰할 뿐 아니라 역사 속의 행위자요, 증언자로서 역사적 사실에 대한 생생한 감각을 가지고 증언할 수 있는 이점을 누린다. 반면에 역사가가 학자로서의 수련을 충분히 쌓지 않았다면 그는 제한된 경험과 감정의 포로가 되어 역사적 상황을 균형있게 바라보지 못하고 전문가라는 미명 아래 편파적인 진술을 객관적 진실인양 포장하며 역사를 정치의 도구로 전락시키는데 큰 몫을 할 수도 있다. 그가 보유하고 제공하는 역사적 지식의 파편들은 역사에 대한 이해를 통해 인류공동체에 화해와 평화를 가져오는데 기여하는 대신 엄청난 폭발력을 지닌 사회적 폭탄을 제조하는데 악용될 수 있다. 히틀러의 역사 오용이 그랬고, 혁명적 공산주의의 필연적 승리에 관한 마르크스주의자들의 맹목적 믿음이 그러했다.

역사의 악용을 방지할 역사가의 책임

호고(好古)적 취미의 충족과 역사교육이 다른 점은 전자는 개인적 차원에서 호기심을 충족하는 것이 목적이고 잘못된 지식이 바탕이 되어도 사회적으로 해악을 끼칠 가능성이 별로 크지 않다는 점이다. 반면에 역사적 기억의 보존과 전수를 목적으로 하는 학문으로서의 역사의 경우, 사실에 대한 역사가의 책임은 엄청나다. 사실이 사실인가 아닌가에 대해 책임을 지는 동시에 사실이 학문외적 목적, 특히 정치의 도구로서 악용되는 폐단에 대해서도 책임을 져야 한다. 잘못된 역사 인식에 기초한 역사적 행보는 잘못된 결과를 낳고 국가와 사회를 파멸로 이끌어갈 수도 있다. 과거와 현재의 구분이 명확하지 않은 현대사의 경우 역사는 불가피하게 정치와 연계될 수 밖에 없으며 과거에 일어났던 일에 대한 잘못된 진술이나 평가는 직접적인 정치적 효과를 유발하기 때문이다.

역사적 사실을 진술하는 데서 역사가가 빠지기 쉬운 가장 큰 함정은 당대의 역사적 맥락을 충분히 고려하지 않고 현재적 관점에서 과거의 사건이나 인물을 평가하는 행위이다. 시대착오와 도덕적 교조주의는 역사가에게 치명적인 결함이지만 그것에서 벗어나는 능력은 연구주제와 직접적인 상관이 없는 역사적 사실이나 사회현상, 그리고 인간의 속성에 대해서도 많은 것을 공부하고 고민해 보았을 때나 터득할 수 있는 삶에 대한 깊은 통찰력에서나 나올 수 있기 때문이다. 역사가의 일차적 임무는 이미 일어난 일들을 밝히고 설명하는 데 있지 도덕적 잣대에 따른 평가를 내리는 데 있는 것이 아니다. 그런 의미에서 역사가의 임무는 검사와 변호사의 역할에 더 가까운 것이지 판사의 역할이 아니며, 가치평가는 독자들의 판단과 미래의 역사에 맡겨야 할 일이다.

역사를 공부하는 것은 과거를 알기보다 미래를 만들기 위해서라는 말은 역사가들에게나 일반인들에게나 매우 매혹적인 이야기다. 역사가도 한 시민이기에 미래에 대한 꿈과 바람이 있다. 그러나 미래를 예단하는 것이 역사가의 몫은 아니며 미래를 바람직한 방향으로 이끌어갈 힘을 역사가에게서만 기대할 수도 없다. 역사에 대한 올바른 지식은 긴 안목에서 미래에 대해 아주 허황되지는 않은 예측을 하는 것을 가능하게 하지만 그 이상은 아니다. 공산주의가 붕괴되기를 바라는 사람들은 많았어도 공산권이 반드시 붕괴될 것이라고 예측하거나 언제 어떻게 붕괴될 것인가를 말 할 수 있던 사람은 아무도 없었다. 역사를 어느 특정한 방향으로 유도하기 위해서 역사를 기술해야 한다는 생각은 망상 또는 염원적 사고(wishful thinking)일 뿐이다. 그것은 매혹적이지만 진실을 추구하는 학문 행위에서는 경계의 대상으로 배제되어야 할 요소이지 역사라는 학문의 가치를 높일 수 있는 요소는 결코 아니다.

역사학의 대상은 어디까지나 과거에 이미 일어난 일들이고 그 일들은 이미 일어났다는 사실 때문에 설명 가능한 것이고 설명되어야 하는 것이다. 같은 맥락에서 이미 일어난 일은 다른 일이 아니라 바로 그 일이 일어난 것이기 때문에 그런 의미에서 불가피했던 일이라고 할 수 있다. 그것이 어떤 기준에서든 바람직한 일이었는가 아닌가는 해석상의 문제이며 사실을 밝히고 설명하는 일과는 별개의 일이다. 그런 의미에서 일어난 모든 일은 합리적이라는 헤겔의 말이 이해되어야 하는 것이고 역사 서술에 감정이 이입되는 것은 금물이 된다.

일어난 여러 가지 일 가운데서 무엇이 더 중요하고 덜 중요하며 어떤 것이 역사로서 기억될 가치를 지니는가에 대한 판단은 결국 주제가 되는 공동체 구성원들이 남기는 삶과 흔적과 기억을 자료로 하여 역사를 만들어 내는 전문가 집단인 역사학계의 합의에 따라 좌우된다. 그러한 전문가 집단의 구성이 학문적 기율을 갖춘 공동체로서 세대와 국경을 넘어서 학술적 교류를 가능하게 하는 통합성, 연속성, 보편성을 보일 때 역사인식에는 단절이나 왜곡이 없고 점진적 변화를 통한 끊임없는 수정과 수렴이 가능해진다.

하지만 학계의 구성과 활동에 균열이나 공백이 생기는 경우에는 집단기억으로서의 역사인식에도 균열이나 단절이 생기지 않을 수 없다. 실제로 일어난 일로서의 역사, 곧 역사의 실체에는 단절이 있을 수 없음을 고려할 때 역사인식에서 드러나는 균열과 단절 현상은 역사 연구나 역사 교육에서 본래 목적이 소실되고 파편화된 역사지식이나 왜곡된 역사인식이 다른 파괴적 목적에 악용될 가능성이 널리 열리게 됨을 의미한다. 이념적 입장이나 정치적 목적을 위해 역사 지식을 악용하거나 역사에 대한 그릇된 인식을 심어주려는 정치적 기도가 감지될 때 역사가는 그에 대해 강력히 저항하는 자세와 용기가 필요하다.

역사학에 대한 도전

역사학계 내에서 벌어지는 수정주의 논란은 크게 볼 때 자연스런 현상이고 결국은 역사학의 체질 강화에 도움이 되는 쪽으로 소화되는 경향을 보인다. 세계 공산주의 체제의 극적인 붕괴와 새로이 공개된 사료의 홍수는 수정주의 논란을 넘어서 역사학계의 연구수준을 한 단계 극적으로 높이는데 크게 기여했으며 또한 역사적 진실이 가변적일 수 있음을 보여주었다. 수정주의보다 훨씬 더 미묘한 도전은 포스트모던시대 문학 쪽으로부터 왔다. 언어로 구성되는 텍스트 이외는 실체가 따로 존재하는 것이 아니라는 이론과 함께 역사를 주재로 하는 문학 텍스트의 범람은 역사학의 존재이유에 대한 심한 도전이었다. 허구적인 것을 다루는 문학과 달리 사실 곧 실재하는 것이며 동시에 반복을 불허하는 일회적이고 고유한 사건·사실을 추적하는 일이 역사학의 존재이유라는 믿음은 역사철학적 입장의 차이에도 불구하고 역사학자들이 지금까지도 한 목소리로 고집하는 것이니만큼 포스트모더니즘과 상대주의의 도전은 역사학의 존속 자체를 위협하는 현상으로 보이기도 했다.

신성시되던 오래된 규범과 성역에 대한 도전은 사실 오늘날 역사학만이 직면하는 어려움은 아니다. 참된 것, 아름다운 것, 착한 것이 무엇인가, 그런 것들이 과연 존재한다고 볼 근거가 있는가 라는 질문은 오늘날 인문학 전반이 직면하는 도전이며, 진선미의 의미가 지금까지와는 달리 새롭게 정립되어야 한다는 과제를 제시한다. 아마도 인문학의 중요성이 새삼스럽게 강조되는 것도 그러한 위기감의 반영이라고 볼 수 있다. 그러나 진선미의 의미를 포스트모던 시대, 인터넷 시대에 걸맞게 새롭게 정립해야 하며 진리인 척 하는 것(truthiness)이 진리(truth)로 오인되는 현상을 경계해야 한다는 하워드 가드너(Howard Gardner, 1943~)의 호소는 깊이 귀 기울여 들을만한 것이며 역사학의 존립을 위해서 특히 심각하게 받아들여야 할 경고이다.

우리나라 역사학과 역사교육의 현실

우리 대한민국은 경제발전과 정치발전, 둘 다에서 획기적인 성과를 거두었음을 자랑하는 나라다. 세계제2차대전 후에 독립을 되찾은 100여 개의 나라 가운데 불과 반 세기만에 경제적으로 번영하고 정치적으로 민주화된 선진국의 대열에 오른 나라는 우리밖에 없다는 것을 우리는 자랑으로 여긴다. 하지만 우리가 잊고 있기 쉬운 사실은 압축적 성장의 그늘에 숨어 있던 부작용도 압축적으로 축적되어 폭발적인 기세로 터져나올 수 있다는 점이다.

불행히도 우리의 역사교육과 역사인식이 그 대표적 사례다. 한 마디로 대한민국은 지금 경제적 발전 정치적 민주화를 설명하고 그러한 발전의 추세를 지속시키는 데 도움이 되는 역사인식과 교육체계를 갖추고 있지 못하고 있는 나라이다. 지난 8월 30일, 2014년도 신학기부터 사용될 한국사 검인정교과서가 발표되자마자 다시 가열되기 시작한 교과서 논쟁이 이를 말해준다. 하나의 특정한 교과서가 이 나라를 오랜 동안 이끌어온 정치지도자들을 상세하게 조명한다고 해서 집중 포화의 대상이 되었고 교과서 채택 과정에서 끝내 배제되고 마는 일이 벌어졌다. 국민의식 부재의 뚜렷한 증거는 2013년 8월 15일을 광복 68주년, 다시 말해 해방 68주년으로만 생각하며 덤덤하게 지나쳤을 뿐, 이른바 보수매체라는 주요 언론기관들 조차도 그날이 자기가 몸담고 있는 나라의 건국 65주년이 되는 날이라는 사실을 언급조차 하지 않고 지나쳤다는 사실에서도 드러났다. 지금 대한민국은 기억공동체로서 파괴의 길로 치닫고 있으며 기억의 관리와 활용이라는 인간 고유의 능력을 자기부정에 동원하고 있는 형국이다. 이런 상황에서는 일본이나 중국 같은 이웃들과의 역사분쟁에도 효율적으로 대처할 능력이 있을지에 대해서 큰 의문이 일지 않을 수 없다.

분열된 역사의식의 역사적 배경

대한민국이 기억공동체로서 통합되지 못하고 있는 데 대한 가장 근원적인 설명은 유난히 굴절이 심했던 지난 한 세기 반 동안의 우리 현대사에서 찾을 수 있다. 하지만 체험한 일로서의 역사의 질곡 그 자체보다 그 역사를 어떻게 의미 있게 해석해서 가르칠 것인가에서 더 심각한 실패를 겪었다고 볼 수 있다. 우리가 직면하고 있는 문제는 실존적이기보다는 인식론적 오류에서 비롯된 면이 강하며, 지식인 집단의 무능과 무책임이 그 원인이라는 이야기다.

정치적으로나 문화적으로나 중국의 그늘에 오래 안주하고 있었던 우리에게 개항은 능동적 선택이기 보다는 강요된 당위였다. 근대화를 통한 부국강병과 민족적 정체성과 자립의 수호는 서로 상충되기 보다는 보완적이 되어야 할 명제였지만 현실정치에서는 그것이 심각한 사회분열을 낳는 동기로 작용했다. 외세의 도전에 효율적으로 대응하기에도 힘이 모자랐던 나라에서 지배계층내의 내홍이 심해지자 사회전반적으로 쇠락의 기운이 감돌았고 사회 상층부와 하층민들 사이의 갈등과 균열도 더욱 악화되어 결국 우리보다 한 발 앞서 성공적으로 근대화를 추진하고 있던 일본에게 주권을 강탈당하는 운명에 직면했다.

일제 식민지 시대는 망국의 충격과 설움 때문에 민족 의식이 싹트며 공동의 적에 대한 항거와 투쟁의 필요성 때문에 사회내부의 의식 갈등은 상대적으로 희석되는 듯한 시기이기도 했다. 그러나 망국에 따른 구 엘리트의 사회적 소멸과 망명, 일본의 식민지 교육체제 아래서 새로 형성되는 신지식인 층의 등장 등으로 민족 내부에서도 역사적 체험과 도덕적 가치관, 심지어는 문자를 달리하는 세대간에 소통과 교감은 점점 더 어려워지는 객관적 상황도 발생했다. 일제의 강압적 영향력에 더하여 1917년 러시아혁명으로 세계 무대에 등장한 공산주의 이데올로기와 세계제1차대전 직후 미국의 윌슨 대통령이 주창한 민족자결주의, 이미 조선 말기부터 우리 사회에 들어온 기독교의 영향 등으로 불교의 가르침과 성리학적 가치관에 익숙해 있었던 우리 민족사회는 심각한 가치관의 혼란과 사회구조의 재편성이라는 도전에 직면하지 않을 수 없었다. 그런 엄청난 사회정치적 혼란을 겪고 있는 상황에서 해방은

'도둑같이' 찾아왔던 것이다.

　우리 스스로의 힘보다는 연합군에 대한 일본의 항복으로 우리에게 주어진 해방은 미군과 소련군에 의해 국토가 분할점령 당하는 청천벽력 같은 대가를 수반했다. 승전국들 간에 발생한 이념적 정치적 이해관계의 교착으로 남북한의 분할 점령은 국토의 분단과 남북한 별도 정부의 수립으로 고착되었다가 드디어는 6·25전쟁이라는 동족상잔의 국제전이라는 거대한 비극으로 연결되었다. 북한에서는 소련당국과의 긴밀한 연계 속에서 이미 조직화되어 있던 공산주의 세력의 득세 아래 반공적 성향의 정치 세력은 일찌감치 뿌리 뽑혔던 반면 자유민주주의의 기치 아래 미군정 시대를 청산하고 대한민국으로 독립한 남한에서는 반공 친공 세력간의 치열한 정치적 물리적 대결이 6·25전쟁 이후까지도 계속되었다. 유엔의 권위를 빌린 자유민주주의 진영의 도움으로 나라를 구할 수 있었던 대한민국에서는 6·25전쟁의 참화를 겪은 후 반공이 국시의 수준으로 강조되는 것이 당연했지만 친공 또는 용공으로 의심받는 사람들은 연좌제에 묶여서 시민의 기본권마저 심하게 침해당함으로써 자유민주주의의 원칙 자체가 훼손될 수 밖에 없는 불행한 역설적 상황이 벌어졌으며 정치발전의 족쇄로 작용했다.

　대한민국은 처음부터 스탈린이 지배하는 세계 공산주의 체제와의 투쟁을 통해 태어난 나라였다. 세계제2차대전 후 절정에 달했던 스탈린 치하 소련의 전체주의적 독재체제의 영향권으로 흡입되는 것은 독립의 포기를 의미함을 우익의 독립운동세력은 일찍부터 간파했다. 냉전이 본격화 되면서부터는 미국을 중심으로 하는 자유민주주의 진영의 이해

관계가 자주독립의 달성을 지고의 목표로 추구하고 있던 우리 민족의 이해관계와 일치했기 때문에 이승만을 중심으로 하는 우익의 독립운동 세력은 미국과 유엔의 힘을 빌어 스탈린의 남북한 적화통일 기도에 맞서며 대한민국을 자유민주주의를 기치로 하는 국가로 건설할 수 있었다. 소련 공산주의 체제의 제국주의적 본질은 전혀 파악하지 못했기 때문에 공산주의를 기꺼이 수용했거나 아니면 공산화의 대가를 치르는 한이 있더라도 민족분단은 막아야 한다고 생각한 좌익 및 중도좌파의 주장과 저항에 맞서 치열한 투쟁을 벌리는 일도 독립과 자유민주주의 체제의 수호를 위해서 피치 못할 과제였다.

  그런 어려운 과정을 거치면서 대한민국은 국제사회로부터 한반도의 유일한 합법적 국가라는 인정을 받고 명실상부한 독립국가로 발족했다. 하지만 그 헌법적 권위는 실질적으로는 38선 이북으로까지는 미칠 수 없었고 태생에서부터 안과 밖으로 적대세력에 포위되다시피 한 상황을 극복하며 국가로서 살아남고 발전해야 했다. 그러한 적대적 환경 때문에 대한민국은 제헌 헌법에 명시된 자유민주주의 이념과 복지국가의 이상에도 불구하고 반공이라는 이념적 기조에 순응하지 않는 세력에게는 정치적 자유를 허용하지 않는 병영국가 체제를 오랜 동안 탈피할 수가 없었으며 많은 무고한 사람들까지 시민권을 침해당하는 수난을 겪기도 했다.

  1945년 해방 당시 한반도는 세계에서 가장 가난한 농업국으로 문맹률이 80%에 이르렀지만 건국 후 12년이 흐른 1960년에는 지식인층의 민주시민 의식은 정치인들의 부패와 부정선거에 힘으로 항거하며 정권

교체를 이룩해 낼 수 있을 정도로 성숙해졌음을 보여주었다. 하지만 새로 수립된 제2공화국 정부가 국가안보체제와 사회기강 확립의 긴박성을 내세우는 군사정변에 의해 붕괴되었을 때는 그에 맞서 싸울만한 시민사회적 저력은 형성되어 있지 못한 것이 드러났다.

그때부터, 특히 긴급조치로 운영되는 유신체제가 선포된 1972년 이후로, 지식인 사회, 특히 대학생들은 민주주의를 외치며 군사독재체제에 항거하는 일을 학업보다 우선시하는 투사적 삶을 살면서 학생의 본분인 학업은 뒷전으로 미뤄놓는, 장기적 안목으로 볼 때 매우 불행한 상황이 20년 넘게 계속되었다. 대한민국이 자유민주주의 진영의 일원으로 경제발전에 성공한 나라로 세계인의 주목을 받을 수 있게 된 것은 사반세기 넘게 지속된 이른바 군사독재의 긴 터널을 지나고 난 후부터였다. 역설적이게도 바로 그런 탄압 체제 아래서 '한강의 기적'이라 불리는 획기적 경제발전의 토대가 구축되었고 민주 사회의 실질적 세력 기반인 중산층이 형성될 수 있었던 것이다.

압축발전이라는 획기적 성과의 뒷면에는 쉽게 풀리지 않을 많은 문제들이 누적되어 얽혀 있었음이 이른바 군사독재의 종식과 함께 표면으로 드러나기 시작했다. 오랜 시일 동안 민주적 정권교체가 불가능했기 때문에 그때 그때 표출되어 해결책을 찾지 못하고 속으로 곪아갔던 정치적 사회적 불만은 유혈 진압으로 마감된 1980년 광주와 같은 국가적 비극으로 표출되었고, 그 후로는 반미 성향의 민족주의가 민주화 운동에 가미되면서 반공의 필요성 자체를 부정하는 통일지상주의가 고개를 들 틈이 생겼다.

미국에 대한 비판적 태도의 표출은 경제발전에 따른 자신감의 자연스런 표현이기도 했지만 민주화 운동을 목적으로 탄생한 지하의 이념 서클이나 방송 등을 이용해서 끈질긴 세뇌공작을 해온 북한의 선전선동의 효과도 무시할 수 없는 요인이었다. 민주화 투쟁과 경제의 고속 성장에 따른 급격한 사회변화 과정에서 그늘진 지대에 남겨진 사람들이 느끼는 상대적 박탈감과 대학의 장기적 정치화로 발생한 심각한 지적 공백이 민족공조를 내세우는 북한의 반체제적 선동이 쉽게 받아들여질 비옥한 토양을 제공했다. 대한민국의 성공적 경제 발전의 동인은 무엇보다도 개인의 성취욕이 최대한으로 발휘될 수 있도록 허용하고 촉구하는 자유민주주의와 시장경제 체제에서 찾을 수 있었지만 정부의 성격을 군사독재로만 단순하게 규정하고 경제의 활성화에는 주목하기 어렵도록 이념적으로 편향된 운동권 교육을 받은 대학인들은 그 점을 인정할 수 없었다. 인문학적 소양을 쌓을 겨를이 없었고 정부의 몽매주의적 반공정책 때문에 공산주의 체제의 이론적 결함과 실상 어느 쪽에 관해서도 완전히 무지한 상태로 남아있었던 [3]86 세대에게는 세계로 뻗어나가는 대한민국의 경제체제가 단지 미국의 반(半) 식민지 체제의 심화과정으로 밖에는 인식되지 못했던 것이다.

　압축된 경제성장과 민주화 과정의 가장 역설적 효과는, 공산주의의 본산인 소련에서 공산주의가 파산을 선고받고 급속한 세계화가 역사의 대세가 되어갈 무렵, 대한민국에서는 공산주의 체제에 대한 비판을 '색깔론'이라고 일축하며 반미적 민족주의자들이 큰 소리를 내기 시작했다는 점이었다. 대한민국은 이미 기억공동체가 아님을 경고해주는 여러 가지 징후들이 나타나기 시작했다. 그 중 하나가 이른바 '교과안 파동'이었다. 경제발전에만 온갖 노력을 집중하면서 인문교육의 핵심인 이념과 가치관의 문제나 역사적 기억의 관리는 소홀히 했던 한국 사회가 새롭게 떠안게 된 가장 어려운 숙제는, 짧은 기간 내에 엄청난 변화를 겪으며 다변화된 사회를 어떻게 다시 공통된 역사인식을 가진 자긍심 있는 국민으로 결속시키는가 하는 문제였다.

분열된 역사의식의 학문적 배경

앞에서 강조했듯이 개개인의 체험과 자연적 기억이 곧바로 역사가 되는 것은 아니며 역사란 객관적 입장에서 사실을 사실로 가릴 수 있는 훈련을 거친 전문가들의 작업을 통해 관리되고 전수되는 의미 있는 기억체계이다. 자기가 몸담고 있는 나라의 현대사, 또는 당대사(contemporary history)를 다루는 역사학자의 임무는 엄청나게 많은 사실들 가운데서 오늘날의 사회, 정치, 문화적 현실을 설명할 수 있는 주요 사건·인물들을 추려내어 설득력 있는 이야기로 엮어내는 일이다.

역사학자는 앞에서 열거한 학자적 자격조건을 겸비해야 하고, 그럼으로써 전문가로서 그들이 엮어내는 이야기가 당대를 살아온 일반인들 각자가 가지고 있는 기억들을 포용하면서도 그것을 능가하는 수준의 포괄적이고 균형 잡힌 내용과 설명을 담아야 한다. 당대사를 다루는 사람들이 특별히 경계해야 할 것은 역사적 현실 속에 감정적으로 함몰되는 위험이다. 역사의 주역으로서의 자기를 미화하고자 하는 본능과 역사가로서 자기가 미래 역사의 전개에 직접적 영향을 미칠 수 있다는 환상과 과욕도 어렵게 물리쳐야 하는 유혹이다. 역사의 전개 과정을 한발 뒤로 물러서서 전체적으로 깊이 있게 조망하는 노력 없이 자기의 개인적 체험이나 정치 이념에 맞추어 편협한 시각으로 사실을 선별하고 서술하는 것은 당대사를 다루는 사람들이 빠져들기 쉬운 큰 함정이다.

해방 후 1960년대까지 한국 역사가들의 관심은 일제의 지배체제를 정당화 해주는 것으로 오인되고 오용될 소지를 가진 실증주의 사학을 넘어서서 민족사관을 정립하는 일이었다. 물론 허구가 아니라 사실을 추구하는 일이 역사가의 본연의 임무라는 역사학의 금과옥조를 포기한다는 의미는 결코 아니었다. 우리 민족을 비하하기 위해 일본 학계가 만들어 놓은 것으로 의심되는 역사 정체성 이론이나 당파성에 대한 강조를 비판하고 민주국가의 시민답게 전통사회에서 당연시 되던 가치들에 대해 의문을 제기하기 시작했다.

마르크스의 사적 유물론도 강력한 학문적 저류로 흐르고 있었으나 민족주의 역사학과 예리한 대립각을 세우지는 않았다. 지배계층의 역할에 대한 일방적 강조에 맞서 민중의 역할을 부각시켜야 한다는 주장이 공식으로 조심스럽게 나온 것은 1960년대 말이었다. 역사를 국제사적 맥락에서 보아야 할 필요성을 제창하며 우리 역사를 '국사' 대신 '한국사'로 불러야 한다는 제안이 나온 것도 그 무렵이었다.

역사학자로서 사실의 발굴에 대해 강한 책임의식을 갖고 대학 강단에 섰던 학자들은 불행히도 현대사 강의와 교과서 저술을 기피하는 경향이 있었다. 학문의 자유가 제한된 상황에서 정치와 직접적으로 닿아 있는 현대사를 다루는 일은 여러모로 위험부담이 있는 일이었고 학문적으로 평가 받기도 기대하기 어려운 일이었기 때문이다.

그러나 이른바 강단사학 역사학자들의 이러한 현대사 기피 현상은 현대사가 정치의 도구로 전락하는 것을 속수무책으로 바라보게 되는 불행한 결과를 초래했다. 분단극복을 민족의 지상과제로 내세우는 좌파 역사학자들은 보수적 학자들과는 대조적으로 제자 육성과 이른바 민중, 민족, 민주를 내세우는 역사관 설파에 적극적으로 나섰으며 출판계의 좌파 상업주의도 이에 가세했다. 역사가 공백으로 남아 있을 수는 없는 일이었다. 경륜 있는 역사가들이 책임질 수 있는 사실들로 균형 있게 채우기를 주저하는 역사의 공간은 역사를 이념이나 정치의 도구로 또는 다른 불순한 목적으로 이용하려는 세력들의 무대가 되고 말기 때문이다.

군사정변으로 출범한 제3공화국 정부는 비판세력에 맞서서 반공적, 친체제적 민족주의자들을 양산하기 위해 역사교육을 이용하려 하였고 긴급조치로 운영되는 유신체제 하에서 그러한 경향은 더욱 심화되었다. 1974년 국사교과서가 국정화되면서, 대한민국의 정통성과 유신체제의 당위성이 강조되었다. '한국적 민주주의'라는 기치 아래 반미, 반자유주의적 논조가 약간 가미된 민족주의가 강화되면서 그 전까지 교양과정의 일부로 자리잡았던 세계사나 문화사 교육은 폐지되거나 약화되었다. 금서목록이 생기는 등, 공산주의에 관해서는 기초적 지식도 습득하기 어려울 정도로 학문의 자유가 통제되었고, 국사의 현대사 부분과 사회과목, 도덕과목의 상당부분은 정권 홍보 차원의 내용물로 채워졌다. 그처럼 가공된 역사가 젊은이들의 관심을 오래 끌 리가 없었으며 역사과목은 점점 더 관심 밖으로 밀려났다. 좁은 의미의 정치교육과는 다른 차원의 진정한 의미의 인문교육의 파괴가 이미 시작된 것이었다.

역사교육을 정치적 목적에 이용하려는 정부 측의 이러한 시도에 대한 역풍은 한층 더 거셌다. 반체제 학자들로 구성된 연구소와 학회가 기존의 대학이나 학회의 틀 밖에서 움직이기 시작했고 1987년에 설립된, 역사문제연구소가 그 대표적 사례다.

운동권 학생들은 체제 비판뿐 아니라 체제 부정의 내용으로 채워진 지하의 교육과정을 이수하는 데 몰두했다. 1980년 광주, 유혈진압으로 사태가 막을 내린 후 정부와 재야 지식인 세계의 대치 관계는 최악의 상황으로 치달았다. 혁명지상주의 의식구조가 대학가를 휩쓰는 가운데서 『해방전후사의 인식』이 운동권 교과의 핵심이 되었다. 대한민국의 건국의 의미를 부정적으로 인식하게 만드는 의식화 과정이었다. 운동권 교재로 쓰인 책 가운데는 스탈린 독재에 대한 비판 운동이 시작된 후 소련에서조차도 사실의 왜곡이나 날조가 트로츠키를 아예 역사에서 지워버렸을 정도로 지나치게 심하다고 평가되어 1959년에 공식으로 폐기 처분된 왜곡된 내용의 역사책들도 많이 포함되어 있었다.

세계 정치학이나 역사학계의 학문적 성과는 전적으로 무시하고 중국의 대약진운동과 문화혁명을 긍정적으로 서술하거나 대한민국을 미국의 반(半) 식민지로 폄훼하는 내용의 국내 출판물이 핵심교재로 큰 영향력을 발휘했다. 이에 발맞추어 기존의 국사교과서를 성토하는 좌파 지식인들의 목소리도 커져갔다.

　세계 공산주의 체제가 그 본산인 소련에서 무너져 내리고 있을 때 우리나라 운동권에서는 대한민국을 건설하고 발전시키는데 결정적으로 기여한 인사들을 모두 부도덕한 반민족 세력이라고 일방적으로 매도하고 북한의 김일성 체제를 대안으로 받아들인 주사파, 이른바 민족해방 세력 가운데서도 가장 극단적인 반대한민국 세력이 기선을 잡았다.

　이는 바로 우리 역사교육이 얼마나 참담하게 실패했는가를, 그리고 운동권이 학습한 역사가 얼마나 현실과 동떨어지고 편향된 것이었는가를 잘 말해주는 증거다. 역사학이 정치적, 이데올로기적으로 악용되면 큰 해악이 발생할 수 있다고 홉스봄이 경고했던 바로 그런 상황이 대한민국의 역사학계를 덮치는 현상이 일었다.

운동권 세대의 역사교육 장악

　역사교육은 애국심과 시민의식 함양에 필수불가결한 요소로 간주되었기 때문에 교과서 집필은 국가관이 확실한 사학계 원로들이 담당하는 것이 상식으로 받아들여졌으며 역사교과서는 1974년부터 국정이었다. 각급학교 역사교과서에 실리는 내용은 학계의 검증을 거쳐 국민이 공유하게 되는 객관적 역사 지식의 체계를 반영하는 것이며 역사의 전개 과정에 단절이 없는 한 역사교육의 내용에 급격한 변화는 있을 수 없는 일이었다.

그러나 민족과 민중을 강조하고 통일을 절대가치로 내세우는 반체제 운동권의 역사와 역사교육에 대한 인식은 달랐다. 1980년대로 접어들면서 그들은 서구의 지식인 사회에서 기세를 부리던 마르크스주의 경향의 수정주의의 영향을 받아 국가권력을 계급 착취의 도구로 보기 시작했다. 그런 그들에게 역사를 공부하는 목적은 과거에 일어난 일을 일어난 대로 알고서 참고하고자 하는 데 있는 것이 아니고 사회변혁의 도구로 활용하는 것이었다. 『미래를 위한 역사』, 『분단극복 역사학』 등의 책 제목은 단지 미사여구가 아니었다.

이런 분위기 속에서도 역사학도로서 오랜 수련과 경륜을 쌓은 구 세대 역사학자들은 해석은 달리한다 해도 사실 자체를 왜곡하고 날조하는 일에는 주저할 줄 알았다. 그러나 진리의 추구보다 혁명적 대의 실천에 더 관심이 많고, 엄청나게 많고 다양한 학술적 연구결과를 흡수하며 교조주의에 빠지지 않고 스스로 비판적으로 사고할 수 있는 능력을 기르는 일과 씨름하며 고민해야 할 학창 시절을 민족의 구세주로 자처하며 반체제 투쟁에 소모했던 세대에게는 현실은 이념적 입장에 따라 흑백으로 명료하게 구분될 수 있는 듯 보였고 역사란 사회변혁의 도구로만 인식되었다. 사실 역사의 내용을 정치적 또는 이념적 목적에 따라 왜곡하고 날조하는 관행은 소련과 북한 같은 공산당 독재 사회에서는 볼셰비키 혁명 초기부터 고도로 연마되고 활용되어온 온 기술이요, 전통이었다. 스탈린이 권력을 장악한 후 트로츠키는 혁명 영웅에서 반혁명 분자로 격하되었다가 마침내는 역사책에서 완전히 삭제된 일이나 해방 당시 애국적 공산주의 세력의 총수 격이었으며 6·25 당시까지도 김일성의 외무상을 지낸 박헌영이 결국은 미국의 스파이로 몰려 처형 당한 후 역사에서 사라진 것이 전형적인 사례이다.

운동권 교육에서는 또한 루카치나 그람시 같은 유럽의 공산주의 이론가들의 문화 권력론이 필수과목이었으며 통일이라 부르든 혁명이라 표현하든 자기들이 추구하는 목적을 달성하기 위해서는 문화적 도구, 특히 역사교육을 장악하는 것이 필수라는 인식이 강하게 자리잡으며, 386세대의 심하게 왜곡된 역사인식은 전교조 등 이념단체의 활동을 통해 빠른 속도로 후속 세대에 전수되었다.

1987년 민주화 운동 세력이 승리를 거두면서 기존 국사교과서에 대한 비판과 함께 국사교과서를 국정에서 검인정으로 바꾸어야 한다는 요구가 거세졌다. 유럽 공산권의 붕괴와 경제발전, 민주화의 성공으로 자신감을 얻게 된 정부는 1990년대 말부터 그러한 요구를 부분적으로 받아들이기 시작했으며 2000년대 초에는 금성출판사의 『한국 근·현대사』 교과서처럼 대한민국의 역사를 부정적으로 편향되게 해석하는 교과서들이 대거 등장했다.

반체제적 시각을 가진 운동권 세대 학자들은 이미 훨씬 전부터 원로들이 교과서 집필을 담당했던 관행을 깨고 대안 교과서를 집필하기 시작했고 교육부의 집필기준 마련에 적극적으로 참여하기 시작했다. 1994년 3월 교육부가 6차 교육과정 국사교과서의 집필을 위해 〈국사교육 내용전개의 준거안〉 시안을 발표할 때는 언론의 집중 비판을 받았던 일이 이른바 준거안 파동이었다.

성균관대 서중석 교수가 내놓은 현대사 시안에는 해방 당시의 '대구

폭동'과 '제주도 4·3 사건'을 각기 '10월 항쟁'과 '제주도 4·3 항쟁'으로, '8·15 광복'을 '8·15 해방'으로 바꾸고 좌익 운동사와 북한의 주체사상을 교과서에서 다루도록 하자는 파격적 제안이 담겨 있었다. 기성 학계와의 토론이나 협의과정을 전혀 거치지 않은 채로 반체제적 민중사관을 표방하는 소장 학자들이 소리 없이 단번에 역사 해석의 틀을 뒤집으려 했던 이 첫 번째 시도는 언론의 반발로 일단 제동이 걸리고 변화의 폭과 강도가 다소 완화되었다. 하지만 그 후 김대중 정부가 들어서고 통일 열풍이 부는 가운데 제7차 교육과정 개정이 추진되면서 민족민중사학 주창자들의 역사교육 장악 시도는 거의 완전히 관철되었다.

이명박 정부 시절이었던 2009년에 교육과정이 개정되었지만 우리의 현대사를 대한민국 국민의 시각이 아니라 통일을 전제로 한 민족민중주의적 시각, 다시 말해 친북적 시각에서 바라보는 교과서들의 성격은 크게 달라지지 않았고 전교조의 커져가는 영향 아래서 본질적으로 반대한민국적 시각에서 쓰여진 교과서들의 채택율도 높아갔다. 대한민국을 세우고 이끌어온 지도자들을 부정 일변도로 평가하는 것도 모자라 2011년부터는 마침내 대한민국이 '자유민주주의' 국가로 출범했다는, 전 세계가 공인하는 역사적 사실조차 부정하는 주장이 이른바 진보 계열의 학자들에게서 공공연하게 나왔다. 게다가 대한민국이 건국된 것이 1948년이 아니라 1919년이라는 어이없는 주장이 나오기 시작했고, 그러한 주장을 펴는 광복회 간부들이 이른바 보수 정권인 박근혜 정부가 들어선 이후인 2013년에도 8·15 광복절 행사를 주도한 것이 우리 역사학과 역사교육의 현주소다. 일반 국민도 언론도 8·15가 우리가 몸담고 살고 있는 대한민국이 탄생한 날임을 기리고 축하하는 것을 잊고 지나갔고 이른바 보수 언론 매체도 예외가 아니었다. 이는 1948년에 건국된 대한민국의 국가적 정통성을 뿌리부터 부정하려는 북한의 시도가 암암리에 대한민국의 이른바 지도층 전반으로 스며들어 갔으며, 대한민국 국민은 이제 자신들의 나라가 언제 어떻게 생겨난 나라인가도 모르고, 무관심하며 국가공동체나 주권의 중요성이 어떤 것인가를 전혀 생각할 줄 모르는 이기적인 인간들이 되었다는 증거다. 국민 전반이 자기들이 몸담고 있는 국가의 토대가 무너지고 있다는 사실도 감지 못하는 영혼 없는 존재로 전락했다면 그 사회의 지적, 도덕적 기반이 온전하게 유지될 것을 기대하기는 어려울 것이다.

역사교육의 회생을 위한 노력의 필요성

학문의 발전은 수정주의 사조와의 끊임없는 대결을 통해 이루어지며 그런 의미에서 민중사학적 시각에서 역사를 바라보는 입장의 대두는 일단 환영할 만한 일이었다. 민주화 과정의 진척에 따른 자연스런 관점의 변화였다. 다만 우리의 경우 큰 문제가 발생하는 것은 그것이 학문 내적 논쟁을 거치는 점진적 변화에 머물지 않고 현실정치의 직접적 연장선에서 역사를 정치의 시녀로 전락시키고 있다는 사실이다. 인문학의 중추로서의 역사학과 역사교육은 이제 홉스봄이 경고했던 역기능을 발휘하는 위험에 직면하게 된 것이다.

역사는 역사적 현실을 설명하지 못하고 현실 부정적이 되며 존재와 의식 사이에 엄청난 괴리가 발생하게 만듦으로써 인간이 한 공동체의 구성원, 우리의 경우 대한민국의 국민으로서, 세계 시민으로서 당당하게 권리와 의무를 행사하며 인간으로서 떳떳하게 사는 것을 어렵게 만든다. 감정과 생각과 행동이 일치하는 통합된 인격체로서 살아갈 수 있는 힘을 길러준다고 하는 인문교육의 목적에 결국은 역행하는 결과를 낳게 되는 것이다.

우리의 경우 수정주의 역사학이 심각한 역기능을 발휘하게 되는 가장 중요한 이유는 그것이 현재 역사가로서의 수련을 거의 거치지 않았으며 역사를 정치의 도구로 삼는 것을 당연한 일로 생각하는 세대에 의해 대표되고 있다는 사실에서 찾을 수 있다. 민중민족 사학의 입장에서 역사교육을 주도하고 있는 사람들 대부분은 반체제적 투쟁으로 대학 시절을 보낸 사람들로 두터운 지적 토대를 쌓고 치열한 도덕적 고민을 할 겨를도 없이 자신을 민족의 구원자로 내몰았던 사람들이었다. 그들은 역사적 사건들을 역사 발전 단계에 대한 고려와 국제관계의 맥락 속에 위치시켜 비교사적 안목에서 바라보지 못하고 개개인의 직접적 경험이나 이데올로기적 신조의 프리즘을 통해 굴절시키는 경향에서 벗어나지를 못한다. 지난날의 일이나 인물들을 평가하고 설명하는데 현재적 척도를 적용하며, 자기들의 이념적 정치적 입장에 도움이 되지 않는 자료들은 외면하거나 봉쇄하며 당시의 역사적 여건들을 총체적으로 균형있게 참작하는 능력을 발휘하지 못한다. 그 때문에 민중사학, 통일사학 주창자들이 써놓은 역사는 남북한이 드러내는 현실적 모습의 차이를 설명하지 못하고 차라리 현실을 왜곡시켜 자신들의 역사 해석에 맞추려고 하는 이차적이며 더 심각한 오류를 범한다.

그러한 굴절된 역사인식 때문에 그들은 우리의 현대사 전개과정에서 지도자의 위치에 섰던 사람들은 모두 악인이고, 현실에 대해 항거하는 민중은 절대선이었으며 소련군은 해방군으로 미군은 점령군으로 한반도에 들어왔다고 하는 식의 유치한 도식적 역사인식을 이 나라의 미래 주인공들에게 심어주려 하는 것이다. 그러한 잘못된 역사인식이 발휘하게 되는 파괴력은 정신적으로 어떤 대량살상무기 못지 않게 치명적일 수 있다는 홉스봄의 경고를 되새겨보지 않을 수 없다.

역사를 정치의 도구로 이용하려는 사람들이 역사 연구와 역사 교육을 대하는 태도는 학구적이 아니라 투쟁적이다. 그들에게 역사는 논쟁거리가 아니라 정의와 불의, 민족과 반민족 세력이 대결하는 전쟁터이며, 승리를 위해서는 역사교육이라는 고지를 점령해야 하고 명백히 드러난 사실쯤 무시하는 것은 문제가 되지 않는다. 이미 확보한 최전선에 균열이 생긴다는 것은 용납될 수 없다. 수단과 방법을 가리지 않고 막아야 하는 것이다. 2014년 신학기에 사용될 8종의 검인정 한국사 교과서 속에 자기들과 달리 대한민국의 건국과 발전을 긍정적 시각에서 보는 학자들이 쓴 교과서가 한 권 들어있다는 발표가 나자 그 내용이 발표도 되기 전부터 언론과 정치 권력을 동원한 집중포화가 시작된 것은 역사교육을 전투의 장(場)으로 보는 민족민중주의, 다시 말하면 통일지상주의 주창자들의 전투적 자세의 한 단면을 보여주는 일이었다.

역사를 통일지상주의의 도구로 생각하는 세력에 의한 역사교육 장악의 폐해는 이루 말할 수 없다. 인문 교육의 견지에서 볼 때 가장 핵심적인 것은 두 가지다.

자기가 몸담고 있는 나라의 역사를, 특히 국가 건설과 수호, 발전 과정에 지대한 영향을 미친 인물들을 부정일변도로 보게 만드는 역사인식의 주입은 국민 개개인이 통합된 인격체로서 삶을 살아갈 수 있는 가능성을 파괴한다는 것이 그 첫 번째 폐해다. 자기가 몸담고 있는 나라에 대해 긍지와 애착을 느끼지 못하고 지도자로 인정받았던 인물들을 모두 악인으로 본다는 것은 아직도 삼강오륜의 성리학적 가치관에서 완전히 벗어나지 못한 가운데 경제선진국으로 발돋움하고 있는 한국의 젊은 세대에게는 분열증을 유발하는 요인으로 작용할 수 있다.

두 번째의, 어쩌면 더욱 가공할만한 피해는 진리와 선을 함께 독점하고 있다고 자처하는 세력이 역사교육을 포함한 문화권력을 장악하게 되는 경우에는 사회 전체가 대중독재를 허용하는 전체주의 사회로 전락할 가능성이 열린다는 사실이다. 개개인이 철저한 학습과 도덕적 고심 끝에 도달하는 이성적 판단에 따라 책임있는 행동을 하는 것이 아니라 감정, 특히 집단 히스테리에 함몰되는 사회정치적 현상이 가속화 된다는 말이다.

이미 한참 전부터 이 나라에서는 역사 해석의 문제에서 다양한 견해가 표출되는 것, 특히 대한민국의 건국과 초기 역사를 긍정적으로 조명하려는 시도를 죄악시하며 봉쇄하려는 시도가 집단적으로 표출되고 있다. 새해부터 사용되는 역사교과서 채택 과정에서 교학사 교과서의 채택을 막기 위해 지난 1년간 좌파세력이 벌였던 투쟁은 마녀사냥을 방불케 하는 분위기를 지녔으며 그 앞에서 교육부까지도 속수무책이었던 사실을 상기할 필요가 있다.

대한민국을 중심에 놓고 역사를 균형 있게 바라보는 역사 인식의 자세를 회복하고 역사 교육을 바로잡는 길은 무엇인가? 반공정책에 수반되었던 연좌제의 피해나 반체제 투쟁의 악몽에서 자유로운 새 세대, 이 나라의 미래 주역들에게 실제로 일어났던 일로서의 우리 역사 이야기를 풍부하게 들려주는 것이다. 이제는 그들의 앞마당이 된 지구촌 전체에서 사람들이 살아온 모습이 얼마나 다양했던가에 대해서도 관심 있게 살펴보면서 우리가 걸어온 역사의 길을 다시 돌아보도록 유도하는 접근 방식이 필요하다.

역사를 정치의 도구로 악용하려는 세력과의 싸움은 또 다른 직접적 차원, 곧 정치적 차원에서도 수행되어야 할 것이다. 자유와 전체주의의 갈림길에서 향방이 그 싸움의 결과로 결정될 것이기 때문이다. 그러나 지금 우리에게는 대한민국의 새 세대에게 올바른 역사인식을 심어줌으로써 역사 변화의 격랑 속에서도 통합된 인격체로 살아갈 수 있는 힘을 심어주는 일이 무엇보다 시급하다고 생각한다.

'진, 선, 미가 무엇인가'라는 물음에는 간단한 대답이 없다. 인문 분야 전반에서 그렇듯 역사학과 역사교육에서 가장 필요한 것은 쉽게 잡히지 않는 진실과 착함과 아름다움의 정체를 파악하기 위한 부단한 노력이다. 정답에 안주하려는 순간, 그것은 이미 진리도 아름다움도 선도 아닐 수 있다. 특히 진실이든, 아름다움이든 정의이든 그것을 독점할 수 있다는 교조적 주장이 나오는 순간 그것은 엄청난 파괴력을 지니게 되며 인간 개개인이나 집단간의 상호이해를 통해 화해와 평화의 가능성을 높이는 것을 궁극적 목표로 하는 역사학과 역사 교육의 존재이유, 그리고 인문학 교육의 존재이유에 대한 도발이라고밖에 볼 수 없다.

대담 진행 • 김미영

서울대 국어국문학과와 대학원을 졸업하고 한동대와 미국 노트르담 로스쿨에서 미국법과 국제법을 공부했다.(J.D.equiv., LL.M.) 조선일보에서 북한 문제를 다루는 기자로 일했고 한동대 초빙교수를 거쳐 북한인권 문제를 다루는 전환기정의연구원을 설립했다. 현재 (사)법치와자유민주주의연대 사무총장과 VON뉴스 대표로 일하고 있다.

대담:
**역사를 통해
미래를 모색하다**

1948년 건국한 대한민국은
개인 기본권 인정한 혁명국가

> **편집자주** 2024년 8월 20일 있었던 〈VON 특별기획 인터뷰〉 "1948년 건국 부인하는 좌익사관은 설득이 아니라 투쟁의 대상" 영상을 정리한 글입니다. 인터뷰 영상을 통해 전체 내용을 시청하실 수 있습니다. 격월간 「뉴 패러다임」(NP) 제35호(2024년 9~10월호)에도 게재되어 있습니다. 주로 질문하며 대답을 진행한 김미영 VON뉴스 대표는 '**김**', 답변을 통해 역사와 현실에 대한 통찰을 보여주신 이인호 교수는 '**이**'로 표기합니다.

김미영: 최근 광복회가 대한민국이 1919년에 건국되었다고 주장하며 논란을 일으키고 있습니다. 이 논란을 두고 교수님께서 "1919년에 건국했으면 독립운동은 왜 했는가?"라는 질문을 던져 사회적으로 이슈가 되었습니다.

이인호: 어느 작은 학술회의에서 쓴소리를 했습니다. 요즈음 학술회의는 제 기능을 하지 못하고 오히려 상식을 밑도는 차원의 담론들이 제

기되는 것을 느낍니다. 상식적으로 다 알고 있는 명명백백한 사실에 쓸데없는 논란을 일으켜서 국민적 역량을 소모하고 있습니다.

김: 요즈음 우리 사회에 상식이 무너졌습니다. 예전 교과서에서 상식으로 배웠던 것들이 다 전복된 것 같습니다.

이: 사실입니다. 앞서 언급한 학술회의에서 대한민국이 1948년 8월 15일에 건국되었다는 사실에 대한 합의가 형성되지 못했다는 이야기가 나왔습니다. 이는 합의의 문제가 아닙니다. 1945년 해방 전에 태어났던 세대는 건국을 현실적으로 체험했습니다. 1948년 건국은 전 세계가 공인하는 역사적인 현실이지, 논란의 대상조차 될 수 없는 것입니다. 대한민국이 그때 새로운 국가로 태어났다는 사실은 부정할 수 없는데 이를 부정하는 사람들이 존재한다는 것이 개탄스럽습니다.

이종찬 광복회장은 저와 연배가 같습니다. 우리가 일본의 지배를 받던 시절에 태어났고, 학교에서 일본어를 국어라고 배웠던 것은 사실이고 현실이었습니다. 당시 일제의 압박과 나라 없는 설움으로 '우리의 소원은 독립'이라는 노래를 부르고 살았는데, 1919년에 대한민국이 건국되었다는 것이 도대체 무슨 소리입니까?

김: 일본은 패전 이후 1947년에 새로운 헌법을 만들었습니다. 당시 일본 국민들은 새로운 국가를 만들었다고 인식하지 않았습니다. 100대 이상 지속되어온 '천황의 국가'라는 틀을 유지하면서 헌법만 자유민주

주의로 바꾸는 식으로 체제를 변경했습니다. 반면 대한민국이라는 국가는 이전에 한반도에 있었던 고조선, 조선, 신라와 같은 나라들과는 확실히 다른 새로운 국가였습니다.

1945년부터 1948년까지 미소 군정

이: 대한민국 건국은 혁명이었습니다. 대한민국 수립은 단순히 권력이 교체된 수준이 아니었습니다. 사회적으로도 혁명적인 사건입니다. '혁명'이라는 것은 주권자와 그 사회의 이념이 바뀌는 것이고, 모든 것이 기존의 시스템과 다르게 바뀐다는 것입니다.

1945년 일제로부터 해방은 되었지만 우리는 미군정 하에 있었고, 북한은 소군정 하에 있지 않았습니까? 우리는 남북한이 통합된 선거를 치르고 새로운 나라를 만들고자 했지만, 소련의 반대로 인해 선거가 가능했던 남한에서만 5·10선거를 치르고 헌법을 만들었습니다. 우리 손으로 국회의원을 뽑았다는 것 자체가 역사상 처음으로 국민이 주권자가 되었다는 것을 의미합니다. 그렇게 개인의 권리를 최대 가치로 보고 국가는 그것을 돕는 하나의 기구로 자리잡는 기본법이 만들어졌고 우리는 현재 그 법 아래에서 살고 있습니다.

게다가 남자뿐 아니라 여자도 선거권과 피선거권을 얻었습니다. 이것은 혁명적인 사건입니다. 당시 우리나라는 유교 문화를 깊게 체득하고 있던 사회였기 때문에 여성에게까지 선거권을 보장했다는 것은 혁명이라고밖에 말할 수 없습니다. 스위스조차 1970년대 이후에서야 여성이 선거권을 얻었습니다. 역사를 보면 대체로 남자들이 선거권을 먼저 쟁취한 다음에 여성이 선거권을 갖기 위해 오랜 투쟁을 했는데 우리나라는 단번에 남녀 모두 선거권을 보장받게 된 것입니다.

1948년 5월 10일 선거 당시 사진. 아이를 업은 여성이 투표함에 투표지를 넣고 있다. (출처: 중앙선관위)

또한 '양반'과 '상놈'으로 나누던 세상에서 계급적인 차별이 없어졌고, 더군다나 국민이 자신의 권리를 적극적으로 쟁취하기 위해서는 교육이 필요하니 의무교육 제도까지 만들었습니다. 국민의 문맹률이 80% 이상이었던 나라가 불과 몇십 년 사이에 학력이 높은 나라로 발돋움했습니다. 이것이 혁명이 아니면 무엇입니까?

일제시대 때에는 '해방 후 자주독립'이 주된 캐치프레이즈였습니다. 그래서 독립운동을 하셨던 분들이 '빛을 다시 찾는다'라는 뜻의 '광복

(光復)'이란 단어를 많이 썼습니다.

　1945년 8월의 해방은 일본이 태평양전쟁에서 패배했기 때문이었지, 자주적인 독립은 아니었기에 해방 이후 '광복' 대신 '자주독립'에 대한 열망이 전 사회적으로 높았습니다. 새로 탄생하는 독립국가 건설이 핵심적인 아젠다가 되었습니다. 해방, 독립, 건국, 반공 투쟁이 8·15의 핵심인데 대통령 축사에서조차 핵심어는 다 빠지고 '자유'만 강조된 것은 유감스러운 일입니다. 자유는 기반 없이 공중에서 춤추는 것이 아닙니다.

김: 이승만 대통령을 '건국대통령'이 아닌 '초대 대통령'이라고 주장하는 사람들이 있습니다. 이런 이들의 주장은 대한민국이 하나의 정부일 뿐이고 국가는 아니라는 뜻으로 보입니다.

이: 이런 주장은 소위 통일중심사관을 가진 사람들이 '대한민국은 태어나지 말았어야 하는 나라'라고 이야기하고 싶은 것입니다. 대한민국을 국가로 인정하지 않는다고 직설적으로 말하지 못하니, 1948년 8월 15일에 대한민국이 건국된 것을 부정함으로써 역사를 왜곡합니다. 대한민국이 1919년에 건국되었다는 주장을 세계 어느 나라가 인정하겠습니까? 이런 것을 학설이라고 주장하는 것은 죄악입니다.

1919년 착공, 1948 준공된 대한민국은 반공의 국가

김: 이승만 대통령께서 1948년 대통령 취임사에서 '대한민국 30년' 이라 한 것을 가지고 1919년에 이미 건국되었다고 주장하는 이들도 있습니다.

이: 이승만 대통령이 통합 임시정부의 대통령이시기도 했고, 독립운동 정신에서 임시정부가 태어났으니, 당시의 의지를 부각시키기 위해 '대한민국 30년'이란 표현을 쓰셨습니다. 이 대통령께서는 1948년 5·10선거로 대한민국이 태어났다는 사실을 잘 알고 계셨습니다. 임시정부의 존재나 독립투쟁의 역사가 있었기에 언젠가는 한국 사람들을 일본으로부터 독립시켜야 한다는 의식이 힘을 가진 연합국 세력의 뇌리에 들어갔고 이는 건국에 있어서 굉장히 중요한 요소가 되었습니다.

◆ ◆ ◆

김: 1919년은 국가 건설의 착공이고, 1948년이 국가 건설의 준공이라고 표현하는 경우가 있습니다. 교수님께서 말씀하신 대로 대한민국 건국은 혁명인데 사람들이 고조선이나 고려, 조선이 아닌 바로 대한민국이란 나라에 대해 적극적으로 인식하지 않습니다. 대한민국 정체성의 제1의 핵심은 무엇이라 생각하십니까?

이: 우리나라가 개천절을 국경일로 정한 이유는 우리 민족이 오래전부터 존재했기 때문입니다. 그런데 주권체로서 국민을 보호할 권능을 발휘한 국가가 탄생한 것은 개천절의 함의를 넘어서는 차원의 의미입니다. 1948년 이전 이 땅에는 국민들의 주권이 선포된 국가는 없었습니다. 그런 의미에서 대한민국 정체성의 핵심은 개개인의 자유와 인권을 최고의 가치로 삼는다는 것입니다.

김: 말씀하신 이 가치가 북한의 건국과 대한민국의 건국의 가장 큰 차이일 듯합니다. 독립운동사에서 공산주의자들도 인정하고, 공산주의 국가 북한의 건국 정통성을 인정하는 시각 때문에 광복회와 같은 이들이 논란을 일으키는 것이 아닐까 생각해 봅니다.

이: 일제로부터 해방되었을 때 우리 국민 중 어느 누가 분단을 원했겠습니까? 하나의 국가를 세우고자 했고, 군주가 지배하는 나라가 아닌 국민이 평등하게 모든 권리를 누리는 나라를 만들어야 한다는 합의가 어느 정도 있었습니다.

그렇지만 현실은 북은 소련군에, 남은 미군에 의해 지배받는 상황이었습니다. 공산진영과 자유진영의 대립으로 냉전이 시작되었고, 그 최전선에서 한반도가 갈리게 된 것입니다. 공산주의 즉 마르크스주의는 이론적으로 매혹적인 부분이 많은 사상인 것은 사실입니다. 모든 사람이 평등하게 압박받지 않고 잘 사는 세상을 만든다는 사상을 누가 싫어하겠습니까? 그러나 공산주의의 이상은 현실적으로 실현 불가능합니다.

이 사실을 당시 지식계가 깨닫지 못했습니다. 그런데 1923년 소련 혁명이 일어난 후 본격적으로 사회주의가 시작되는 단계에서 이승만은 특이하게도 공산주의를 반대하셨습니다. 모든 것을 똑같이 나눠 가지는 것은 불가능하며, 절대 다수의 노동자가 자유롭고 평등하게 잘 사는 사회를 만들 수 있는 생산 동력이 공산주의에서는 나올 수 없다고 생각하셨습니다. 이는 한학에 통달하신 후 미국 최고 명문대에서 국제정치를 공부하셨던 분이기에 가능했던 통찰입니다.

김: 이승만 대통령은 공산주의 국가를 조심해야 한다고 하셨는데, 사실 6·25전쟁은 스탈린의 양해와 소련의 개입이 절대적이었습니다.

이: 소련은 점령했던 모든 곳에 공산주의 위성국가를 만들었습니다. 그중 하나가 김일성을 등장시킨 북한입니다. 소련은 북한에 위성국가를 세우기 위해 김성주라는 인물에게 세대도 다른 독립투사 김일성 장군의 이름을 붙이면서 국가 원수로 내세웠습니다.

소련의 비밀 공산당 조직은 각국에 있는 조직원들에게 지령을 내립니다. 저에게 스탈린이 김일성에게 구체적인 지령을 보낸 문서의 사본이 있습니다. 공산당 비밀 조직을 통해 권력을 장악하고자 선거를 치르는 것을 반대했던 스탈린은 김일성에게 김구를 만나면 확대회의 개최를 결정하고 미군 철수 등을 결의하라는 지령을 내렸습니다.

그런데 1947년 말, 유엔총회가 남북한 인구 비례로 동시 선거를 치뤄서 통합된 국가 대한민국을 다시 세우도록 허용합니다. 당시 남한에는 이미 유엔 선거감시단이 와있었습니다. 남한에서 선거를 통해 정부가 세워질 것을 알았던 소련은 북한에 정부를 만들기 위해 헌법 조항을 검토하고 민족 대회를 준비하라고 지시했고, 이런 상황 중에 김구 일행이 북한을 방문한다고 하니 스탈린이 김일성에게 자세한 지령을 내렸던 것입니다.

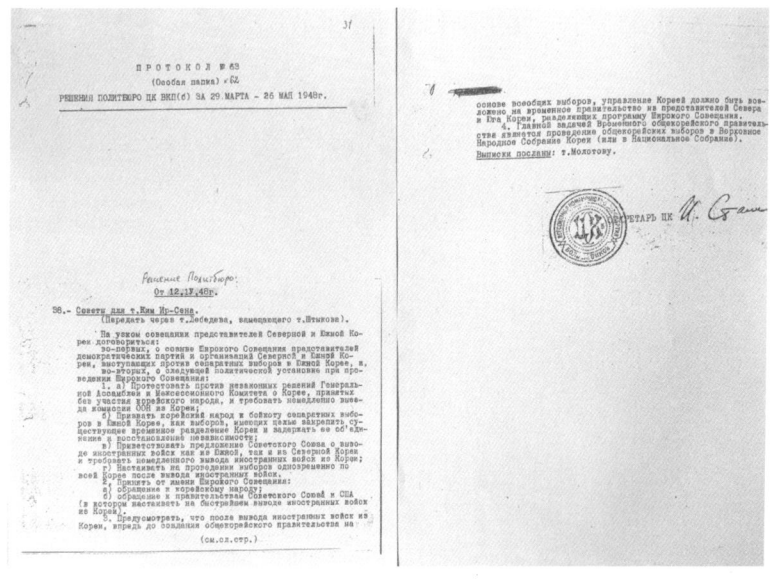

스탈린이 1948년 5월 26일 김일성에게 직접 내려보낸 지령문

김: 그동안 한국 사회는 이승만을 깎아내리기 위한 수단으로 김구를 내세웠습니다. 서로가 트레이드오프(trade off) 관계가 되어 버린 상황이라는 세평도 있습니다.

이: 이승만 대통령은 김구 선생을 많이 도와드렸습니다. 이승만 대통령은 처음부터 우리가 하나로 뭉쳐 빨리 나라를 만들어야 통일된 국가를 세울 수 있다고 늘 역설했습니다. 그런데 김구 선생이 북한에 다녀온 이후로 심경에 변화가 있었던 것 같습니다.

장개석 총통 당시 주한 중국공사였던 류위완(劉馭萬, 1897~1966)이 남긴 중요한 문건이 있습니다. 1948년 7월, 김구 선생을 만나 대담한 녹취록인데, 김구 선생은 북한에는 이미 인민군 군대가 조성되었지만 남한은 그만한 군대를 가질 수 없다고 말한 것을 알 수 있습니다. 또한 남한에서 독립을 선포하면 소련군이 북한을 남침하도록 만들어 자기들의 목적을 달성할 것이기에 남한의 단독 정부 수립을 반대한다고 했습니다. 김구 선생은 대한민국이 살아남지 못할 것이라 생각한 것입니다.

◆ ◆ ◆

김: 1948년 8월에 만들어진 혁명적인 국가 대한민국이 국가가 아니라고 주장하면서 이익을 얻는 세력이 있습니까?

이: 북한은 비밀리에 선거를 통해 인민민주주의공화국을 선포했습니다. 당시 대한민국 선거를 부정하고 이를 방해하기 위해 제주 4·3폭동을 일으켰습니다. 대한민국은 시작부터 안팎으로 적대 세력을 안고 태어난 체제입니다. 다행히 유엔과 자유진영의 지지를 받아 6·25의 도전까지도 잘 이겨냈습니다.

사실 대한민국이 1948년에 태어났지만 과연 정상적인 국가로 살아남을 수 있을지는 미지수였습니다. 미국의 문건에도 이러한 의문점이 상당히 많이 제시되어 있습니다. 피나는 노력을 통해 국가 기반을 다졌던 것입니다.

일제시대 때 마르크스주의에 경도되었던 우리나라 이상주의 지식인들이 상당히 많았습니다. 물론 순수하게 지식으로 접한 사람들도 있었습니다. 이런 사람들은 민족을 위해 공산주의 사상이 옳은 방향이라고 보고 지지했지만, 남북이 갈린 상황에서 막상 북한으로 가보니 자신들이 꿈꾸었던 이상적인 공산주의는 존재하지 않았고, 김일성이라는 사람은 소련의 꼭두각시일 뿐이라는 사실에 좌절했습니다. 그리고 그들 대개가 희생되었습니다. 젊었을 때 품었던 이상은 버리기 쉽지 않습니다. 아직도 젊을 적의 이상을 품은 사람들의 영향이 남한에 많이 남아 있습니다.

1948년 건국 부정하는 역사학계와 운동권 세력

김: 역사학계의 문제도 심각해 보입니다.

이: 정말 큰 문제입니다. 여러 역사학회들이 이종찬 광복회장을 지지하면서 김형석 독립기념관장 지명을 철회하라는 공동 성명서를 냈습니다. 본디 '학회'라는 기관은 학자들이 서로 연구를 돕고 의논하기 위

한 목적으로 만든 곳이지, 그런 류의 정치적인 성명서를 내는 곳이 아닙니다.

당연히 학계 내에서 정치적인 견해는 다를 수 있습니다. 그렇다고 해서 학회를 주관하는 사람들이 자신들의 인프라를 이용해 광복회 옹호 성명서를 낸다는 것 자체가 지식인으로서 절대 해서는 안 되는 일입니다. 그런데 모든 언론에서 그러한 지식인들이 주류로서 옳고, 소위 뉴라이트는 틀렸다고 말합니다.

김: 예전에 좌익이었던 사람들이 전향할 때 '역사를 다시 새롭게 본다'라는 의미로 뉴라이트라는 단어가 생겼습니다. 그런데 이미 좌익이 장악한 역사학계는 뉴라이트든 우익이든 소위 보수진영이면 다 거부하는 것 같습니다.

이: 2004년 경, 우리나라 어린이들이 읽는 책이 굉장히 심각하게 왜곡된 내용을 담고 있다는 것을 알았습니다. 교과서는 물론이고 유치원 아이들이 보는 그림책조차 대한민국 국민의 입장이 아닌 북한 정권의 입장에서 역사가 쓰여 있었습니다. 역사학계의 편향성을 적나라하게 알 수 있었습니다.

김: 개인의 자유와 권리 개념을 배제하고 역사를 보는 것이 좌익사관입니다. 우리가 어떻게 해야 그들을 이길 수 있습니까?

이: 지금 우리나라가 안고 있는 가장 큰 문제는 기존 세대의 정치에 불만을 품은 대학생들이 정권 타도를 외치며 형성된 운동권이 몇십 년간 지속되었다는 점입니다. 제가 귀국했던 1972년 이후 1987년까지 거의 15년 동안 대학가에서는 데모가 끊이지 않았습니다. 운동권 본인들은 민주화를 위해 투쟁했다고 하겠지만, 지성을 쌓아야 하는 대학 시절을 공부 대신 낮에는 화염병을 들었고, 저녁에는 좌익 선전 교재를 공부했습니다. 우리 사회가 좌경화된 원인이 여기에 있다고 여깁니다. 불행한 대가를 치르고 있습니다.

운동권은 무조건 정권을 타도하면 다 해결될 듯 선동했지만, 정권을 타도한다고 질서가 갑자기 잡히는 것은 아닙니다. 결국 이 나라의 위상과 실력은 국민 개개인이 얼마나 열심히 창의적으로 일해서 생산하는지에 따라 결정되는 것이지, 소수의 몇 사람이 이루는 것이 아닙니다. 그 길을 잘 마련해줘서 모두가 실력을 발휘한다면 그 사회는 발전할 것이고, 창의적으로 열심히 일하는 사람을 억누르면 퇴보할 것입니다.

박정희에게조차 버거웠던 이승만의 무게

김: 남로당이나 사회주의자들이 꿈꾸었던 평등한 사회는 북한이 아니라 오히려 대한민국에 먼저 도래했습니다.

이: 이승만 대통령은 1948년 8월 15일 경축사에서 우리는 외국과의

교류를 통해 살길을 마련해야 한다고 강조하셨습니다. 제가 어렸을 때는 세계사나 세계문화사 과목을 학교에서 배웠고 해외로 나갈 준비를 많이 시켰습니다. 애국적 반공주의를 교육했지만 역설적이게도 결과를 보면 반공 민족주의자가 아니라 친공 민족주의자들이 양성되었습니다. 굉장히 불행한 역사입니다.

김: 박정희 정부 때 김구 선생에게 건국훈장을 수여해 놓았고 상대적으로 이승만 대통령은 격하된 것 같습니다.

이: 박정희 대통령은 근대화된 일본이 국가 모델이 될 수밖에 없었던 세대의 인물입니다. 이승만 대통령께서 가졌던 통찰을 잘 이해할 수 없는 한계가 있었습니다. 저는 박정희 정권 내내 굉장히 비판적인 입장을 고수했던 사람입니다. 그러나 세월이 지나 결과를 보니 박정희 대통령이 비록 정당하지 못한 방법으로 권력을 장악하긴 했지만 그 의도가 좋았고, 한국을 잘 사는 나라로 만들어 구악을 일소하겠다는 신념이 있었던 분이셨던 것을 훌륭하다 평가합니다. 결과적으로는 삶의 질이 달라진 국민들이 박 대통령의 신념을 알게 되었고, 사후에 쿠데타의 명분을 인정받았습니다. 그분의 공적은 인정해야 합니다. 그러나 현재 역사학계는 제대로 공과를 평가하지 않는 상태입니다.

김: 역대 대통령 중에 이승만 대통령을 제대로 이해한 사람은 찾기 어려운 것 같습니다. 지금 우리는 이승만이라는 거인에게로 돌아가는

먼 길을 걷고 있습니다. 말씀하신 대로 박정희 대통령도 개혁적인 근대 국가를 추구했지만 1948년 8월 15일 이승만 대통령이 선언한 혁명적인 근대 국가인 대한민국의 본질은 정확하게 꿰뚫어보지 못한 것이 아닐까요?

이: 이승만 대통령은 매우 특출한 인물입니다. 제가 어렸을 때에는 그분께 '대통령'이라는 호칭 대신 '박사'라고 많은 사람들이 불렀습니다. 그분이 갖춘 모든 자격이 다른 사람보다 너무나 월등했기 때문에 어느 누구도 대체될 수 없었습니다.

몰락한 이씨 왕조의 먼 친척으로 태어나 어려운 어린 시절을 보내셨고, 구국운동하다 감옥살이까지 하셨습니다. 과거에 급제할 만큼 한학에 통달했고 글 쓰시는 솜씨, 심지어 그림까지 능통하셨던 분이셨습니다. 게다가 미국의 최고 명문대 하버드와 프린스턴에서 석박사학위를 받아 서양 학문까지 통달하셨습니다.

경험세계와 지식세계의 측면에서 이 분을 넘어설 사람은 우리나라뿐만 아니라 전 세계에서도 찾아보기 어렵습니다. 처칠도 영국의 귀족 출신으로 나라를 구하고 노벨상까지 받은 위대한 인물이지만, 대영제국 귀족의 한계는 벗어나지 못했습니다. 반면 이승만 대통령은 아무것도 없는 상황에서 나라를 만들어낸 분입니다. 그분의 경륜은 말로 하기 힘들 수준입니다.

사람들은 쉽게 이승만 대통령을 '독재자'라고 하지만 당시 어른들은 그분을 승계할 인물이 없다고 했습니다. 그만한 지도자가 없었던 것은 사실입니다. 토지개혁의 예를 보더라도, 한민당 지주들과 세력을 합쳐서 나라를 만든 이승만 대통령께서 그 지주들의 땅을 유상몰수해서 농민들에게 유상분배했는데, 이승만 대통령의 권위와 위상이 그만큼 강했기 때문에 가능했던 일입니다. 그분을 거부할 수 없었고, 그분의 방법만이 공산주의와 싸워 이길 수 있는 길이었습니다.

개혁이 필요한 정치, 언론, 지식계

김: 말씀하신대로 대한민국 건국은 하나의 혁명이었음이 분명합니다. 그러나 현재 혁명적인 근대국가 대한민국의 본질을 모르는 역사학자들과 언론 및 지식 사회의 반목을 맞닥뜨리고 있습니다. 이 사태를 풀 수 있는 해법이 무엇이라고 생각하십니까?

이: 오래된 의식에서 벗어나야 합니다. 특히 역사학자들은 외국사람들이 저술한 책을 많이 읽고 세계가 어떻게 돌아가는지 공부해야 합니다. 우리 민족만 아픈 역사를 가지고 있는 것이 아닙니다. 아픈 경험을 딛고 올라서 건설적인 방향으로 나아가고자 지혜를 발휘한 다른 민족들의 역사를 배워야 합니다.

또한 현실은 현실대로 인정할 줄 알아야 합니다. 일제시대 때 우리가 일본의 지배를 받았다고 말하는 사람들을 모두 '친일파'라고 부르는 것은 이치에 맞지 않습니다. 탁월했던 우리나라 지성계의 대표들이

나라를 구하려고 애쓰다 결국 일본의 지배가 오래 이어지다 보니 현실에 적응해서 살아갔던 것을 두고 친일파라고 매도하는 것은 인간에 대한 이해가 전혀 없는 것입니다.

요즈음 정치인들의 지적 수준이 너무 낮아졌습니다. 1948년 7월 우리나라에서 국회가 처음 구성되었을 당시 국회의원들은 국민들보다 수준이 매우 높았습니다. 80여 년이 지난 지금, 나라가 발전한 만큼 국민들의 수준은 높아졌는데 국회의원들 수준은 떨어졌습니다. 심지어 국회의원들이 범죄경력을 가진 것을 마치 훈장처럼 여깁니다.

◆ ◆ ◆

이: 광복의 진정한 의미는 '나라를 되찾는다'는 뜻입니다. 1945년에 해방만 되었기 때문에 자주독립을 위해 노력했고, 그 과정에 반공투쟁이 본격화되었습니다. 당시 소련은 남한까지 공산화한다는 목적을 가지고 있었기 때문에 건국하는 과정에서 항일투쟁과 반공투쟁을 같이 해야 했다는 것이 현실입니다. 그 과정에서 억울하게 당한 사람들도 있었겠지만, 당시 사상 투쟁이 얼마나 격했는지 저는 생생히 기억합니다.

6·25 당시 학교 교정에서 한 선배가 공산주의자로부터 총살당한 일이 있었습니다. 대한민국은 지난한 반공투쟁을 거치며 세워진 나라이고, 대한민국 건국이 없었다면 우리는 지금 북한만도 못한 지경에 살고 있을 것입니다. 대한민국 건국의 소중함을 깨닫지 못하면서 '건국'이란 말을 쓰면 안 된다는 주장은 터무니 없는 것입니다.

김: 앞서 대한민국의 가장 확실한 정체성은 개인의 자유와 권리라고 말씀하셨습니다. 현재 대한민국 사회는 권리에는 동의하지만 그 권리를 지키는 반공과 자유민주주의라는 가치는 폄훼하고 있습니다.

이: 우리나라는 북한을 '사회주의' 국가라고 말하지만, 공산주의와 사회주의는 구분해야 합니다. 공산주의는 계급투쟁으로 세상을 뒤엎자는 극단적인 혁명을 주장합니다. 그런데 북한의 실체는 김씨 왕조를 모시는 '왕정' 체제입니다. 이런 것이 좌익의 속임수입니다.

반공을 주장하면 우리 사회에서 역적으로 몰립니다. 공산주의가 개인의 자유와 권리를 배격하기 때문에 반대하는 것인데, 한국 지식인들의 소양이 많이 부족합니다. 소련이 무너질 때 소위 좌파 지식인들 가운데 반성하는 이들도 있었습니다. 그런데 공산주의가 소련 붕괴로 일단락되는 것처럼 보이니 종북세력들은 냉전적 의식 구조를 버리고 이념 투쟁하지 말라고 선동했습니다.

유럽에서는 공산주의 자체가 파산했고 반공적 논리가 더 이상 필요 없었지만, 우리나라는 중국과 북한이 여전히 공산주의 세력으로 존재하고 있는데도 반공하면 안 된다고 주장합니다. 소련의 공산당이 무너진 이후 종북세력이 교묘히 냉전 종식이라는 주제를 이용해 교과서까지 파고들었고, 대한민국의 이념적인 밑바탕을 공격하기 시작했습니다. 그들의 함정에 한국 사회가 놀아나고 있는 실정입니다.

개인의 기본권 인정한 한반도 첫 국가 대한민국

김: 이승만 대통령이 대한민국을 어떠한 국가로 건설하려 했는지 이해가 필요한 것 같습니다.

이: 이승만 대통령은 인간의 존엄성과 개인의 권리를 인정하는 것을 중요하게 생각했습니다. 미국의 민주주의를 관찰하고 진정한 민주주의의 근원에는 기독교 정신이 있다는 것을 깨달았습니다. 민주주의의 강점은 양심의 자유, 종교의 자유 등을 다 보장해 주는 것입니다. 그러므로 보수 사상의 기본은 인간이 유한한 존재임을 인정하며 최선을 다해 살아가고 다른 사람을 인정할 줄 아는 것입니다.

우리나라 소위 진보라는 사람들의 가장 큰 문제는 개개인의 철학이나 가치관은 무시한 채 공산주의로 체제를 만들면 완벽한 세상이 도래할 것이라는 망상에서 벗어나지 못한다는 것입니다.

◆ ◆ ◆

이: 지금 대개의 언론, 학계, 정치권에서 김형석 독립기념관장이 '뉴라이트'라서 안 된다고 합니다. '뉴라이트' 혹은 '극우'로 낙인찍히면 아무것도 못하는 세상이 왔습니다. 반동분자로 낙인찍는 북한보다 나은 것이 없습니다. 마치 신귀족사회로 돌아가고 있다는 느낌을 받습니다. 민주화 운동을 했다는 사람들은 몇 대에 거쳐 특혜를 주고, 심지어는 시험에 가

산점을 준다는 것은 귀족사회를 법제화한 것과 마찬가지입니다.

김: 유사 공산주의가 미시적으로 들어온 결과가 아닐까 생각됩니다. 1948년에 멋있는 국가 대한민국이 만들어졌습니다. 이 국가를 무너뜨리려는 세력이 크다는 것은 결국 통일이 가까워지고 있고, 미수복 영토를 되찾을 때가 되었다는 의미로 봅니다. 이승만 대통령께서는 제헌 당시 헌법 3조에 '한반도와 그 부속 도서'를 우리 헌법이 미치는 영토로 확정했습니다. 북한 땅에 자유와 인권이 지켜지는 근사한 통일 대한민국을 만들기 위해 거쳐야 하는 불가피한 과정으로 보입니다. 이념적인 민감한 문제를 제대로 정리할 필요를 느낍니다.

세계사적 대사건,
반공 자유민주주의 대한민국 건국

> **편집자주** 2024년 8월 27일에 있었던 〈VON 특별기획 인터뷰〉 "반공 자유민주주의 대한민국 건국은 세계사적 대사건! — 러시아 공산주의, 사회주의, 민주주의, 그리고 민족주의" 영상을 정리한 글입니다. 인터뷰 영상에서 전체 내용을 시청하실 수 있습니다. 격월간 「뉴 패러다임」(NP) 제36호(2024년 11~12월호)에도 게재되어 있습니다. 주로 질문하며 대담을 진행한 김미영 VON뉴스 대표는 '김', 답변을 통해 역사와 현실에 대한 통찰을 보여주신 이인호 교수는 '이'로 표기합니다.

헌법 전문 수정이 일으킨 건국 문제

김미영: 교수님께서는 최근 일어난 건국 논쟁에 있어 헌법 전문 개정에 대한 문제를 제기하셨습니다. 박정희 대통령이 헌법을 개정할 당시 전문에 4·19와 5·16을 삽입했다가 5공화국 때 이를 삭제했고, 1987년 헌법 개정 때 다시 4·19를 삽입하고 '대한민국 임시정부 법통'이라는 문구를 넣은 것이 건국 논쟁을 가열시키는 것 같습니다.

이인호: 제헌헌법의 전문을 고쳐서는 안 되었다고 생각합니다. 건국할 당시는 민족 독립을 향한 열망으로 좌우상하를 막론하고 하나가 되었습니다. 이런 건국정신이 가장 잘 녹여진 것이 제헌헌법의 전문입니다. 그러나 이승만 대통령 이후 집권 세력들이 자신들의 입지에 따른 정당성을 확보하기 위해 헌법을 개정하면서 전문까지 수정했습니다. 헌법 조항을 수정하는 것은 이해할 수 있습니다만 3·1운동 이후 하나로 뭉친 정신을 담은 전문까지 손을 댄 것은 바람직하지 않았다고 봅니다.

김: 헌법 전문을 의미있는 수준으로 수정하는 나라는 거의 없습니다. 미국헌법 전문은 말할 것도 없고 세계인권선언의 전문도 고치지 않고 있는데 우리나라는 전문이 정권과 사상투쟁을 위한 장이 된 것 같습니다. 5·18을 헌법 전문에 삽입하려는 세력을 보면 더욱 그렇습니다. 1987년 헌법에 대한민국 임시정부의 법통이라는 단어가 삽입되면서 1919년 건국설이 힘을 얻게 되었는데, 그렇다면 1910년부터 1919년까지만 나라가 없었다는 것일까요?

이: 나라가 없었으니 1945년 일제로부터 해방된 후에야 좌우할 것 없이 건국이라는 말을 사용했던 것이지요. 특히 1945년 이후 전환기에는 반공 투쟁이 중요했습니다. 물론 해방 직후부터 국민 대다수가 반공의 필요성을 절실히 느낀 것은 아니었습니다. 남쪽에도 공산주의에 경도된 사람들이 있었고, 북쪽에도 자유주의를 지지하는 사람들이 있었습니다. 자유진영인 미국과 공산진영인 소련이 대치하는 한반도의 상황

때문에 자연스럽게 38선을 중심으로 사상전이 굳혀진 것이라 볼 수 있습니다.

소련 붕괴 이후 본격화된 한국 이념 문제

김: 소련이 무너지면서 공산주의의 실패가 여실히 드러난 이후에 한국에서는 독특하게 오히려 반공이 더 나쁜 것으로 여겨지고 있습니다.

이: 굉장한 모순입니다. 본산지로 볼 수 있는 소련과 유럽의 공산주의가 무너지면서 우리나라에 일종의 역전현상이 일어났습니다. 소련 해체 당시 지식계에서는 공산주의에 대해서 언급할 필요가 없으며, 냉전 시대의 논리를 벗어나 민족 통일을 향해 나아가야 한다는 식의 담론이 제기되었습니다. 물론 옳은 이야기로 받아들일 수 있지만 사실은 공산주의가 무너졌을 당시부터 실패한 이념에 대한 본격적인 논쟁을 해야 했습니다. 결국 좌익의 술수에 넘어간 것입니다.

북한과 중국과는 다르게 소련과 유럽의 공산주의는 이상주의에서 출발한 체제였음에도 스스로 파산했습니다. 소련 붕괴 당시 이상주의적 공산주의와 자유주의에 대해 지식계의 진지한 논쟁이 있었다면 당연히 자유민주주의 체제가 우세하다는 결론을 내렸을 것입니다. 소련 붕괴가 곧 역사적인 증명이었기 때문입니다. 그러나 당시 좌익에서 이념 논쟁은 접어두고, 냉전 논리는 버리자는 식으로 몰아갔습니다. 자유진영 입장에서는 건국 당시 반공 정책을 쓰는 과정에서 무리수가 있었고 억울하게 희생당한 사람들도 있으니 좌익의 논리에 크게 반박하지 않았습니다. 또한 자유진영에서도 사회주의를 이론적으로 나쁘다고만 볼 수 없었습니다. 당시 공산주의 패배가 자명했기에 자신감으로 인한 일종의 사상적 양보 혹은 후퇴가 있었습니다. 이런 상황을 좌익 세력이 역으로 이용해 '반공은 악'이라는 프레임을 만들었고, 정식 이념 논쟁이 없었던 상황에서 역사의식을 교육으로 변질시키기 시작했습니다.

김: 역사적으로 반공 자유민주주의 대한민국 건국은 세계사적인 대사건이라고 말할 수 있습니다. 공산 사회주의 종주국인 소련에 비해 중국은 다소 빨리 개혁개방을 하면서 국가 시스템을 유지했고, 북한은 사회주의 시스템을 그대로 유지했기 때문에 소련과 중국, 북한 세 나라의 경우가 매우 다릅니다.

공산주의의 시작과 소련의 등장 과정

이: 우선 공산주의와 사회주의가 무엇이 다르며 이 두 체제가 민족주의와 어떤 관계가 있는지 설명할 필요가 있습니다.

공산주의는 칼 마르크스가 1848년 『공산주의 선언』을 세상에 내놓으면서 본격적으로 시작되었습니다. 역사는 인간이 더 나은 방향을 추구하는 과정에서 새로운 제도와 정치체제가 생겨나는 것을 보여줍니다. 농업에서 산업으로 경제 방향이 전환되는 19세기, 도시 빈민들과 공장 노동자들의 비참함을 보면서 대안을 고민하고 이상적인 사회 구현을 위한 담론을 제시하는 사람들이 있었는데 그 중 칼 마르크스가 가장 극단적인 사람이었습니다.

당시는 군주독재체제를 타파하고 인간이 아닌 법이 지배하는 체제를 견고히 하면서 개개인의 인권을 중요하게 생각했습니다. 자유주의의 물결은 여기에서 시작되었습니다. 이러한 자유주의의 시작이라고 볼 수 있는 프랑스혁명이 성공하는 듯 보였으나 프랑스가 다시 군주제인 나폴레옹 제국으로 돌아가면서, 정치적으로 참정권을 주장하는 민주주의를 최선이라 여겼던 사람들이 참정권을 가져봐야 경제적으로 어려우면 별 의미가 없다고 판단하게 되었고, 이런 상황 속에서 정치적인 자유와 더불어 사회의 경제적 개조도 함께 추구해야 한다는 주장이 많아졌습니다. 개개인이 잘할 수 있는 것만 하면 된다는 생각만으로는 부족하게 되었고, 500명 정도로 이뤄진 공동체를 만들자는 주장, 공장에서 일을 하는 사람들이 공장주가 되어 공장 운영을 맡자는 아이디어도 있었습니다. 그 중 가장 야심적으로 평등한 사회를 구현할 수 있다고 나선 사람이 칼 마르크스입니다.

경제학자로서 독일의 농촌 경제를 집중적으로 연구했던 마르크스는 헤겔의 역사철학을 접목하여 자신의 사상을 만들어냈습니다. 그의 사상을 한 마디로 요약하면 역사가 단계를 거쳐서 발전한다는 것입니다. 그에 따르면 원시 공산주의 사회에서 신분이 고착되는 봉건주의 사회를 지나 개인이 해방되면서 물질적으로는 풍요로워졌지만 불평등한 사회로 발전했다는 것입니다. 그 결과 소수의 부르주아에 자본이 집결되고 나머지 다수인 프롤레타리아는 굶어 죽지 않을 정도의 경제 수준을 유지하기 위해 노동에 시달리다가 인간답지 못하게 살다 죽는 사회가 되었다고 본 것입니다. 그러면서 프롤레타리아가 전 세계적으로 단결하여 소수의 부르주아를 타파하면 모두가 평등하고 압박 없는 사회가 될 것이라는 사상을 펼쳤습니다.

마르크스의 사상이 그 전의 사상과 매우 다른 점은 국가, 민족보다 '계급'을 중요 개념으로 인식하고 결속을 강조한 것입니다. 전 세계 프롤레타리아 계급이 단결하여 투쟁하면 자신의 능력만큼 기여하는 사회, 또 각자 필요한 만큼을 가져가는 사회가 도래할 수 있다면서 역사 법칙상 모순이 많은 자본주의 사회는 무너지고 더 진보한 사회주의가 득세하게 되어 있다고 주장했습니다.

김: 러시아의 공산주의는 마르크스의 단계론이 적용되지 않은 것처럼 보입니다.

이: 마르크스의 관점에서도 영국의 산업혁명이 큰 발전을 이룩한 것을 부인할 수 없었습니다. 자본주의가 고도로 발전되면서 생산력은 넘쳐났지만 분배가 제대로 되지 않기 때문에 분배구조만 수정하면, 다시 말해 공산주의를 실현하면 이상적인 사회가 도래할 것으로 여겼습니다. 공산주의가 도래하려면 우선 자본주의가 완숙의 단계에 이르러야 한다고 생각한 것입니다.

그러나 산업화로 인해 삶의 질이 현저히 나아지는 것을 경험한 영국에서는 공산주의 이론이 활발하게 논의되는 중에도 산업화를 이룩한 시스템 자체를 부정하기보다 노동자들의 권리를 보호하는 사회로 나아가야 한다는 목소리가 커지면서 마르크스의 혁명이론이 잘 받아들여지지 않았습니다. 공산주의의 본산지인 독일에서조차 소위 수정주의자들이 점점 더 세를 얻기 시작했습니다. 이들은 완숙 단계에 있는 자본주의 체제를 뒤엎기보다 법의 테두리 안에서 노동자들의 권익 향상을 위해 조금씩 투쟁하는 것이 더 낫다고 주장했습니다. 국제적인 움직임을 겨냥했던 공산주의 혁명이 근거지인 독일에서부터 제대로 영향력을 발휘하지 못하게 된 것입니다.

그에 비해 러시아는 강대국이었지만 사회가 매우 낙후된 국가 중 하나였습니다. 낙후된 사회일수록 혁명의 유혹이 강하기 마련입니다. 러시아는 19세기 말까지도 농업사회였고 산업화가 가장 늦게 이뤄진 국가이기 때문에 고도의 산업화에 따른 문제로 인해 등장하게 되는 공산주의가 적용되기는 힘들었고, 되려 농업 사회주의 운동이 강했습니다. 이런 상황 속에서 마르크스는 러시아에서 혁명의 불길이 일었으니 이를 돕는 것이 바람직하겠지만, 과연 경제적 후진국에서 혁명이 일어났을 때 공산주의 이상이 달성될 수 있을 것인가에 대해 고민했습니다.

이때 레닌은 농민들의 혁명 기질을 마르크스의 이론에 접목하여 산업 프롤레타리아가 아닌 농업 프롤레타리아, 즉 농민을 혁명의 불씨로 삼았습니다. 다만 프롤레타리아 전체를 의식화시키기보다는 혁명 엘리트를 최전선에 내세워 대중을 이끌어야 한다고 봤습니다. 그 결과로 레닌은 마르크스의 혁명이론을 변형시켜 1917년 러시아혁명을 일으켰습니다. 소련이라는 국가에 정착한 공산주의는 본래 마르크스가 주장한 이론과는 사뭇 달랐습니다. 1923년에 이미 이승만 대통령이 공산주의 이론이 적용된다고 하더라도 어려울 것이라고 주장한 대로, 자본주의가 고도로 발달했다는 전제 하에 시작되는 공산주의 이론이 자본주의가 발달하지 않은 나라에서 본래의 뜻대로 이뤄지기는 어려웠습니다.

공산주의는 세계제1차대전 때 또 다른 시련을 맞았습니다. 마르크스는 인간에게 먹고사는 문제가 가장 중요하다며 국가나 민족보다 계급을 내세웠는데, 세계제1차대전이 발발하면서 공산주의 종주국인 독일과 러시아가 전쟁을 하게 된 것입니다. 공산주의 이론에 따르면 전쟁은 자본가들끼리의 싸움이므로 이를 이용해서 혁명을 이룩해야 하는데, 독일이나 러시아나 자국민이 계속 죽어가자 자신의 국가를 지지하지 않을 수 없게 되었던 것입니다. 결국 독일을 위시한 제1 공산주의 국제기구(International)와 함께 러시아를 위시한 제2 공산주의 국제기구도 깨지게 되었습니다. 그런데도 세계제1차대전을 자본가들의 내란으로 규정하고 혁명의 기회로 삼고자 했던 사람이 레닌이었습니다.

독재체제의 모순과 경제문제, 여기에 더해진 전쟁의 무게를 견딜 수 없던 차르 체제가 스스로 몰락하면서 권력에 공백이 생긴 러시아에 자유주의와 사회주의가 개입하려 했지만 결국 볼셰비키가 승자가 되어 공산당 조직을 통해 세계 곳곳에 공산주의 혁명을 일으키는 구조를 만들었습니다.

본래 '소비에트'라는 말은 협의체를 의미합니다. 논의를 통해 선출된 대표자들이 조직을 만들고 최고단계의 소비에트 의장이 국가 원수가 되는 형식으로, 가장 민주적인 체제로 보입니다. 하지만 시스템이 만들어졌다고 민주주의가 갑자기 작동될 수 없듯이, 수뇌부의 수장이 독재를 하는 시스템으로 변질된 것입니다. 혁명이 일어났을 당시 공산주의를 표방하는 국가는 소련 하나뿐이었습니다. 언론 자유의 폭이 넓었던 일부 국가를 제외한 여러 국가에서는 공산주의 조직이 지하에서 활동할 수밖에 없었고 그들은 중앙의 지령을 받아 움직였습니다.

해방 당시 지식인들을 매료시킨 공산주의

김: 1923년 이승만 대통령은 「태평양잡지」에 〈공산당의 당부당(當不當)〉이라는 글을 쓰시면서 공산주의의 모순은 정부와 군사 그리고 국가사상을 없애는 것이라고 지적하셨습니다.

이: 원래 공산주의는 국가 개념을 무시합니다. 국가를 부르주아의 도구로 보기 때문입니다. 소련의 경우는 다릅니다. 권력 공백기에 내란이 일어났을 당시 가장 극단적인 폭력 집단으로 볼 수 있는 볼셰비키가 이를 수습했지만 세계제1차대전과 내란을 겪으면서 러시아 경제 상황은 좀처럼 회복되지 않았습니다. 이런 상태를 유지할 수 없어 1921년에 '신경제정책'을 선포했고, 소비에트사회주의연방공화국(소련)이 온

전히 형성되지는 못했지만 우크라이나와 벨라루스 지역을 포함하여 사회주의 지역을 연방으로 만들었습니다. 다시 말해 전 세계가 소비에트 연방으로 들어올 수 있게 한 것입니다. 박헌영도 소련 체제에 편입되는 것을 새로운 국가의 이상으로 삼았습니다.

김: 마르크스주의자들이 코민테른을 인류의 새로운 희망으로 본 것 같습니다.

이: 맞습니다. 그러나 공산주의는 그 단계론에 따라 민족 부르주아에게도 역할을 부여하고 있습니다. 왕정을 퇴치하고 정치적 민주화를 실현해서 경제를 어느 정도 발전시키는 것이 그것입니다. 이것이 이뤄질 때까지는 공산주의 혁명가들은 앞장서지 않고 오히려 부르주아를 앞세우는 단계가 있습니다. 나라마다 설계는 다릅니다. 우리나라의 경우, 국가 주권을 빼앗겼던 일제시대 당시 공산주의자들이 먼저 민족 부르주아들과 손을 잡고 그들을 돕기 시작했습니다. 일제시대의 애국적 지식인들에게는 공산주의자들의 메시지가 굉장히 매혹적일 수밖에 없었습니다. 민족 해방을 이뤄 계급이 없는 사회가 되도록 도와주겠다며 자금까지 지원해 주는 공산주의에 경도되기 쉬웠습니다. 또한 공산주의 이념을 매력적으로 포장했기 때문에 거부감이 없었습니다.

김: 1919년 상해 임시정부 건국론 쟁점이 지금 이 문제와 잇닿아 있는 것 같습니다.

이: 역사적으로 임시정부는 크게 다룰 주제가 아닙니다. 독립운동가들이 여기저기 임시정부를 세웠습니다. 상해뿐만 아니라 한성에도 임시정부는 있었습니다. 3·1운동 후에 본격적으로 임시정부가 세워졌지만, 그 전부터 이런 움직임은 있었습니다.

국외뿐 아니라 국내에서도 여러 운동이 일어난 가운데 3·1운동 이후 이승만 대통령은 먼저 한성 임시정부에서 집정관 총재로 추대되었고 그 후에도 여러 임시정부에서 추대받았습니다. 이후 상해 임시정부로 중심이 옮겨지는 단계가 있었지만 그런 임시정부의 움직임이 주류가 되지는 못했습니다. 정신적인 의미에서 중심 역할은 했지만 임시정부 자체보다 3·1운동의 정신이 더 중요하다고 봐야 합니다.

공산주의 관련 정보 봉쇄 정책이 낳은 역편향

김: 공산주의가 민족주의와 복합적으로 결합된 문제가 현재 우리나라의 이념 문제에 깊게 관련되어 있습니다.

이: 물론입니다. 소련에서 연방을 구성할 당시 각각의 민족들이 야망을 갖고 있었습니다. 우크라이나의 경우 러시아제국에 편입되는 과정이 복잡했습니다. 일찍이 서방 세계에 눈을 뜬 나라였고 러시아와 정서가 다르다 보니 19세기부터 우크라이나 독립운동이 있었습니다. 우크

라이나와 같은 소위 소수민족들이 소비에트 연방 내에 150여 개가 있었습니다. 우크라이나가 그 중 가장 큰 집단이었는데 이를 14개의 연방으로 구성했습니다. 이런 식으로 각 공화국을 연합체로 만들어 하나의 프롤레타리아 세계를 만드는 것이 소련의 이상이었습니다. 중앙당 정치국에서 결정하는 것이 결국 전 세계 공산당 조직으로 연계되어 지령으로 전달되는 것입니다.

영국의 마르크스주의 역사학자 에릭 홉스봄(Eric Hobsbawm)은 소련이 무너진 이후에도 마르크스주의를 포기하지 않았던 지식인으로, 유대인으로서 히틀러에게 대항하기 위해 공산당원이 되었던 사람입니다. 소련이 망한 후 『극단의 시대』(The Age of Extremes, The Short Twentieth Century)라는 책을 내면서 자신이 왜 공산주의자가 되었고 공산주의를 버리지 않았는지 이유를 상세히 밝혔습니다. 홉스봄은 스탈린이 죽은 이후 러시아를 방문했더니 공산주의자는 한 명도 없었고, 오히려 동유럽에 몇 사람이 있었다고 말했습니다.

홉스봄은 소련에서 일어난 공산주의는 원래의 이상과는 다른 것이었음을 인정했습니다. 그러면서도 그는 공산당에 가입한다는 의미는 이론적으로 개인의 연애조차도 지령에 따르는 것이라 말했습니다. 모택동을 흠모해서 공산당에 가입한 엘리트 여학생들에게 지방의 늙은 공산당 간부의 수발을 들게 하는 명령을 내렸는데 복종한 사례도 있었습니다. 이처럼 마르크스주의의 이상과 실제는 달랐기 때문에 처음부터 강조했던 것이 바로 선전과 선동이었습니다. 이상이 현실에 적용되길 바라지만 사람들이 굶어 죽는 것이 현실이었기 때문에 선전선동을 통해 지금은 힘들어도 미래에는 이상이 이뤄질 것이라고 속여야 했습니다.

그래서 실제 당이 통제하는 정보, 즉 공산주의의 아름다운 모습만을 대외적으로 내보냈기 때문에 당시 일본에서 유학하던 우리나라 학생들이나 경성제국대학에 다니던 대학생들이 빠질 수밖에 없었습니다. 앙드레 지드 같은 유럽 굴지의 지식인조차도 공산주의에 매료되었기 때문에 더욱 속기 쉬웠습니다. 특히 자본주의 초기 비참상을 보고 일종의 새로운 계시였던 공산주의에 경도된 경우가 많았습니다.

해방 전 우리나라의 공산주의자들은 이론을 잘 알았습니다. 공부를 열심히 했기 때문입니다. 그래서 김일성 체제가 등장했을 당시 회의를 느끼고 자살을 한 사람도 있었습니다. 그러나 후속세대는 공산주의에 대해 제대로 공부조차 하지 않았습니다. 거의 모든 자료가 개방되다시피 했음에도 공산주의를 제대로 들여다보지 않고 어렴풋하게 계급 없는 아름다운 사회 정도로 여겼습니다. 물론 국가 상황의 한계도 있었습니다. 박정희 대통령은 당시 체제에 반하는 지식인들을 탄압하는 과정에서 지적 자유를 지나치게 통제하느라 반공교육을 제대로 못 했습니다. 공산주의가 어떤 것인지 알 수 있게 해야 지식인들이 스스로 공산주의가 나쁜 것임을 깨달을 수 있는데, 통제에만 급급하여 오히려 공산주의에 대해 전혀 알 수 없게 만들었던 것입니다.

김: 전쟁이 끝난 지 불과 10년 정도 되었을 때여서 당시 체제가 취약하다고 판단했기 때문이라 생각합니다.

이: 공감합니다. 그러나 폐쇄의 정도가 너무 심했습니다. 세계가 다 아는 공산주의에 대한 정보와 문제점을 우리나라만 몰랐고 결국 공산주의에 대한 호기심만 키웠습니다. 이후 조금씩 개방했다 하더라도 선전물만 손에 쥐게 되었습니다. 제가 미국에서 공부하던 중인 1957년에 소련이 인공위성을 발사했습니다. 놀란 미국이 소련 연구에 박차를 가하는 모습을 보면서 우리나라에서도 누군가는 소련에 대해 알아야 할 것 같았습니다. 제가 남자였다면 사상범으로 지목될 가능성이 높아 러시아 연구를 못 했을 것입니다. 어렸을 적 러시아 문학을 많이 읽었던 경험이 러시아 연구를 하게 된 계기 중 하나입니다. 일찍부터 소련의 체제 운영에 관한 공부를 했습니다. 불행한 사실은 국가에서 이러한 공부를 못 하게 하니 역사학자 또는 정치학자들이 일부분만 연구하게 된 것입니다. 소련은 겉으로 보이는 모습과 당 지령이 움직이는 체제가 다릅니다. 한국 지식인들은 이 사실을 잘 몰랐습니다.

김: 1919년을 건국 원년이라 주장하는 세력은 결국 한반도에 하나의 나라만 등장했어야 한다는 주장하고 있는 것일까요?

이: 결국 적화통일된 나라가 세워졌어야 한다는 것이 그들의 주장입니다. 김구 선생은 임시정부가 우리나라의 정부여야 한다고 주장하며 미국의 하지 중장과 갈등을 빚었습니다. 현실적으로 미군이 점령하고 있었던 당시 상황에서 그러한 주장을 한다는 것은 미군에게 '어서 나가라'고 말하는 것입니다. 상황을 잘 아신 이승만 대통령이 선거를 통해

국민의 의사를 타진하여 정부를 만들자고 했습니다. 우선 독립국가를 세운 이후에 구체적으로 어떤 국가로 만들지 생각하자는 입장을 고수하셨습니다.

김: 당시 소련의 이상은 공산주의 위성국가를 만드는 것이었다고 말씀하셨지요?

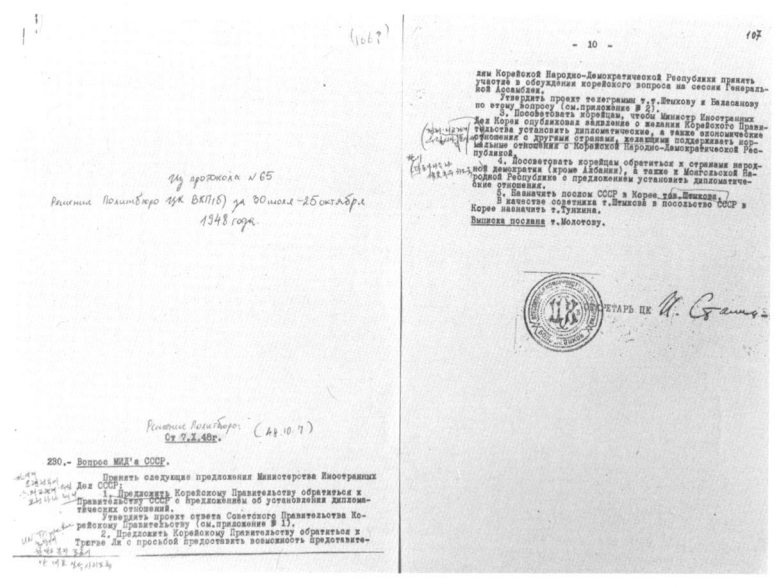

스탈린이 북한에 소련을 비롯한 사회주의 국가들과의 수교를 지시하라고 소련 외무부에 보낸 지령문

이: 바로 이 지점이 중요합니다. 소련은 점령지역 모두를 공산화하는 것, 다시 말해 공산주의 위성국가로 만드는 것이 목적이었습니다. 전후 세계의 비참한 상황에서 명망 있는 민족지도자를 세워 참혹한 상황을

수습하게 하고, 수습이 어느 정도 되면 소련의 지령을 받는 인물을 지도자로 내세우는 것이 그들의 전략 패턴이었습니다. 북한의 경우는 이 프로세스가 빨리 적용되어 1945년 10월에 국내에 전혀 지지세력이 없었던 김일성을 소련이 내세웠습니다.

오히려 박헌영의 영향력이 더 컸던 상황임에도 불구하고 소련은 자신들의 말을 충실히 듣는 김일성을 선택한 것입니다. 1948년 9월 인민공화국 내각이 공개되었을 때에는 수반은 이승만이었습니다. 이승만 자신도 몰랐습니다. 이것이 소련의 전형적인 패턴입니다. 명망 있는 민족지도자를 내세워야 인민민주주의 정부의 정당성이 생기기 때문에 술수를 쓴 것입니다. 이런 상황에서 민족지도자 중에 공산주의 세력을 이용하려는 사람들도 있었고, 반대로 공산주의 세력에서 민족지도자들을 이용하려는 경우도 있었습니다. 이러한 복잡한 상황 속에서 하나의 나라를 만든다는 것은 외줄타기처럼 굉장히 어려운 일이었습니다.

김: 김구 선생도 공산주의를 이용할 생각이었을까요?

이: 김구 선생도 기본적으로는 반공 노선이었습니다. 다만 국제적인 감각이 없어 임시정부를 인정받아야 한다는 생각에만 치우쳐져 있었습니다. 박헌영은 건국 초기부터 소련의 지령을 받는 사람이었지만 이승만 대통령은 그런 박헌영과도 손을 잡을 수 있다고 하셨습니다. 공산주의 운동에도 애국적 열망이 있음을 아셨기 때문에 나라를 세우는 데 함께 힘을 합치자는 것이 이승만 대통령의 기본적인 입장이었습니다. 그

러나 소련 공산당과의 관계를 끊지 않는다면 타협은 불가능했습니다.

김일성은 철저히 스탈린의 지령에 따라 움직이는 사람이었습니다. 〈김일성 동무에게 보내는 충고〉라는 제목으로 스탈린이 김일성에게 지령으로 보낸 소련 문건이 있습니다. 대한민국이 건국된 이후 유엔의 인정을 받으려 할 당시 스탈린은 북한이 마치 별개의 독립국가인 것처럼 북한 건국 축하 메시지를 보내기도 합니다. 외무부에 보낸 스탈린의 지시문을 보면 북한에게 소련과 외교관계를 맺도록 지시하라, 다른 사회주의 국가들과 수교하도록 지시하라, 유엔 사무총장에게 북한 없이 한국 문제 결정은 안 된다고 항의하라는 등의 구체적 개입 정황을 볼 수 있습니다.

이렇게 명확한 증거로 남아있는데도 그 사실을 모르는 자들이 민족 정통성이 북쪽에 있으며, 친일파 청산 못한 남쪽은 정당성이 없다고 주장하는 것이 너무나 한심합니다. 이러한 주장에 다음 세대가 말려 들어가는 것이 비통합니다.

김: 한반도에 반공 자유민주주의 국가가 등장하는 것은 굉장히 어려운 일이었을 듯합니다.

이: 집단안보체제인 유엔이 생기면서 유엔에서 모든 것을 의논하자는 국제사회의 합의가 있었기 때문에 진정한 의미의 독립(건국)이 가능했습니다. 미소공동위원회가 5년 정도 신탁통치를 한 후에 독립을 시켜주겠다고 했지만 대부분의 민족지도자는 반대했습니다. 그런데 좌익

진영에서는 이러한 모스크바 삼상회의 결과를 지지한다고 선언했습니다. 신탁통치를 반대하면 후에 한반도 자치 정부가 만들어질 때 제외하겠다는 스탈린의 지령이 있었기 때문입니다.

김: 실제로 요즈음 신탁통치를 찬성했어야 했다고 아이들에게 가르치는 학교도 있다고 합니다.

이: 1948년 당시 유엔의 감독하에 인구 비례로 남북한 동시 선거를 실시하려 했습니다. 그러나 소련이 공산당 조직을 통해 북한을 움직여 남북 동시 선거를 반대했습니다. 38선이 그어진 이후 한반도에서 통일된 국가를 세울 첫 번째 기회를 막은 것이 소련입니다. 두 번째 기회는 6·25전쟁 때였습니다. 유엔과 미국의 지원으로 압록강까지 갔을 때 계속 북진했더라면 통일 국가가 세워졌을 두 번째 기회는 중공군에 의해서 좌절되었습니다.

김: 결국 소련과 중공이 한반도의 자유민주주의 통일 국가 건국을 막은 것입니다.

이: 러시아는 소련 붕괴 이후 체제가 변했지만 당시에는 공산화가 목적인 국가였고, 중공의 수뇌부와 스탈린 사이에는 미묘한 알력이 존재했습니다. 1920년대 초 소련은 국익에 따라 신경제정책을 펼치면서 서구의 자유진영 국가들에 자신들이 민주주의를 하는 것처럼 설득하고

수교를 맺었습니다. 이후 1928년부터 본격적으로 강력한 사회주의를 전개했습니다. 당시 소련이 모택동에게 장개석과 협력해서 일본과 싸우라는 지시를 내렸다가 갑자기 장개석과 결별하고 계급투쟁을 하라고 지령을 바꿔 모택동이 곤란한 상황을 맞기도 했습니다. 이후 중공은 중국을 통일하고 스탈린의 지령을 받지 않아도 될 만큼 나름의 실력을 쌓았습니다. 본격적인 소련과 중공의 갈등은 스탈린 사망 이후입니다. 스탈린 치하 공산주의는 진정한 공산주의가 아니었다며 소련 내에 개혁의 물결이 일었을 때 중공은 굉장히 당황했습니다. '공산당은 무오류'라고 가르쳤는데 소련이 그 오류를 인정했기 때문입니다. 북한은 이러한 오류를 인정하면서 왕조체제를 굳혔고, 소련과는 거리를 두며 중공과 가까워졌다가 이후 주체사상을 본격화하면서 중공과도 약간의 거리를 두고 있습니다.

좌편향된 역사 인식에서 벗어나야

김: 김문수 장관께서 장관 청문회에서 제주 4·3사건은 남로당의 폭동이라고 분명한 입장을 밝히셨습니다. 현재 대한민국은 건국 문제로 시작하여 근현대사의 중대한 사건에 대한 인식까지 첨예하게 엇갈리고 있습니다. '이제 6·25는 잊자'는 말까지 나오고 있습니다.

이: 대한민국 국민이 정신을 차려야 합니다. 남과 북 양쪽의 명분은

모두 통일이었지만 6·25 전쟁에서 막대한 희생을 치렀습니다. 미국의 국무장관 애치슨이 한국을 방어선 안에서 제외하자 김일성이 스탈린을 설득하여 전쟁을 벌였습니다. 당시 스탈린은 전쟁이 세계제3차대전 격으로 커져서 미국과 싸우게 될 것을 걱정했습니다. 김일성의 가장 큰 죄악이 독일과 달리 형제가 싸우는 것을 국제적으로 확산시킨 장본인이란 것입니다. 좌익은 누가 전쟁을 시작했는가는 따지지 않고 전쟁의 참상만을 이야기합니다. 6·25, 대구, 제주, 광주 모두 원인 제공자에게 정당성이 있었는가에 대한 논의는 전혀 없이 서로 참혹상에 대한 논쟁만 벌이고 있습니다.

특히 브루스 커밍스와 같은 미국 학자까지 가세하고 있습니다. 그는 마치 북한이 잔혹한 짓을 하지 않은 것처럼 말합니다.

김: 실제로 브루스 커밍스는 최근 자신의 저서에서 북한의 정치범수용소까지 옹호해 주고 있습니다.

이: 좌익 정권은 합리적인 사고가 아직 더딘 어린 학생들에게 그릇된 역사관을 심어놓았고, 감상주의에 빠져 남한이 전쟁에서 나쁜 짓을 했다고 교육해 왔습니다. 얼마 전 방송에서 제주 4·3사건의 피해자가 처절한 아픔을 말하는 것을 봤습니다. 저는 이런 분들의 응어리를 국가가 풀어줘야 한다고 생각합니다. 그런데 그분들의 반대편에서 당한 참사도 언급해야 합니다. 9살 때 4·3을 겪으신 제주 출신 현길언 교수는 가족들이 비참히 처형당하는 모습을 보셨습니다. 그럼에도 전체를 조망

하고 모두에게 비극이었던 사건이라 말씀하십니다. 현 교수가 돌아가신 후 제자들이 십시일반 모아 비석을 제주에 세우려 했지만 거절당했다고 합니다. 한쪽의 울분만으로 역사적인 사건을 논하는 것은 굉장히 불합리한 것입니다. 만약 제주 4·3 당시 진압에 실패했다면 어떤 일이 벌어졌을까요? 원인 제공자에게는 책임을 묻지 않고 벌어진 참상만으로 잘잘못을 따지는 것은 국민을 우롱하는 행동입니다.

김: 양비론으로 사회를 완전히 잘못된 방향으로 오도하고 있는데, 1948년에 등장한 반공 국가는 사생아 취급을 받고 있는 듯합니다.

이: 이렇게 잘못된 역사관을 가진 사람들에게 북을 택할지 남을 택할지 선택해 보라 말하고 싶습니다. 아마 북한에 갈 사람은 없을 겁니다. 압박받는 사람들을 위해 고민하는 사람들은 이념의 편향성에서 언젠가는 깨어나야 합니다. 지금 우리나라에서 이념에 사로잡힌 사람들 중 홉스봄처럼 이념 자체를 신뢰해서 경도된 사람은 드물다고 봅니다. 홉스봄은 있는 그대로의 사실을 인정했습니다. 스탈린이 폭력적인 것을 알면서 공산주의를 버리지 않았던 이유에 대해 그는 당시 무솔리니나 히틀러의 폭력이나 스탈린의 폭력이나 비슷했기 때문에 유대인인 자신의 입장에서 공산주의 말고는 대안이 없었다고 밝혔습니다. 그런데도 공산주의의 어두운 면에 대해서 진솔하게 책을 집필한 이유에 대해서는 솔직히 자신은 유일한 공산주의 국가였던 소련에 관해 되도록 말을 아끼려 했다고 고백했습니다. 공산주의자라도 자신의 진정한 이상을 위

해 양심적으로 노력하는 사람이 있습니다. 그러나 우리나라의 좌익은 진정으로 민생을 생각하는 이들이 아니라고 보입니다.

떨어진 국격, 낮아진 민도

김: 대한민국 좌익들은 혁명이라는 거시 담론을 가져오면서도 북한 사람들이 어떻게 살아왔고 살고 있는가에 대한 인식은 전혀 없는 듯합니다. 인권에 관하여도 북한사람들의 인권에 대해서는 관심을 두지 않습니다.

이: 이념의 문제가 아니라 인간 양심의 문제입니다. 언론의 무책임도 큰 문제입니다. 직면하고 있는 국가 문제를 정치가 어떻게 해결해야 하는가를 다루어야 할 언론이 스캔들이 마치 정치의 전부인 것처럼 보도합니다. 결국 여야의 문제가 아니라 나라의 국격이 떨어진 문제입니다. 해방 당시보다도 민도가 낮다고 여겨집니다.

김: 이렇게 진정한 담론도, 생산적인 논쟁도 없고, 야만화가 되고 있는 한국의 실정은 공산주의자들이 미시적으로 권력을 장악했기 때문이 아닐까 생각합니다.

이: 세뇌되어 맹신자가 되면 공감 능력이 마비되어 위에서 하달하는

명령대로만 움직이게 되어 있습니다. 제일 큰 걱정은 국민 대개가 이성적인 판단이 약해진 것으로 보인다는 것입니다. 판단능력이 없다 보니 보이지 않는 합의를 지키는 문명의 불문율을 깨고 약육강식의 세계가 된 것 같습니다.

김: 심지어 근래 젊은이들은 미신을 좋아한다고 합니다. 조선 말 민비가 무당 진령군을 중용했던 것과 같은 어두운 역사를 제치고 대한민국을 건국하여 합리적인 근대국가를 만들어 왔는데 도리어 역전된 상황을 맞고 있는 것 같습니다.

이: 역사로부터 배우지 못하면 다음 세대가 망가집니다. 나라의 독립이 없으면 자유를 누릴 수 없습니다. 이러한 인식 없이 자유를 외치는 것은 위험합니다. 독립국가로 탄생하면서 선진적인 헌법을 만들었던 대한민국에서 헌법의 가치가 잘 실현되지 않는다는 이유로 역사의 어떤 사건을 헌법 전문에 추가하는 것은 안 될 일입니다. 역사의 대전환점이라 여겨지는 프랑스혁명조차도 근래 들어 재평가를 받고 있습니다. 후대에 와서 헌법 전문에 손을 대는 것은 막아야 합니다.

특히 광주 5·18 사건에 북한의 개입이 있었다는 것은 상식입니다. 역사를 공부해 본 사람으로서 이야기할 수 있습니다. 대한민국을 전복시켜 적화하는 것이 북한의 목표였고 그동안 공공연히 천명했던 사실인데, 박정희 대통령 시해 이후 권력의 공백기 상황에서 일어났던 5·18을 북한이 가만히 손 놓고 있었을 리가 없습니다.

우리 사회는 지금 적진이 보이지 않는 망을 통해 명령을 수행한다는 것을 잊고 있습니다. 대한민국이 공개사회, 자유사회이다 보니 거짓을 통해 운영되는 조직이 있다는 것을 인식하지 못합니다. 사람들의 감정보다는 합리적인 인류 공동의 가치를 인정하는 것이 우선입니다.

선거 부정 사태, 민주주의 체제 근간 흔들린다는 증거

김: 선거 절차에 대해서도 심각한 불신이 있습니다.

이: 저는 우리나라 민주주의 체제가 근본적으로 작동을 못 하고 있다고 봅니다. 제가 어렸을 적에는 투표함에서 봉인이 떨어지면 무조건 부정으로 간주했습니다. 봉인이 떨어진 것을 대수롭지 않게 여기고, 소쿠리에 투표지를 넣는 것은 민주주의가 끝났다는 의미입니다. 이렇게 선거관리를 하는 국가기관을 신뢰하면서 민주주의가 제대로 작동되기를 바라는 것은 일종의 쇼입니다. 이런 행태는 반드시 고쳐져야 합니다. 특히 여론 조작이 발달해서 거짓으로 선동하는 것도 문제입니다. 후보자에게 밥 한 끼만 먹여도 부정이라고 간주하던 때가 있었는데 세금으로 표를 사는 것이 공공연해졌습니다. 선거 얼마 전에 보조금을 나눠주니 어르신들 사이에서는 '아들보다 문재인이 낫다'는 말까지 돌 정도였습니다.

자유민주주의가 위기에 처해 있습니다. 대한민국의 근간이 흔들리고 있습니다. '사법 리스크'라는 말도 대단히 잘못되었습니다. 범죄 혐의를 회피하는 행위를 어떻게 '리스크'라고 표현할 수 있습니까? 단어를 분명하게 쓰지 않음으로 본질을 흐리는 경우가 많습니다. 북한에 대해서도 공산주의라는 말을 정확히 쓰지 않고 사회주의라고 하는 것도 일종의 물타기입니다. 사회주의는 좋은 사회를 만들겠다는 사람들이 만든 단어로 볼 수 있습니다. 또, 해방 이후 우리나라의 핵심 키워드는 반공 투쟁이었는데 아무도 이 말을 하지 않고 있습니다. 좋았다는 것이 아니라 분명한 역사적인 현실이었다는 것입니다. 회피한다고 해결될 문제가 아닙니다.

김: 오늘날 국가 시스템의 균열 현상에 대해 안타까운 마음으로 말씀하셨습니다. 미시적인 이념 문제에 대해 더 자세히 교수님의 말씀을 들을 기회가 있길 바랍니다.

대한민국 건국 정통성 지키면서
좌우가 함께 가는 법

> **편집자주** 2024년 9월 3일에 있었던 〈VON 특별기획 인터뷰〉 "대한민국 건국 정통성 지키면서 좌우가 함께 가는 법 — 핀란드 폴란드 우크라이나 아르메니아의 경우" 영상을 정리한 글입니다. 인터뷰 영상에서 전체 내용을 시청하실 수 있습니다. 격월간 「뉴 패러다임」(NP) 제37호(2025년 1~2월호)에도 게재되어 있습니다. 주로 질문하며 대담을 진행한 김미영 VON뉴스 대표는 '김', 답변을 통해 역사와 현실에 대한 통찰을 보여주신 이인호 교수는 '이'로 표기합니다.

김미영: 2024년 9월 3일 송호근 한림대 석좌교수께서 지난 9월 중앙일보에 "호적이 없는 나라"라는 제목의 칼럼을 쓰셨는데, 송 교수께서 객관적인 건국 사건을 여러 의견을 절충하여 사회적 갈등을 중재하려 하신다는 생각이 듭니다.

이인호: '호적이 없는 나라'라는 표현을 보고 굉장히 안타까웠습니다. 송호근 교수께서는 조심스럽게 글을 쓰신 것 같습니다. 건국에 대해 논

하면서 '호적'이라는 단어를 쓰는 것은 제가 공개적으로 이종찬 광복회장의 건국 인식에 대해 문제제기를 하면서 '출생신고'를 언급한 것에 영향을 어느 정도 받았다고 생각합니다. 이종찬 회장과 제가 태어났을 당시인 1936년은 대한민국이라는 나라가 없었습니다. 그러니 출생신고를 일본에 한 것과 다름없습니다.

제가 '호적신고를 일본에 한 것'이라 얘기한 것은, 1936년 당시는 우리가 운용하는 법체계가 없었다는 뜻이었습니다. 신민으로서 일본에 호적을 신고하지 않으면 사회적으로 기능을 할 수 없던 때라고 말하는 것입니다. 그러나 송 교수께서 우리나라에 호적이 없다고 표현한 것은 과장된 것이라 여깁니다. 우리나라가 왜 호적이 없습니까? 1948년에 한반도 역사상 처음으로 국민 선거를 통해 만들어진 대한민국을 부정하는 사람들이 하는 여러 소리들에 속아서는 안 됩니다.

1948년 건국을 부정하는 세 부류의 사람들

김: 이종찬 광복회장을 비롯해 1919년 건국설을 주장하는 사람들의 논리로 보면 우리 민족에게 1910년부터 1919년까지만 나라가 없었다는 뜻이 될까요?

이: 바로 이게 문제입니다. 일본의 식민 지배가 1919년까지 밖에 없었다는 건데, 그렇다면 1945년을 해방으로 보는 것은 어떻게 해석해

야 합니까? 손바닥이 아니라 손가락으로 하늘을 가리는 것과 마찬가지입니다. 이런 주장이 마치 심각한 논의인 것처럼 받아들여지는 것에 대해 이유를 생각해봤습니다. 제가 생각하기에 건국 논쟁이 불거진 원인, 다시 말해 역사에 대한 인식의 대립에는 세 가지 이유가 있는 것 같습니다.

첫째, 6·25 이후 태어난 세대가 역사교육을 제대로 받지 못했기 때문에 거의 아무것도 모르는 수준입니다. 부모들은 상식으로 알고 있던 것을 모르니 왜곡된 주장에 대해 분별할 수 없던 것입니다. 길을 지나다 보면 저에게 다가와 "교수님, 처음으로 많은 것을 깨닫게 해주셔서 감사합니다."라고 인사하는 경우가 근래 많아졌습니다. 어제도 두 분께서 저에게 다가와 이렇게 인사하셨습니다. 그만큼 역사에 대해 잘 몰랐던 것입니다. 이런 분들은 올바른 역사 설명을 들으면 깨어날 분들입니다.

그동안 흑백논리식의 교육에 문제가 있었다고 봅니다. 말하자면, 융통성에 기반한 사고를 하지 못하도록 하는 교육체계였습니다. 모든 게 이것 아님 저것으로 해석이 되어야 했습니다. 대한민국이 반공국가로 세워졌고 반공을 잘 해냈기 때문에 자유민주주의 국가가 되었습니다. 이런 자신감을 가지게 되어 반공정책을 쓰는 과정에서 불행하고 억울하게 희생된 사람들이 있으니 국가가 이들을 돌보겠다는 기조가 만들어졌을 때 어느 순간 반공정책 자체가 잘못되었다는 식의 분위기가 조성되었습니다. 공산주의를 민주주의로 믿는 사람들이 많은 이유는 공산주의자들이 자신들을 가장 근본적인 민주주의를 한다고 주장하기 때문입니다. 공산국가는 민주공화국이라는 국호를 씁니다.

둘째, 우리가 아직도 식민지 시절의 열등감을 해소하지 못했기 때문이라 여깁니다. 일본이 너무 밉다는 이유로 객관적으로 일본을 들여다볼 마음이 없습니다. 너무 많은 아픔을 겪으면 사실을 객관적으로 보지 못하는 성향이 있기 마련입니다. 우리 국민성 안에 이런 상처가 아직 깊다고 여겨집니다.

셋째, 건국 논쟁이 이 정도 수준으로 격화된 것은 대한민국의 적들이 일부러 만든 상황이라 봅니다. 대한민국에 건국 정통성이 없고 한반도 전체가 적화되었어야 한다는 사관을 가진 사람들이 이 기회로 역사를 날조해서 대한민국이 서 있는 토대를 무너뜨리려고 1948년 신생 자유민주주의 국가의 건국을 부정하는 것입니다. 이런 사람들은 말 그대로 척결의 대상입니다.

이처럼 건국에 의문을 제기하는 사람들을 무지한 사람들, 열등감에 사로잡힌 사람들, 대한민국을 파괴하려는 사람들로 나눌 수 있을 것입니다.

공직자들의 문제적 건국 인식

김: 심우정 검찰총장 후보 인사청문회에서 1948년 건국에 대해 물었

더니 1948년은 건국이 아닌 정부 수립이라 답했다고 합니다.

이: 정부와 국가의 차이가 무엇인지, 정부가 없는 국가를 국가라고 여길 수 있는지 생각해봐야 합니다. 국가는 주권을 가지고 국민을 보호할 권능이 있는 체제를 의미합니다. 1948년 8월 15일을 기념하는 것은 우리 대한민국이 그런 권능이 있는 국가로 탄생한 날이기 때문입니다. 다시 말해, 전 세계가 인정한 독립국가가 되었음을 기리는 날이 8월 15일입니다. 임시 정부와 정식 정부의 차이가 무엇인지, 국가와 정부의 관계가 무엇인지도 모르는 사람들이 나라의 주요직을 맡는 것이 한심스럽습니다.

김: 1919년 건국설을 주장하는 사람들은 1948년 나라를 만들 당시 갑자기 만든 것이 아니라 정식 절차가 있었습니다. 전국민이 처음으로 투표라는 것을 해서 국회의원을 뽑고, 그 국회의원들이 대통령을 뽑은 절차를 심각하게 생각하지 않는 것 같습니다. 1919년이 건국 원년이라면 어떠한 정식 절차가 있었어야 하지 않을까요?

이: 공부를 제대로 하지 않은 사람들은 임시정부를 대단하게 생각합니다. 애국적인 우국지사들이 여기저기 임시정부를 만들었고, 이 임시정부들을 하나로 모아서 만든 것이 상해 통합 임시정부였습니다. 상해 임정에서 한성 임정의 집정관 총재였던 이승만 박사를 대통령으로 초빙했습니다. 그러나 상해 임정도 흩어졌습니다. 윤봉길 열사의 폭탄 투

척 이후 항일 분위기가 고조되면서 김구 선생이 다시 임정을 재구성하는 과정이 있었습니다. 이러한 임시정부에서 대한민국이라는 국가에서 볼 수 있는 국회의원 선출, 입법 등의 절차와 기능은 전혀 없었습니다.

김: 단순히 선포한다고 해서 국가가 되는 것은 아니겠지요? 검찰총장의 답변을 보면 암울한 느낌입니다.

이: 검찰총장뿐만 아니라 외교관들도 마찬가지입니다. 어떤 외교관이 저에게 자기는 1948년 8월 15일 건국이라는 것을 들어보지도 못했다고 말했습니다. 굉장히 참담한 일입니다. 우리가 이렇게 무지함에도 번영하는 국가를 이룩할 수 있었던 것은 정말 우리 일반 국민들이 부지런했기 때문입니다. 결국 국력은 국민 전체가 생산성과 창의성을 가지고 움직이는가 아닌가에 있고, 또한 창의성이 도출되게끔 하는 지도자와 제도가 있느냐에 달려있습니다. 우리나라는 사람들의 생산성과 창의성을 격려하고 거기에 보상하도록 제도를 운용했습니다. 이런 제도는 1948년에 만들어진 헌법에서 보장했습니다. 개개인의 인권과 의무교육을 보장하는 국가의 기초를 다진 것이 제헌헌법입니다. 1919년에 건국되었다면 1919년에 만든 법이 지금의 국가제도의 근간이 되어야 합니다.

헌법을 만들었다고 해서 다 이룬 것은 아닙니다. 프랑스의 경우 1789년 인권선언이 선포되었지만 그것이 제도화된 제3공화국의 건립기까지 약 100년의 시간이 필요했습니다. 우리나라는 이에 비해 빠르게 헌법을 정착시켰습니다. 물론 과오도 있었고 후퇴도 있었습니다만, 1948년에 나라가 만들어지지 않았다면 현재 우리가 국제사회에서 인정받는 독립국가의 국민이 되었겠습니까?

공직자들이 자신들의 역할을 잘 모르니 국가의 위중상황임에도 지엽적인 일에 집중하고 있습니다. 대한민국은 기로에 서있습니다. 독립과 건국에 있어 선조들의 노고가 있었기에 우리나라가 세워졌습니다. 국가 건립의 지난한 과정은 모르고 나라는 당연히 있는 것으로 여기는 세대가 너무 상식이 없어 나라의 소중함을 모릅니다. 제대로 된 역사책 한 권이라도 읽었다면 지금과 같은 망언은 하지 않았을 겁니다. 특히 저는 김문수 장관 청문회 때 참 놀랐습니다. 김문수 장관께 거칠게 질문하던 국회의원들이 제대로 된 역사책 단 한 권이라도 읽어봤을까 싶습니다.

김일성 옹호하며 반공의 역사를 지우는 반헌법행위자들

김: 건국이라는 주제로 이렇게 심각하게 갈등을 빚은 경우는 처음 겪으시지요?

이: 세계 어디를 가봐도 실체를 가진 나라의 지식인, 정치인, 언론인들이 자신들의 국가의 토대, 국가의 이념 그리고 국가가 독립하는 과정을 모르는 망측한 경우는 없다고 봅니다.

김: 좌익 진영에서 2019년 즈음에 '반헌법행위자 열전'을 만든다면서 인혁당 통혁당같은 반국가 단체를 수사한 사건을 '반헌법적'이라고 규정했습니다.

이: 좌익 진영에서 헌법을 위반한 사람들의 목록을 만든다고 본격적으로 논의한 것이 박근혜 대통령 탄핵 당시입니다. 당시 제가 프레스센터에서 있었던 모임에 참석하려 갔다가 제가 있던 회의실 윗층에서 친일인명사전을 만들 때처럼 반헌법행위자 열전을 만든다며 모임을 갖고 있었습니다. 내용을 살펴보니 이승만부터 박근혜까지 반공국가를 만드는 데 기여한 약 400명의 사람들을 반헌법행위자로 낙인 찍는 것이었습니다.
발기인에 신인령 전 이화여대 총장, 백낙청 교수 등이 있었습니다. 이 사람들이 대한민국이 송두리째 자신들의 것이라고 주장하려는 것이로구나를 알게 되었습니다. 대한민국은 반공투쟁으로 세워지고 발전한 나라임에도 불구하고 지금에 와서 반공인사들이 반헌법행위자들이니 대한민국은 반공세력이 아닌 자신들의 것이라고 여기는 꼴이었습니다. 상황이 이만큼 심각합니다.

김: 반헌법행위자 열전을 주도적으로 이끈 인물이 성공회대 민주자료관 관장인 한홍구 교수입니다. 한 교수는 "김일성은 우리 민족의 가장 암울한 상태에 혜성같이 나타나 참으로 많은 것을 성취한 지도자", "김일성은 자수성가형 민족 영웅으로 부국강병에 기초한 근대화를 추

구한 20세기형 민족주의자이자 철저한 실용주의자"라는 말을 서슴없이 했던 사람입니다.

이: 이런 사람들이 건국 논쟁을 본격화하면서 뉴라이트 프레임을 씌우고 있습니다. 뉴라이트라는 진영의 기조는 대한민국이 지금까지 지난한 반공의 과정가운데 여러 과오들이 있었음을 인정하면서 더 굳건한 자유민주적인 기반 위에 나라를 세우고 발전시켜 가자고 주장하는 사람들입니다. 그런데 좌익에서는 뉴라이트를 친일 반역자로 매도하면서 뉴라이트라고 하면 모든 사회활동에서 배제되어야 하는 것처럼 몰아가고 있습니다. 조선인민민주주의공화국은 민주주의 체제도 아니고 공화국 체제도 아닌 김씨 왕조를 위해 국민들을 착취하는 구조입니다. 겉으로만 공산주의를 표방할 뿐입니다.

핀란드 역사를 통해 본 독립국가 건국

김: 다른 나라도 이렇게 심각한 갈등을 빚고 있는 나라가 있습니까?

이: 사실은 많습니다. 특히 오늘은 제가 대사로 있었던 핀란드에 대해서 이야기를 하고 싶습니다. 제가 1996년부터 2년간 있었던 핀란드는 현재 세계에서 가장 잘 사는 나라로 여겨지고 있습니다. 인구는 540만 정도의 작은 나라이지만 높은 위상을 가지고 있고 무엇보다 국민들

이 행복하게 사는 것으로 유명합니다. 그러나 핀란드의 역사를 볼 때 우리나라보다 기구하다고 볼 수 있습니다.

핀란드 민족은 북유럽의 여러 바이킹족들과는 달리 우랄알타이계 언어를 쓰던 북방의 민족에 연원을 두고 있습니다. 이들은 역사속에서 항상 차별을 받고 살았던 소수민족이었습니다. 16세기에 스웨덴 일부로 편입되기도 했습니다. 시간이 지나면서 민족 독립 의식이 생겼지만 현실적으로 불가능한 일이었습니다. 이런 역사 상황속에 핀란드 지역과 스웨덴 북부 지역에 루터교가 정착하기 시작했습니다. 루터교가 핀란드 민족의 정신이 되면서 독립 의식이 생기다가 1809년에 핀란드 지역을 러시아가 스웨덴으로부터 뺏습니다. 그때까지 핀란드는 스웨덴 산하에 있었지만 그들 나름대로 자치를 할 수 있었습니다.

러시아로 편입되면서 핀란드 민족은 긍정적으로 이 상황을 이용했습니다. 러시아로부터 독립을 요구해도 이뤄지지 않을 것을 알았던 핀란드 민족은 러시아의 테두리를 인정함과 동시에, 차르 정권에게 스웨덴 치하에서 자치를 누렸던 권리는 인정해달라고 요구했습니다. 자신들의 법을 유지하도록 요구한 것입니다. 대신 러시아에 해가 되게 하진 않겠다고 조건을 내세웠습니다. 이렇게 자치제도를 하면서 19세기 내내 자신들의 민족 정체성과 민족 문화를 관리했습니다.

대표적인 예로, 지금도 있는 헬싱키대학이 원래는 러시아의 알렉산더 황제의 이름을 딴 알렉산더대학이었습니다. 우리나라 과거 경성제국대학처럼 알렉산더대학이라는 이름은 유지했지만 대학에서 가르치는 내용은 유럽에서의 대학의 의미대로 자치적인 성격을 띠고 협력했습니다. 러시아의 간섭 없이 교수를 임용했습니다. 러시아의 속국이었음에도 알렉산더대학에서 러시아어학과 교수를 러시아 사람으로 뽑기까지 34년이 걸렸습니다. 자치권을 인정받은 대로 처사했다고 하니 러시아 차르 정권 입장에서도 어떻게 할 수 없었던 것입니다. 스웨덴의 지배를 받았기 때문에 스웨덴어가 핀란드에서 공용어였는데 러시아에 넘어오면서 핀란드어를 공용어로 인정을 받아 차츰차츰 핀란드 민족 정체성을 굳혀갔습니다.

이처럼 핀란드 민족은 마치 돌다리도 두들겨 보고 건넌다는 말과 같이 굉장히 합리적으로 판단했습니다. 또한 정직했다고 볼 수 있습니다. 자신들의 힘의 한계를 인정했습니다. 러시아가 핀란드에 허용한 자치권은 러시아 국민들에게 허용되지 않는 것이었습니다. 러시아 차르 체제는 절대왕조였기 때문에 자치체제가 없었습니다. 물론 형식적으로 1860년대에 지방자치제도를 만들긴 했습니다만 실질적으로는 차르의 명령에 모든 게 움직이는 체제였습니다. 그러나 핀란드는 이미 의회가 있었고 1906년 여성에게까지 피선거권을 포함한 참정권을 부여했습니다.

핀란드에서 여성참정권이 미국보다 훨씬 빨랐던 이유는 워낙 인구가 적고 산림지대로 땅이 척박하다보니 여성들의 능력까지 최대로 활용하지 않고는 살아남지 못할 것이라는 인식이었습니다. 정직하고 강한 책임의식을 가지고 현실을 현실대로 인정하는 사람들입니다. 핀란드는 이런 식으로 민족정체성을 길렀습니다.

그러나 19세기 말 차르 체제가 흔들리기 시작하자 러시아는 핀란드에게 주었던 자치권을 박탈시키고 러시아화 정책을 폈지만 먹혀들기에는 너무 늦었습니다. 이미 제도가 잘 되어 있었기 때문입니다. 그러다 러시아가 공산주의 혁명으로 흔들리자 재빨리 독립을 선포하면서 잠시 내란기를 거쳤습니다. 핀란드 내에도 당연히 마르크스주의자들이 있었고 당시 핀란드 내각주석이었던 오토 쿠쉬넨(Otto Wilhelm Kuusinen)은 레닌에 맞먹는 공산주의 지도자였습니다. 민족주의 세력과 공산주의 세력이 대립했을 때 결국 민족주의 세력이 승리했습니다. 레닌도 핀란드에 피신했을 때 핀란드에 대해서 굉장히 호의를 가졌기 때문에 핀란드가 독립을 한다고 하면 인정해주는 게 좋을 것이라 결론 내렸습니다.

결국 핀란드가 독립을 하게 되었습니다. 독특한 점은 핀란드 민족주의 우파의 핵심 세력이 핀란드의 노동자 다수 즉 사회민주당계였습니다. 물론 예외가 더러 있었습니다만 지금까지도 핀란드는 사회민주당이 우세합니다. 핀란드는 집권당이 중심이 되지만 연립정부체제로 국가를 운영합니다.

이승만 대통령도 이런 체제를 잘 아셨고 혁명적 공산주의 세력에 대한 효과적인 대안은 민주적 사회주의라고 여기셨습니다. 국가가 약자를 보호하기 위한 체제를 잘 만들면 공산주의 세력에서 체제를 뒤엎을 필요가 없습니다. 독일의 수정주의자들이 혁명하는 것보다 합법적으로 노동자들의 권리를 위하여 투쟁하는 것이 낫고, 독일 전체를 생각하는 것이 계급으로 나눠서 생각하는 것보다 낫다고 여긴 맥락과 동일합니다. 핀란드도 마찬가지입니다. 핀란드는 속국이 되었을 당시에도 굉장히 조심스럽게 행동해서 스웨덴, 러시아 두 국가에게 불편감을 주지 않아서 폭압적으로 다스릴만한 여지를 주지 않았습니다. 그러면서 독립의 실력을 길렀습니다.

우리나라의 특성과 매우 다른 것은 핀란드는 인력을 너무 아끼는 경향이 있기 때문에 조그마한 흠으로 사람을 잘 내치지 않는다는 것입니다. 현재까지도 헬싱키의 중심가는 만네르헤임 거리입니다. 만네르헤임 장군(Friherre Carl Gustaf Emil Mannerheim, 1867~1951)의 이름에서 따온 것인데, 러시아 니콜라이 2세의 근위대로 뽑혔던 스웨덴계 핀란드인이었습니다. 만네르헤임 장군은 러시아혁명 당시 젊었음에도 핀란드가 흔들리자 독립운동에 가담해서 중요한 역할을 했고, 세계제2차대전 당시에는 혁혁한 무공을 세워 대통령으로 추대되기까지 했습니다.

만네르헤임 장군

다. 한 마디로 말해서 국가영웅이라 할 수 있습니다. 우리나라 같으면 차르 체제에 부역하던 사람을 어떻게 국가 원수로 생각할 수 있느냐 물을 것입니다.

세계2차대전 당시 소련은 독일과 손을 잡느냐 서방과 손을 잡느냐 선택을 해야 했습니다. 독·소 비밀조약이 체결되었지만 깨지면서 소련이 독일을 적으로 삼는 과정에서 핀란드가 수난을 당했습니다. 핀란드가 세계제2차대전 초기 독일 편에 서서 소련과 대항하는 과정에서 소련이 핀란드 땅을 넘보게 되면서 소련과 꽤 길게 전쟁했습니다. 겨울전쟁, 계속전쟁이라고 불렸던 이유지요. 그런 중에 나치의 인종주의적 포악함이 극에 달하자 나치와 결별하면서 나치를 섬멸하기도 했습니다.

김: 폴란드와 핀란드의 경우가 유사하게 느껴집니다.

이: 핀란드가 폴란드와 유사한 점이 있다면 러시아의 속국이었다는 점입니다. 폴란드는 핀란드의 경우보다 역사의 무게가 더 무거웠습니다. 핀란드는 북방의 원시 종족들이 스웨덴으로 편입되는 과정에서 민족으로 형성이 되었다고 볼 수 있지만, 폴란드왕국의 경우 기본법도 있을 정도였기에 러시아보다 더 우대를 받던 큰 세력이었습니다. 17세기만 하더라도 폴란드와 스웨덴이 러시아를 없앨 수 있을 정도로 힘이 막강했습니다. 18세기까지도 폴란드가 막강했지만 정치적인 내분과 귀족 간의 갈등이 심해 몰락하게 되었습니다.

폴란드는 이러한 역사적 전성시대에 대한 추억이 있기 때문에 야만 민족으로 여겼던 러시아의 통치를 받아들일 수 없다면서 1830년 봉기가 일어났다가 진압당했고, 1867년 또 한 번 봉기를 일으키다가 폴란드는 결국 러시아제국에 의해 지도에서 이름이 지워지기까지 했습니다. 반면 핀란드는 다소곳이 있으면서 내실을 준비하면서 삶의 질을 어느정도 유지하면서 정신적으로 단결해서 러시아혁명 당시 독립을 이룰 수 있었습니다.

핀란드와 폴란드를 비교하여 볼 때 역사를 어떻게 대할 것인가에 대해 배울 수 있습니다. 역사를 아는 것 물론 중요하지만 역사에 얽매이는 것은 미련한 일입니다. 폴란드의 경우를 보면 위대한 과거가 좋은 면도 있지만 부정적으로 작용할 수도 있음을 알 수 있습니다.

김: 핀란드는 굉장히 실용주의적인 선택을 했던 것으로 보여집니다.

이: 대단히 그렇습니다. 제가 대사로 있을 당시 고등학교 학생들이 졸업을 하려면 바칼로레아 시험을 봐야 하는데 한 과목에 몇 시간씩 걸립니다. 시험을 치르는 다섯 과목 중 세 과목이 언어입니다. 기본 공용어인 핀란드어와 스웨덴어와 영어가 기본적인 시험 과목이고, 논술과 같은 에세이 과목이 있습니다. 스스로의 언어를 배우지 않으면 소수 민족인 우리의 언어를 누가 배우겠느냐는 판단입니다. 물론 지금은 기술력이 발달해 동시통역 프로그램이 워낙 잘 되어 있지만, 시험과목을 선정하는 것만 보더라도 자신들의 한계를 인정하면서 냉정하게 판단하는 것을 알 수 있습니다.

핀란드 사람들은 언제나 상대방에게 무례한 요구를 하지 않고, 상대방이 거절할 수 없을 만큼의 요구를 합니다. 국제정치에서 '핀란드화(Finlandization)'라는 말이 있습니다. 강대국 즉 서방의 눈치를 보면서 중립국 체제를 유지한다는 의미입니다. 핀란드 밖에서는 고육지책 정도로 비하해서 말하지만, 사실은 실속이 굉장히 큰 체제였습니다.

김: 핀란드는 인구가 600만도 되지 않는데 노키아(Nokia) 같은 기업도

만들어 냈습니다.

이: 제가 대사로 있었을 당시 노키아가 발전하는 것을 실제로 봤습니다. 대사로 가기 직전 해인 1995년에 핀란드가 EU에 가입했는데 그것도 러시아의 눈치를 많이 봤습니다. 러시아의 견제를 피하기 위해 북구연합(Nordic Council)에 가입하기까지 했습니다. 그러다 EU의 회원국이 되면서 핀란드 국민들에게 제일 큰 관심사는 핀란드가 과연 NATO에 가입할 것인가 였습니다. 계속 논쟁이 있었지만 NATO 가입은 하지 않겠다는 의견이 우세했습니다. 모든 면에서 NATO에 가입하는 것이 좋을 것 같지만, NATO에 가입하는 순간 러시아가 미리 적을 청산하는 입장에서 핀란드를 공격할 것이고 그러면 NATO군이 움직일 새도 없이 핀란드는 무너질 것이라는 생각 때문이었습니다.

◆ ◆ ◆

우크라이나와 핀란드의 NATO 가입 문제

김: 핀란드의 실용주의에 비해 우크라이나의 NATO 가입 결정은 너무 과감한 결정이라고 보십니까? 우크라이나의 NATO 가입이 러시아발 전쟁의 빌미가 되기도 합니다.

이: 우크라이나의 경우는 역사적으로 복잡합니다. 러시아 민족 발상지가 우크라이나의 키이우로 여겨집니다. 물론 우크라이나 내부에서는 러시아 민족의 기원은 산림지대였고 자신들과는 상관 없는데 자신들을 넘보려 이런 주장을 한다고 말하기도 합니다.

러시아의 국가 형성 과정 중 보리스 고두노프 시기 직후 '동난시대(Смýтное врéмя)'가 있었습니다. 오페라의 주제가 되기도 했지요. 러시아가 없어질 위기에 놓였던 때입니다. 동난시대 당시에는 현재 우크라이나가 있는 남부 일대는 러시아 영토가 아니었습니다. 상당히 오랫동안 폴란드와 리투아니아의 영향권이었고 더 거슬러 올라가면 카자크(казáки)라고 알려져 있는 이들이 할거하던 지역이었습니다. 그러나 러시아가 세가 점점 커지면서 예카체리나 2세 때 남부가 러시아로 편입됩니다.

이런 역사적인 상황 중에 우크라이나 민족의 경우 같은 슬라브어를 쓰니 문화적으로 구분이 적었던 반면, 변경 지대였다보니 차별이 많았고 우크라이나 민족주의 운동이 19세기에 본격적으로 일어나기 시작했습니다. 대표적으로 문인이었던 타라스 셰우첸코(Taras Hryhorovych Shevchenko)와 같은 사람들이 있습니다. 그러나 독립국가를 만들 정도의 세력은 없었습니다. 단지 문화적으로 결속이 되었던 것입니다.

우크라이나 지역은 곡창지대로 굉장히 중요했던 곳입니다. 우크라이나는 소련의 첫 연방공화국이었습니다만 사실상 소련의 일부였지 독자적인 공화국은 못 되었습니다. 그러나 우크라이나 출신인 니키타 흐루쇼프(Nikita Khrushchev)가 소련의 수뇌로서 스탈린 격화운동을 하기도 했습니다. 이런 복잡한 역사 속에서 우크라이나가 독립의 열망을 품고 있다가 소련의 체제가 페레스트로이카, 즉 개혁을 추구하는 중에 1991년 소련으로부터 독립을 결국 하게 됩니다. 독립을 하고 나니 우크라이나 사람들에게는 어떻게 독립국가로서 살아남을 것인가가 굉장한 과제였습니다.

서방 특히 미국은 우크라이나를 러시아의 위협을 절충하고 제어할 수단으로 생각하고 우크라이나가 러시아의 도구가 아닌 자유민주진영의 일원이 되기를 바랐습니다. 우크라이나는 친러 정치인이 득세하기도, 친미 정치인이 득세하기도 하면서 복잡한 정치양상을 띠게 되었습니다. '고래싸움에 새우등이 터진다'라는 말과 같이 우크라이나도 세력 각축전 사이에서 독립을 지키기 위해 갖은 몸부림을 치고 있는 것입니다. 전쟁의 양상이 굉장히 복잡해져서 어떻게 귀결될지 잘 모르겠으나, 세계전으로 확대되지는 않기를 바랄 뿐입니다.

김: 핀란드의 경우도 유보했지만 결국 NATO에 가입했습니다.

이: 우크라이나가 러시아에 침공당하는 것을 보고 핀란드 사람들이 자극을 많이 받았던 것 같습니다. 또한 자신감도 더 가지게 되면서 사전에 러시아에게 경고를 하는 것이 좋겠다고 판단했다고 볼 수 있습니다. 과거에 핀란드가 걱정했던 것과는 달리 현재는 핀란드가 NATO에 가입한다고 한들 러시아가 핀란드를 침공할 여유가 없습니다.

지난한 민족사에도 건전하게
사회민주주의를 이룩한 핀란드의 저력

김: 동아시아가 겪었던 역사적 수난과는 또 다르게 거대 강국 바로 옆에서 수난을 당했던 폴란드, 우크라이나, 핀란드의 역사도 굉장히 괴로웠을 것으로 느껴집니다.

이: 아르메니아의 경우 1915년 튀르키예에 멸족당할 위기를 겪으면서 소련의 일부가 된 것에 환호했습니다. 물론 아르메니아도 종교성이 짙은 민족이라 러시아에 정신적으로까지 편입되진 않았습니다만, 소련의 테두리 안에서 물리적으로 보호받을 수 있으니 그 기간동안 정비를 하자는 생각이었습니다. 국가가 중요하다는 것을 바로 이런 데서 알 수 있습니다. 국가가 능력이 없어 자기 국민을 보호하지 못하면 정신적으로 하나라고 해도 결국은 하나가 될 수 없습니다. 지금도 민족이 흩어져 사는 수난을 겪는 나라들이 있습니다.

핀란드의 경우 세계제2차대전 이후 엄청난 양의 배상금을 물게 되었고, 남부의 카렐리아를 러시아에게 뺏겼습니다. 우리처럼 분단국가가 될 수 있었습니다만 카렐리아에 거주하던 핀란드 사람들이 넘어와서 땅만 뺏겼습니다. 그러나 핀란드 자체 상황을 생각해보면, 전쟁 배상금, 피난민, 전몰자 가족, 돌아온 군인 등 상황이 심각해 굶어 죽는 일이 다반사였습니다. 그래서 인력이 해외로 많이 보내졌습니다. 핀란드 간호사들이 지금까지도 유럽 내에서 명성이 있는 것이 바로 이런 이유 때문입니다. 핀란드 간호사들은 간호사라면 핀란드라고 생각하게끔 만들었습니다. 핀란드 사람들이 처신하는 것을 보면 루터교 전통과 오래도록 현실을 현명하게 관리했던 긍지가 결합되어서 내적인 자신감이 있다는 것을 알 수 있습니다.

제가 대사로 있을 때 가장 인상 깊었던 것은 정직과 성실이 국력의 핵심이라는 것을 피부로 느낀 것이었습니다. 정직하니 낭비가 없고, 모든 것을 조심스럽게 계획하기 때문에 집행하는 기간이 줄어듭니다. 복지국가로 성공한 이유가 바로 여기에 있습니다. 두 달씩 휴가가 주어지는 나라이기도 합니다. 특히 복지국가 체제의 핵심인 노인 복지에 대해서도 제도가 잘 되어 있습니다.

핀란드는 사회민주주의 체제를 운영하면서 경쟁적 자본주의 체제의 장점과 공공기관의 복지체제를 잘 배합해서 굉장히 이득을 본 국가입니다. 헬싱키의 대중교통을 보면 시에서 보조금을 주는 대신 업체를 경쟁적으로 선발합니다. 우리나라 같은 경우는 이런 분야에서 대체로 국가 직영을 추구합니다. 그래서 비능률적이고 낭비가 심합니다.

조선시대의 관존민비 사상을 벗어나지 못한 우리나라는 이승만 대통령과 같은 몇 인물을 제외하고는 관료직을 '해 먹을 자리'로 여겼습니다. 지금도 '해 먹는다'는 표현이 있지 않습니까? 그러나 공직은 공공 서비스를 제공하는 공복(公僕)입니다. 이런 개념이 거의 없어졌습니다. 핀란드는 공복 개념이 철저해 기업인으로 있는 것이 장관으로 있는 것보다 더 나을 텐데도 탁월한 실적이 있는 기업인들이 공적 봉사를 위해 정치에 나섭니다.

그리고 젊은 사람을 기용합니다. 제가 대사로 있을 당시 교육부 장관이 31살이었습니다. 임명된 것은 28세 때였습니다. 공직이 봉사하는 자리라는 인식이 강하기 때문에 그렇게 탐내지도 않고, 오히려 능력이 있는 사람이 발탁됩니다.

또한 아이들에 대한 배려가 뛰어납니다. 여성이 출산하면 돌보미를 지원하는 식의 복지가 굉장히 잘 되어 있습니다. 장관의 경우 장관 일로 너무 바빠 아이들을 잘 못 보면 안 된다 해서 월요일은 재택근무를 하도록 했습니다. 인간의 기본적인 욕구와 필요를 국가가 적극적으로 채워주는 나라입니다. 정직과 성실이 전제가 되지 않으면 이런 체제는 이루어질 수 없습니다. 또한 여성들이 일찍이 적극적으로 참여해서 현실적이고 세밀한 정책을 폅니다. 제가 있을 당시 이미 고위공직자의 40% 정도가 여성이었습니다. 국회의장도 여성이었습니다.

김: 20세기 초에 벌써 피선거권을 포함한 여성의 참정권을 인정한 핀란드를 볼 때 우리나라보다 확실히 앞서 있다는 생각이 듭니다. 사회민주주의 체제를 유지하려면 세금을 많이 걷어야 하는데 핀란드에서는 조세 저항이 없는지 궁금합니다.

이: 조세 저항이 크게는 없습니다. 제가 있을 당시 핀란드가 경제 위기 상황이었는데 조세 비율을 40%까지 올렸습니다. 그럼에도 불구하고 조세 저항이 심하지 않은 것은 앞서 말씀드렸다시피 공직자들이 정직하고 유능하기 때문입니다. 정직하고 유능한 사람들에게 자신의 재

정을 맡기는 것이 현명하다고 판단하는 것입니다. 그러니 교육비, 병원비, 노후자금 등에 대한 걱정이 거의 없습니다. 물론 처음부터 이런 체제를 정착시킨 것은 아니고 차츰차츰 이루었습니다. 1980년대까지 경제가 어려웠지만 어려운 사람들을 돕다 보니 복지국가 체제로 발전한 것입니다.

   법적으로 자녀를 고등학교까지 의무적으로 양육해야 하지만, 자녀들이 부모를 부양해야한다는 의무조항은 1970년대 이미 없어졌습니다. 그럼에도 핀란드 국민들의 가족관계가 굉장히 돈독합니다. 예를 들어 크리스마스때는 아무리 높은 직위라도 집에서 2~3일은 가족과 함께 보내는 것이 일반적입니다. 핀란드는 나무가 많은 곳이니 직접 크리스마스 트리를 가족과 함께 만드는 것이 문화입니다.

김: 핀란드 대사 후에는 세계 4대 강국이었던 러시아에서 대사로 있으셨습니다. 여권(女權)이 신장이 잘 안 되어 있을 당시에 여성으로서 러시아 대사를 하신 것은 역사적인 사건이라 생각합니다.

이: 핀란드가 과거 러시아제국의 일부였기 때문에 헬싱키의 도서관이 러시아 밖에서는 러시아 자료를 가장 많이 가지고 있는 곳이었습니다. 제가 핀란드에 끌린 이유는 이런 이유 때문이었습니다. 또한 핀란드가 러시아의 이웃으로 살아남은 경험이 있기 때문에 러시아를 다루는 데 있어 가장 지혜로운 나라 중 하나입니다.

   이런 호기심으로 핀란드에서 대사 생활을 한 것이 러시아 대사까지 연결된 것은 행운이라고 생각합니다. 당시 핀란드에 있던 상주 대사들이 저더러 "핀란드에서 훈련시켜서 러시아로 보내니 당신 나라는 참 훌륭하다."라는 얘기를 농담처럼 했습니다.

건국혁명 이룬 이승만 악마화는
반국가 세력의 모함

김: 복잡한 지정학적인 위치속에서 핀란드가 정체성을 지키면서 행복한 나라를 만든 핀란드의 저력이 대단하게 여겨집니다. 한국이 지금 복잡한 양상을 띠게 된 것은 좌우가 같이 갈 수 있는 길이 있음에도 전혀 엉뚱한 싸움을 하고 있기 때문이라 여기는데, 그 싸움 중 하나가 건국 논쟁이라고 보여집니다.

이: 저는 대한민국 건국이 우리나라 현대사에서 유일하게 의미 있는 혁명이었다고 생각합니다. 우리 역사상 관존민비, 남존여비 사상에서 벗어나 민주적인 헌법을 만들고 정착시킨 계기가 1948년 대한민국 건국인 것을 부인할 수 없습니다. 이것은 분명 혁명적인 것이었습니다. 남녀칠세부동석의 성리학이 가진 편견에 사로잡혀 있던 사회였고 민주주의가 무엇인지, 독립국가 국민이 어떤 의미인지 모르는 말 그대로 개념이 없는 사회였습니다. 게다가 나라를 새로 만들면서 국제적인 보장을 받은 것은 기적적인 일이었습니다.

1919년에 독립국가를 만들었다는 사람은 '독립'의 의미가 무엇인지 전혀 모르고 있습니다. 독립국가로서 국민을 보호하고 권익을 지키는 것이 독립국의 진정한 의미입니다. 아무리 지도자의 뜻이 훌륭하고 법이 잘 만들어졌다고 해도 바로 국가가 정상적으로 운영되는 것은 아닙니다. 법의 뜻을 잘 살려야 하는데 그 능력이 부족한 면이 있어 우리가 후퇴와 전진을 반복하며 허우적댄 것은 사실입니다.

지금에 와서 헌법이 형식만 남고 갈기갈기 찢겨지고 있습니다. 어떤 역사적 인물을 비난하면 처벌한다는 식의 법이 국회에서 수시로 상정되고 있는데, 누가 그 기준을 정하고 판단합니까? 정치인들은 모두 역사 전문가들입니까? 역사적 진실을 누가 판단합니까? 이런 식의 입법은 독재 중의 독재요, 전체주의 사회입니다. 우리나라 국회는 민주주의의 퇴행에 앞장서고 있습니다.

김: 우리나라는 중국과 북한과 같은 적들을 현실적으로 마주하고 있다는 관점에서 과거 폴란드와 핀란드의 경우보다 더 심각한 상황이라 여겨집니다. 교수님께서는 진보정권에서도 보수정권에서도 요직을 맡으시면서 때로는 진보로, 때로는 보수로 여겨지시기도 하셨습니다. 합리성과 실용성을 지켜오셨다고 생각합니다. 현재 방황중에 있는 우리나라 지식인들이 합리성과 실용성을 어떻게 하면 회복할 수 있을까 해법을 여쭤보고 싶습니다.

이: 결국은 산다는 것이 무엇인가 질문하지 않을 수 없습니다. 삶은

결국 사람에 대한 배려입니다. 목숨을 부지하는 것뿐만 아니라 사람답게 사는 사회를 만드는 것이 핵심입니다. 지식인들이 구체적인 현실을 보고 생각하지 않고 항상 추상적인 이념에 사로잡혀서 공산주의는 다 옳고 자유주의는 다 틀렸다는 식으로 주장합니다. 이런 함정에 빠지는 것이 제일 문제입니다.

이념적인 차이는 사실상 근소한 것입니다. 근본적인 것은 그 사회에 모든 것이 효율적으로 적재적소에 배치되어서 어떻게 서로를 배려하느냐입니다. 삶의 질, 국가의 위상은 여기에 따라 결정됩니다. 이런 것을 진중히 생각하지 않고 자기가 해야한다는 자기중심적인 사고방식이야말로 퇴행의 시작이라 봅니다.

이승만 대통령에 대해 독재, 장기집권과 같은 부정적인 수식어가 항상 붙는데, 핀란드의 8대 대통령이었던 우르호 케코넨(Urho Kaleva Kekkonen)의 경우 25년 집권했습니다. 물론 내각제인 핀란드에서 대통령의 역할이 우리처럼 크진 않지만, 심하게 언론을 통제한 것은 사실입니다. 극단적인 민족주의가 득세하면 소련의 응징을 받을 수 있고, 또 공산주의가 득세하면 국가체제가 무너질 것을 대비한 것이라 볼 수 있습니다. 이처럼 국가에서 강력한 지도자가 필요할 때가 있습니다.

이승만 대통령의 경우 본인께서 공적인 삶과 사적인 삶의 구분이 없으셨습니다. 병에 걸렸던 어린 아들을 미국에서 먼저 떠나 보낸 이후 국가를 위하여 최선을 다한 것이 그분 인생의 전부였습니다. 그런데다 동서양의 학문을 모두 섭렵했고, 아주 밑바닥 생활부터 각 나라의 원수들과도 친교를 쌓았던 넓은 인생의 스펙트럼을 가지셨던 분이었기에 그분 자체가 굉장히 독특한 인물이었습니다. 그래서 저희 세대가 어렸을 때는 사람들이 이승만 대통령께서 연로하셨으니 내려오실 때가 되었는데 후계자가 없다고 통탄할 정도였습니다. 정치적인 야욕이 있어서 자리에 연연해 하실 분이 아니었다는 것을 국민 다수가 알고 있었습니다. 이승만 대통령께서는 몽당연필을 쓰고 해어진 내의를 입으신 분이었습니다. 새 것을 사지 않으시니 프란체스카 여사께서 제발 그만 해어진 것을 기워 입으시라 애원을 하실 정도였습니다.

이런 분을 악마화하는 세력은 크게 봐서는 대한민국을 무너뜨리려는 세력이고, 작게 봐서는 자신의 욕심을 충족하려 거짓을 일삼는 사람들입니다. 이런 자들이 민족, 노동자, 농민을 생각한다는 것은 일종의 환상일 뿐입니다.

성숙하고 지성적인 태도로 역사 대해야

김: 저희가 어떤 교수께서 쓰신 글에 대해 안타까워하며 인터뷰를 시작했습니다. 한국 지식 사회를 비유하자면 1+1=2가 분명한데 한 쪽에서 1+1=4라고 주장하니 서로 잘 지내기 위해서 1+1=3이라고 합의하자는 식인 것 같습니다.

이: 고정불변하는 진실은 사실상 신만이 아는 영역이라 생각합니다. 인간된 우리는 무엇이 옳은가를 가늠하기 위해 계속 노력해야 합니다.

상황에 따라 옳다고 여겼던 것을 시간이 지나서 보면 잘못 되었다고 여겨질 때가 있습니다. 정직하게 노력하여 살고 그에 대한 결과는 하늘의 뜻에 맡기는 것, 자기보다 노력을 많이 한 사람이 더 많은 것을 얻으면 인정해 주는 근본적인 바탕이 되어 있어야 사회 공동체가 건전하게 이루어집니다. 자신보다 남이 더 많이 가지는 것을 못마땅하게 여기는 사회는 건전하지 않습니다. 이런 의미에서 폭력을 정당화하는 혁명적 사회주의는 처음부터 거짓이지만, 민주적 사회주의는 긍정할 수 있습니다.

민주적 사회주의는 건강한 개인주의가 발달되었을 때 가능합니다. 자신의 일은 자신이 책임진다는 의식이 있는 개인들이 모여서, 개인보다 공동으로 무언가를 관리하는 것이 낫다는 사회적인 합의가 형성이 될 때 복지체제가 제대로 작동하지, 욕심이 있어서 자신은 내놓고 싶지 않으면서 국가가 거두어 주기를 바라는 얌체족들이 있는 사회에서 사회주의는 그것이 민주적 사회주의라 할지라도 약육강식으로 전락하고 맙니다. 이런 경우보다 경쟁사회가 낫습니다.

민주사회주의에게는 인간의 경쟁심리도 활용하지만 이게 지나칠 경우 다른 개인 혹은 집단에 해를 입힐 경우 제재가 가능한 민주적인 장치가 있습니다. 핀란드의 경우도 마찬가지이지만, 과거 우리나라 국민의 절대 다수는 죽도록 일했습니다. 국민 전체가 노동자였기 때문에 노동자의 권리 신장을 말할 필요 없이 국민을 위해 정책을 펴면 노동자를 위한 것이나 마찬가지였습니다. 노조가 등장했을 때 기업들의 경쟁에 해가 되어서 억압했던 적이 있지만, 시간이 지나 노조에 대한 억압을 풀면서 노조가 과욕을 부렸고 여기서부터 본격적인 노동계 문제가 시작되었습니다.

노동자들이 억압당했을 때 그것에 대항하는 것은 당연한 권리입니다. 그러나 잘 살게 되었음에도 관성적으로 시위하는 것은 잘못된 것입니다. 노조 임원 임금이 대학 교수를 넘어섭니다. 대학 교수 하나 양성하려면 엄청난 비용이 듭니다. 그럼에도 자신들의 임금이 부족하다 하고, 스스로 우대받는 것을 알기 때문에 자식들에게 그 자리를 물려줍니다. 이런 망동은 귀족제도로의 회귀나 다름없습니다. 민주주의가 매우 잘못 가고 있습니다. 열심히 일하는 국민 대개가 노동자, 농민입니다. 국민을 대표하는 것이 국가, 정당이고 약간씩 입장의 차이가 나는 것은 절충이 가능합니다. 정당 간의 차이는 이 정도여야 합니다.

김: 우리나라에서 합리적이고 실용적인 길을 간다는 것은 가장 중요한 이념문제를 해결해야 가능하다는 생각이 듭니다.

이: 누가 영향력을 갖는가의 문제는 받아들이는 사람들의 성숙도에도 달려 있습니다. 허튼 소리를 하면 단호히 아니라고 거부할 줄 알아야 하는데 우리 국민들의 경우는 이런 성숙도를 가진 사람들이 아직 드문 것이 아닌가 생각됩니다.

이승만 대통령 기념관 건립은
국가의 이념적 토대를 세우는 것

> **편집자주** 2023년 11월 24일 있었던 〈VON 인터뷰〉 "서울 송현동에 이승만기념관 세워야! — 역사학자 이인호 교수께 배우는 세계사적 거인 건국의 아버지 이승만"을 정리한 글입니다. 인터뷰 영상에서 전체 내용을 시청하실 수 있습니다. 격월간 「뉴 패러다임」(NP) 제31호(2024년 1~2월호)에도 게재되어 있습니다. 주로 질문하며 대담을 진행한 김미영 VON뉴스 대표는 '**김**', 답변을 통해 역사와 현실에 대한 통찰을 보여주신 이인호 교수는 '**이**'로 표기합니다.

진정한 독립운동가 이승만

김미영: 이승만 대통령은 미주를 중심으로 활동을 많이 하셨고 결국 국제사회를 움직여 우리가 독립을 이루는 데 큰 역할을 하셨습니다. 그런데 만주를 항일의 핵심적인 무대로 보는 사람들이 이승만 대통령의 독립운동이 상대적으로 덜 중요했던 것으로 인식하는 것 같습니다.

이인호: 지금 만주에서 무장투쟁했던 인물들만 진짜 독립운동가로 인정하고 미국 등지에서 외교로서 독립운동을 했던 인물들은 전혀 인정해주지 않는 분위기가 지배적입니다. 이는 여러 가지 각도에서 잘못되었습니다.

민족이라는 것은 사람들이 살아가는 과정에서 공동의 적에게 함께 대응하고 서로 돕기 위해 결속했던 씨족 또는 부족이 발전하여 생겨난 공동체입니다. 이는 외적인 여러 조건에 대한 반응이기도 합니다. 5천년 역사 속에 우리 민족은 중국의 그늘 하에 있으면서 '한민족'이라는 의식이 없었습니다. 그러다 일본에 국권을 빼앗기면서 공동운명체로서의 결속이 이루어져 민족의식이 훨씬 더 강화되었습니다.

민족주의를 긍정적으로 볼 것인가, 부정적으로 볼 것인가에는 한 가지 기준으로 접근해야 합니다. 민족자결권, 즉 민족 중심의 사고를 강조할 때 민족을 절대 가치로 보는가, 아니면 민족공동체의 중요성을 하나의 수단으로써만 활용하는가입니다. 이승만 대통령은 전자의 경우를 강조했습니다. 민족 구성원 누구나 같은 권리를 누리고, 서로 인정하며 돕자는 입장이었던 것입니다. 그런데 공산주의자들은 민족 또는 국가라고 하는 개념을 자기들의 이익을 위해 도구로 이용하지 절대 가치로 보지 않습니다.

전 세계 억압받는 노동자들이 뭉쳐서 부르주아 계급을 타도하고 해방과 평등을 누리는 사회를 만들자는 것이 공산주의자들이 내세우는 구호입니다. 마르크스주의 혁명 운동의 전개 과정에서 혁명적인 방법으로 노동자들의 권익을 신장하는 것이 옳은지 아니면 합법적인 수단을 통해 신장하는 것이 옳은지에 대한 논의가 있었는데, 혁명 폭력을 수반하는 사실을 보고 폭력적이지 않은, 즉 합법적 투쟁 노선을 주장하는 이들이 등장하면서 마르크스주의 운동이 분열되었습니다. 이것이 공산주의의 첫 번째 시련이었습니다.

두 번째 시련은 세계제1차대전이 시작될 즈음 왔습니다. 전통적으로 숙적이었던 독일과 러시아 사이 전쟁이 벌어졌습니다. 마르크스주의 공식에 따르면 소위 지배계급인 부르주아가 벌이는 전쟁이니 이를 혁명의 기회로 만들면 되었지만, 인간이 사상으로만 사는 것이 아니지 않습니까? 아무리 공산주의에 함몰되어 있던 독일사람이라도 적인 러시아가 공산주의의 맹주이지만 조국에 반하여 적국을 이롭게 할 수는 없었던 것입니다. 이런 문제로 인해 독일의 마르크스주의 정당이 갈라서고 러시아에서도 같은 현상이 일어났습니다. 다만 레닌은 이를 혁명의 기회로 삼았습니다.

김: 이승만 대통령은 1923년에 벌써 공산당의 실체를 파악하고 〈공산당의 당부당(當不當)〉이라는 글을 쓰셨습니다.

이: 제가 초등학교 3학년 때 해방을 맞이했고 3년 뒤에 이승만 박사가 우리의 대통령이 되었습니다. 그때는 모두가 이승만 대통령을 '이 박사'라고 불렀습니다. 당시 이 박사 수준을 따라올 정치인이 없었습니다. 그만큼 이승만 대통령의 권위는 모두가 따르지 않을 수 없는, 자발적으로 추앙하던 시절이었습니다.

2000년대 초, 우리나라 교과서에 문제가 있다고 해서 살펴보니, 우리 역사 이야기를 우리 시각이 아닌 북한에서 바라보는 시각으로 기술했다는 것을 알게 되었습니다. 운동권들이 박정희, 전두환을 독재자로 집중 표적을 두었다가 1990년대 들어오면서 슬그머니 이승만도 독재자라고 말하기 시작했습니다. 저는 그때부터 이승만을 주제로 공부하기 시작했습니다.

이승만 대통령이 1910년 프린스턴에서 박사학위 받고 귀국했다가 다시 일본 정부에 쫓겨 하와이로 가게 됩니다. 그리고 그곳에서 교육으로 독립운동을 시작했습니다. 그때 「태평양잡지(太平洋雜誌)」라는 격주간 잡지를 발행했는데, 이승만 대통령은 1923년 그 잡지에 〈공산당의 당부당(當不當)〉이라는 짧은 글을 직접 기고했습니다. 노동하는 절대다수가 편안하게 잘 살 수 있는 나라를 만들겠다는 것이 공산주의가 지향하는 목표이지만, 그들이 제시한 방법은 틀렸다면서 공산주의가 반드시 실패하는 그 이유를 다음과 같이 다섯 가지로 요약했습니다.

공산당 주의 중 시세에 부당한 것을 말할진대,

(1) 재산을 나누어 가지자 함이라

(2) 자본가를 없이하자 함이라

(3) 지식계급을 없이하자 함이니

(4) 종교단체를 혁파하자 함이라

(5) 정부도 없고 군사도 없으며 국가사상도 다 없이 한다 함이라

놀라운 사실은 1923년 당시는 공산주의 실험이 본격적으로 시작될 무렵이지, 우리가 알고 있는 공산주의의 역작용이 나타나지 않았을 때라는 것입니다. 유럽의 앙드레 지드(André Gide)나 아서 쾨슬러(Arthur Koestler)등 당대의 지식인들도 공산주의를 찬양하는 글을 쓰던 시절이었지만 이승만 박사는 공산주의의 허상을 꿰뚫어 보았습니다.

1875년생인 이승만 박사는 과거에 급제해 관직에 진출하고자 했지만, 갑오개혁으로 과거 제도가 폐지되면서 구국운동을 위한 다른 길을 모색하게 됩니다. 그런 과정에서 고종 폐위 음모에 가담한 혐의로 5년 7개월간 감옥살이를 하게 되었는데, 과거시험을 준비하면서 한학에 통달했고 작문과 서예에도 뛰어났던 이승만 박사는 선교사들이 감옥에 넣어주는 책으로 영어를 공부했습니다. 출옥 후 미국으로 건너가 하버드를 거쳐 프린스턴 대학에서 박사학위를 받았습니다.

이승만 대통령은 동양 학문뿐만 아니라 서양 학문에서도 최고 경지에 이르렀던 인물입니다. 이승만 대통령은 비록 몰락한 양반 집안에서 태어나 어려움을 겪었지만, 이후 프린스턴 학창 시절 명문가인 윌슨가와도 교류했을 정도로 엘리트였습니다. 밑바닥에서부터 상류층에 이르기까지 다양한 경험을 쌓았기에 사회가 작동하는 원리를 잘 파악했던 것으로 생각합니다.

마르크스는 소수 자본가를 혁명으로 몰아내고 다수 노동자가 부를 풍요롭게 나누어 가지게 되면 모두가 능력껏 기여하고 필요한 만큼 가져오게 한다면 인간의 욕심이 없어진다는 허황된 생각을 했습니다. 그러나 인간에 대한 깊은 통찰력이 있었던 이승만 박사는 공산주의자들이 내세우는 방법론이 인간의 본성에 부합하지 않는다는 것을 이미 1920년대에 간파하고 공산주의 요체를 짧은 글에 명료하게 쓴 것이었습니다. 당시 상황을 안다면 가히 상상하기 힘든 일입니다.

김: 저는 이승만 대통령 장례식 사진을 보면서 당시 국민들의 이승만 대통령을 향한 존경심이 얼마나 컸는지 알 수 있었습니다. 자발적으로 장례 행렬에 모여들었던 것이지요?

서울 시내 이승만 대통령 운구 행렬 (출처:이승만기념관 홈페이지)

이: 물론입니다. 4·19 이후 본인이 자발적으로 경무대(景武臺)를 걸어 나와 휴양차 미국에 갔던 것인데 언론에 의해 휴양이 아닌 망명길이 되어버렸습니다. 이승만 대통령은 돌아오려고 했지만, 박정희 정권이 이를 막았고 결국 운구로 돌아오지 않았습니까? 국민들이 너무 애통해서 국민장도 아닌 가족장으로 진행된 장례식에 자발적으로 나오게 된 것입니다.

이승만이라는 인물이 아니었으면 대한민국은 독립할 수도 없었고 6·25 전쟁에서 살아남지 못했을 것입니다. 북한의 목적은 처음부터 남북한을 공산주의 체제로 통합하여 지배하는 것이기에 이승만을 죽이면 대한민국이 무너진다는 것을 잘 알았습니다. 그래서 집중적으로 이승만을 독재자, 친일파로 매도했고 이 선동에 후세들도 바보같이 넘어가고 있습니다.

김: 저희 세대 일부가 김일성을 우상화하고 영웅시했으면서 이승만을 극도로 폄훼하는 것이 부끄럽습니다.

이: 통탄할 일입니다. 역사를 왜곡하고 거짓을 선포해 사람들의 생각을 바꾸는 것은 공산주의자들의 오래된 전술입니다. 소련이 혁명으로 정식 정부 체제를 장악한 후에도 정부 관료에 공산당 요원을 배속시켜 실제 당의 명령을 이행하게 하는 소위 이중 구조가 사라지지 않았습니다. 특히 우리나라와 같이 반공 국가에서는 완전한 비밀 점조직을 통해 공산주의자들이 활동하기 때문에 거짓말을 자신들의 투쟁 수단으로 삼

아 사람들의 환심을 사는 전술이 고도화되어 있습니다.

대한민국의 경우 공산주의 위협 때문에 어떻게 보면 완전한 자유를 누렸다고는 볼 수 없지만, 국가에 해악을 끼치지 않는 선에서 양심의 자유, 학문의 자유, 언론의 자유를 헌법에서 보장한 자유민주주의 체제를 운영했습니다. 그러한 자유가 보장되었기에 북한의 선전·선동이 들어올 여지가 사실상 많았고 우리가 방임한 사이 한 세대가 이승만 대통령을 독재자로 인식하는 지경까지 이르렀습니다.

공산주의 제대로 알면 반공(反共)은 당연

김: 미국에서 러시아사를 공부하게 된 계기가 있으신가요?

이: 1956년에 미국의 명문대 웰슬리대학에 생활비까지 지원하는 장학금이 있다는 소식을 듣고 신청했는데 합격했습니다. 당시는 한국의 1인당 국민총소득이 겨우 60달러 내외였던 때입니다.

제가 미국에 건너갔을 당시 소련이 최초의 인공위성을 쏘아 올렸습니다. 이 사건으로 미국이 러시아 연구를 강화하기 시작했고 웰슬리대학에도 '러시아 지성사'라는 과목이 개설되었습니다. 이 과목은 한국에서 공부할 수 없는 내용이기도 하고 워낙 러시아 문학이 친숙한지라 러시아를 공부하게 되었습니다.

김: 6·25전쟁을 직접 체험하셨는데 가족들의 피해는 없으셨나요?

이: 저희 가족은 당시 서울 명륜동에 살았습니다. 미아리 고개로 넘어온 인민군들이 지나가면 완장을 찬 동네 아저씨들이 집집마다 돌아다니며 쌀을 빼앗아갔습니다. 그리고 지금의 성균관대학교 앞 솔밭에서 인민재판을 열었습니다. 반동분자라는 사람을 세워서 처형하고 그 시체를 거리에 매달았습니다. 당시 아버지는 은행에서 근무하셨는데 인민군에 매일 불려 가서 자술서를 쓰셨습니다.

어느 날 지금의 극동빌딩에 모이라고 명령해 어머니가 주먹밥을 싸 가셨는데 이미 사람들을 북으로 다 끌고가서 비어 있었다고 합니다. 아버지도 그때 납북되셨는데 이틀 후에 갑자기 다시 나타나셨습니다. 동두천까지 끌려가셨다가 미군이 폭격할 조짐에 대열이 흐트러진 틈을 타 산골짜기에 숨어 계셨고 그 길로 도망오신 것이었습니다. 운이 좋았던 경우입니다.

여기서 우리가 간과해서는 안 되는 것이 사상투쟁을 위해 처음부터 세뇌받은 사람들은 자신을 은폐하는 훈련을 철저히 받는다는 점입니다. 점조직으로 활동하는 사람들은 자신의 활동에 흔적을 남기지 않는 것을 가장 중요하게 생각합니다.

◆ ◆ ◆

김: 교수님께서는 미국에서 공부하실 당시 음모론의 주제로 자주 언

급되는 프리메이슨(Freemasonry)에 대해 연구하셨습니다.

이: 박사 논문을 쓰는 과정에서 인텔리겐치아(Интеллигенция, Intelligentsia)의 근원이 무엇인지 찾아가는 주제를 다루다 보니 프리메이슨이라는 비밀 조직에 관해 연구하게 되었습니다. 인텔리겐치아와 프리메이슨은 직접적인 관련이 없지만, 상관하여 흥미로운 사실들을 많이 알게 되었습니다. 프리메이슨 운동은 18세기 영국에서 시작되어 유럽 대륙에서 굉장히 활발해졌습니다. 프리메이슨은 33단계의 피라미드 형태로 구성된 비밀조직으로서 점조직으로 구성되어 있고, 상위 단계에 누가 있는지 정체를 모르고 지시만 따릅니다. 주사파 조직과 비슷하다고 볼 수 있습니다.

프리메이슨은 러시아에서 병원이나 약방 또는 출판업을 운영하거나 자선사업을 하면서 좋은 인상을 주고 있었는데 예카테리나 2세(Екатерина II, 1729~1796)가 이들을 박해하면서 제대로 활동을 못 하게 되었고 이것이 인텔리겐치아의 근원으로 봅니다. 그런데 비밀종교 같은 이 조직 때문에 러시아의 부호나 최고 귀족들 가운데 망하는 경우가 생기기도 했고, 궁정의 음모 조직으로 이 조직을 이용한 경우도 있습니다. 심지어 프랑스에서는 자코뱅 클럽(Club des Jacobins)을 은폐하기 위해 프리메이슨을 이용한 경우도 있습니다. 또한 지금의 다단계 회사와 같이 꼭대기에서 돈을 벌기 위해 이용한 경우 등 드러나는 양상이 굉장히 복잡합니다.

예카테리나 2세가 사람들을 속임수에 빠지게 하는 이 조직을 처단했던 것은 군주로서 마땅히 해야 할 일이었지만, 19세기 러시아 역사학자들은 우리나라와 비슷하게 전제 정권에 탄압받은 사람들을 무조건 의인이라고 보았습니다. 예카테리나 2세의 아들이자 동시에 정적이 된 파벨 1세가 프리메이슨 중에서도 가장 비밀스러운 조직인 장미십자단(Rosenkreuzer)을 이용했는데 예카테리나 2세는 군주로서 이들을 처벌하는 것이 당연한 일이었습니다. 그런데 19세기 러시아 역사학자들은 예카테리나 2세가 계몽 군주인 척했지만 프랑스혁명이 터지자 겁을 먹고 프리메이슨을 탄압했다고 근거도 없이 섣부른 결론을 내렸습니다.

김: 교수님께서는 하버드에서 인텔리겐치아와 프리메이슨을 주제로 박사학위를 받으셨고 러시아에 대해 깊이 공부를 하신 분이라 지금까지도 대한민국에 점조직 형태로 존재하는 주사파 조직의 실체를 잘 이해하실 수 있었던 것 같습니다.

이: 1972년에 귀국했을 당시 한국에서는 굉장히 우매하게 반공교육을 시행했습니다. 대표적인 예로 공산주의에 관한 어떤 책도 읽지 못하게 했는데, 러시아를 연구하며 모아둔 제 책도 전부 압수되었을 정도였습니다. 고려대학교 아세아문제연구소에 책들을 기증한다는 조건으로 반년 만에 겨우 되찾았습니다.

공산주의 체제에 대해서 공부하면 할 수록 잘못되었다는 결론을 내리기 마련입니다. 그런데 한국에서는 관련 도서들을 선전물이라고 여겨 금지시켰습니다. 그 결과 공산주의 체제에 대해 제대로 연구하지 못했고 학생들은 완전한 백지 상태에서 비밀 통로를 통해 들어온 선전물을 보며 공부했습니다. 그러다 보니 속수무책으로 공산주의 체제를 신비화하게 된 것입니다.

당시 저는 우리나라 사람들의 지식 수준이 그렇게 뒤처져 있다고 생각하지 못했고, 공산주의에 관련된 책을 못 읽게 하는 역작용이 지금까지 영향을 미칠 정도로 심각해질 줄을 상상하지 못했습니다. 제가 교수로 봉직하고 있었을 때 무슨 방법을 써서라도 바로잡았어야 했는데 그러지 못한 것에 대해 죄책감을 느낍니다. 저는 다소 순진하게 비밀 통로로 들어온 선전물들이 언젠가는 사라질 것이라고 생각했는데, 학생들은 그런 선전물들을 마치 성서처럼 받아들였습니다.

저는 공산주의를 제대로 알게 되면 당연히 반공이 된다고 생각합니다. 그러나 1970년대 한국은 공산주의에 대한 정보를 무조건 차단해서 공산주의를 막겠다는 우매한 방법을 썼던 것입니다. 불가피한 면이 있었겠지만 그 역작용도 만만치 않았던 것 같습니다.

정직한 지식인을 극우로 만드는 사회

김: 교수님께서는 우리나라에서 상당히 진보적인 지식인으로 알려져 있었습니다. 어떤 계기로 이승만 대통령에 대해 관심을 갖게 되셨는지 궁금합니다.

이: 저는 냉전이 본격적으로 시작되던 무렵부터 이승만이 옳았음을 알게 되었습니다. 앞서 말한 대로 이승만은 미국 사람들보다도 훨씬 더 일찍 투철한 반공의식을 가지고 있었습니다. 공산진영에서는 이승만이 무서운 존재였습니다. 북한은 이승만이 아니었다면 남한을 쉽게 점령할 수 있었습니다.

전에 북한 주재 소련대사의 회고록 일부를 본 적이 있습니다. 북한에서는 사회주의 국가 대표들을 소집해서 브리핑을 자주 했는데, 4·19에 대해서 자신들의 공작이 아니라 대한민국에서 자발적으로 일어난 의거였던 것에 놀랐고, 이승만 대통령이 하야하는 것은 예상하지 못했다고 합니다. 이승만 대통령이 권력의 자리에서 쉽게 물러날 것으로 생각하지 못했던 북한은 그 이후로 산속의 게릴라전이 아닌 학생운동으로 대남 전략을 바꿨습니다. 그러다 박정희 대통령이 정권을 잡고 강력한 정책을 펴니 다시 정책을 바꿨습니다.

김: 4·19 이후 통혁당이 학사주점이나 「청맥」같은 잡지를 만들었던 것을 보면 김일성의 전략이 어느정도 성공한 것 같습니다.

이: 북한의 소련군 점령지 사령관인 테렌티 시티코프(Терентий Штыков, 1907~1964)의 일기를 보면 4·19 이전에는 소련이 대구나 서울 폭동에 많은 돈을 대었다고 나옵니다. 사람들의 불만이 터져 나올 때 돈을 뿌려서 폭동으로 이어지게 했던 것입니다. 제주 폭동도 마찬가지입니다. 그런데 4·19 이후에는 이런 작전보다 '민주화 운동'을 이용하

면 된다고 생각했던 것입니다.

김: 교수님께서는 우리 사회가 허용하는 선에서 상당히 진보학자로 불리셨는데, 지금은 교수님에 대해서 그렇게 생각하는 사람은 없습니다.

이: 저는 지식인으로서 정직하게 말한 것인데 사회가 변해서 저를 극우로 만들었습니다.

김: 이승만 대통령이 그렇게 하야했던 것도 자유민주주의를 실현하기 위함이라 생각합니다.

이: 이승만 대통령이 「대동신문」(1945년 창간된 일간지)에 기고했던 적이 있습니다. 민생의 문제는 국가가 적극적으로 개입해야 하지만, 대신 개인의 자유와 양심의 자유는 철저하게 보장되어야 한다는 입장의 글이었습니다. 지금의 표현대로라면 자유민주주의보다 사회민주주의에 가깝습니다. 광복 이후 공산주의자들의 행보가 넓어질 당시 민주주의는 시기상조라고 말하는 사람들이 많았지만 이승만 대통령은 민주주의 힘을 믿기 때문에 "지금부터 시작해야 한다"라고 주장했습니다. 미국에서 독립운동을 할 때도 일본 사람들이 누리는 권리를 우리도 누려야 하기 때문에 일본 사람들을 욕하지 말라고 당부했습니다. 이승만 대통령은 일본 인사들을 암살하는 것 또한 경계해야 한다고 주장했는데, 이

유는 우리 입장에서는 암살이 애국이지만 외부의 입장에서 볼 때 나라 없는 사람들이 저지른 테러쯤으로 볼 것이고, 그러면 세계가 우리를 동정하지 않을 것이라 생각했기 때문입니다. 굉장히 냉철하게 판단했다고 평가합니다.

김: 맥아더는 이승만을 '한국보다 더 큰 사람'이라고 평가했습니다.

이: 맥아더는 책에서 "Seungman Rhee is lager than Korea."라고 표현했습니다. 또한 제임스 밴 플리트(James Van Fleet) 장군은 6·25 전쟁 후 미국 상원에서 "이승만은 자신의 몸만 한 크기의 다이아몬드 값어치를 하는 한국의 애국자"라고 증언했습니다.

돌아보면 우리나라가 통일을 이룰 기회를 두 번 놓쳤습니다. 첫 번째는 1947년에 유엔총회가 남북한 인구비례로 동시 선거를 하게 했는데 소련과 김일성의 방해로 못했습니다. 후대가 이 사실을 모르고 있습니다. 두 번째는 6·25 전쟁 당시 우리 군이 평양까지 진격했고, 이승만과 맥아더는 그 기세를 몰아 압록강까지 진격해서 남북한을 통일하려 했습니다. 그런데 트루먼은 세계제3차대전이 일어날 것이라 걱정하여 맥아더를 저지시켰습니다. 그때 중공이 개입하지 않았으면 우리가 한반도 끝까지 수복했을 것이고 유엔도 그에 대해 인정했을 것입니다. 결국 두 번 다 공산주의자들에게 가로막혀 통일의 기회를 놓쳤는데 우리 국민들이 이 사실을 모릅니다.

김: 지금도 여전히 중국공산당이 한국의 자유민주주의를 위협하고 있습니다.

이: 그때는 소위 인해전술이라고 했습니다. 그런 인민군을 고무시키는 음악을 작곡한 정율성을 기념하는 공원을 한국에서 만든다는 것은 자살행위나 마찬가지입니다.

◆ ◆ ◆

이: 그동안 이승만 연구가 제대로 이루어지지 않았습니다. 작고하신 전 국사편찬위원장 유영익 박사께서 30여 년간 이승만 연구에 매진하셨고, 그로 인해 핍박을 많이 받으셨습니다. 대한민국은 아직도 '이승만은 독재자'라는 틀에 갇혀 있습니다.

이승만 대통령은 기회만 있으면 공명선거를 외치던 분이었는데 당시 연로하시다보니 부통령을 놓고 벌어진 내부 소요에 대해서 관리를 못하셨습니다. 추후에 부정선거를 알게 되셨고 그에 대한 책임을 지고 물러나셨습니다. 그리고 4·19 의거에 참여한 학생들을 보며 "젊은이가 불의를 보고도 일어나지 않으면 젊은이가 아니다"라고 칭찬하셨습니다. 본인이 심어 놓은 민주주의의 싹이 자라 이렇게 불의에 항거할 줄 아는 국민이 생겼으니 좋은 일이라고 여기셨습니다. 이런 분이 독재자입니까? 그런데 북한은 이승만 대통령이 부정선거를 못 막았다며 역사의 큰 죄인으로 프레임을 씌워 선동하기 시작했습니다. 북한은 보이지 않게 밑에서부터 '이승만 죽이기' 작업을 철저히 진행했던 것입니다.

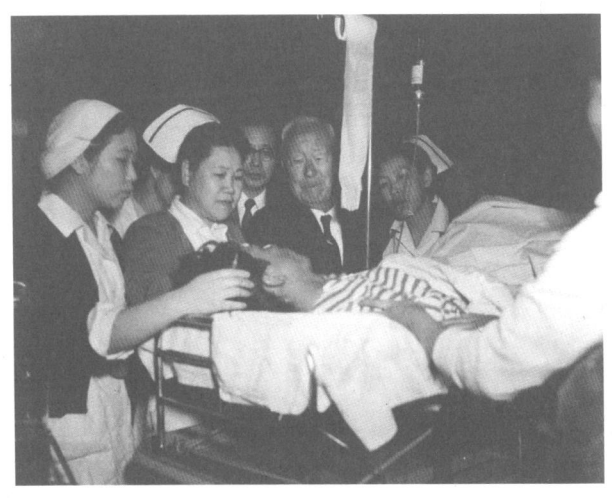

1960년 4월 23일 이승만 대통령은 서울대학병원을 방문해
4·19 당시 발포로 부상한 학생들을 위문하며 눈물을 흘렸다.
(출처: 이승만기념관 홈페이지)

제가 귀국했던 1972년부터 1987년 체제 전까지 대략 15년 간 대학생들은 매일같이 데모를 했습니다. 이로 인해 엄청난 지적 공백이 생겼고 그 지적 공백은 이승만 평가절하로 이어져 국부 이승만 대통령의 기념관조차 건립되지 못했습니다.

이승만 대통령이 없었다면 이 나라가 북한처럼 되었을 텐데 대한민국 국민이라면 우리의 초대 대통령의 공적을 마땅히 기려야 합니다.

김: 이승만 대통령의 유언은 갈라디아서 5장 1절, "그리스도께서 우리를 자유롭게 하려고 자유를 주셨으니 그러므로 굳건하게 서서 다시

는 종의 멍에를 메지 말라."라고 알려져 있습니다. 이승만 대통령이 한반도 역사에서 하신 일은 너무나 위대합니다. 그런데 그 위대한 분을 기념하는 기념관 하나 갖고 있지 않다는 것은 매우 안타깝다고 여깁니다.

이: 사실 매우 창피한 일입니다. 어느 나라나 건국대통령의 기념관은 있기 마련입니다. 되려 건국대통령은 필요 이상으로 위대한 사람으로 만드는 경우가 대부분입니다.

제가 어렸을 때 아타튀르크가 튀르키예의 위대한 국부라고 배웠습니다. 알고 보니 굉장히 많은 사람을 죽였던 인물이었습니다. 그럼에도 불구하고 튀르키예는 국부인 아타튀르크를 세계적인 인물로 추앙합니다.

맨손으로 대한민국을 만든 이승만을 독재자라고 매도하는 것은 해괴망측한 짓입니다. 이승만 기념관 건립은 국가의 이념적인 토대를 세우는 것입니다. 이념 전쟁이나 정파 싸움을 하자는 것이 아니라 개인의 자유와 인권이 존중되는 헌법과 이승만 대통령의 이상을 다시 살려 내자는 것입니다.

대한민국 건국은
혁명이었다

발행 2024년 12월 2일 초판 1쇄 발행
      2025년 1월 25일 2쇄 발행
저자 이인호
펴낸이 김미영
펴낸곳 도서출판 세이지
디자인 김현진
등록 제321-504200800007호
주소 서울특별시 종로구 새문안로5가길 28(광화문플래티넘) 603호
전화 02-733-2939
전자우편 unifica@naver.com

ⓒ 이인호, 2024

ISBN 979-11-980643-2-5(03910)
책값 20,000원

이 책의 저작권은 도서출판 세이지에 있으므로 무단전재를 금합니다.